Katja Wolff, geboren 1961, studierte Philosophie, Mediävistik und Linguistik in Hamburg. Sie beschäftigt sich mit den divinatorischen Aspekten der Kabbalah: der Magie, dem Tarot und der Numerologie.

Von Katja Wolff sind außerdem erschienen: *»Der kabbalistische Spiegel«* (Band 4217), *»Der kabbalistische Baum«* (Band 4223) und *»Salomons Kunst«* (Band 4233).

W0171269

Esoterik

Herausgegeben von Gerhard Riemann

Dieses Buch wurde auf chlor- und säurefreiem Papier gedruckt.

Originalausgabe Juni 1992
© 1992 Droemersche Verlagsanstalt Th. Knaur Nachf., München

Umschlaggestaltung Peter F. Strauss
Satz DTP ba · br
Druck und Bindung Ebner Ulm
Printed in Germany
ISBN 3-426-04262-2

2   4   5   3   1

Katja Wolff

MAGIE

Kunst des Wollens – Macht des Willens

Inhaltsverzeichnis

Einleitung: Was ist Magie?

Der intellektuelle Schutzwall

Den Seinen gibt's der Herr im Schlaf. Früher oder später nämlich fallen jedem ernsthaft Suchenden zwei faszinierende Fähigkeiten in den Schoß. Beide haben einen ambivalenten Charakter. Sie sind »Belohnungen« und »Prüfungen« zugleich. Sie dürfen nicht als Ziele angestrebt, sondern müssen als Meilensteine auf dem Weg der spirituellen Entwicklung erkannt werden. Denn beide Fähigkeiten sind, bildhaft gesprochen, bunte Schatten, die lediglich auf die Existenz des Lichtes verweisen. Wer sich nicht aus dem Bannkreis ihrer Faszinationskraft lösen kann, dessen Weg endet als Sackgasse. Diese zwei Belohnungs-Prüfungen, Prüfungs-Belohnungen oder Meilensteine sind:

1. Das Astralwandern, also die Fähigkeit, das eigene Bewußtsein dergestalt zu entgrenzen, daß eine außerkörperliche Erfahrung gemacht wird. Das außerkörperliche Erlebnis liefert den (allerdings »nur« subjektiv gültigen) Beweis für die Unsterblichkeit und Grenzenlosigkeit des Geistes, dessen Träger der Mensch ist.

2. Die Magie. Magische Fähigkeiten, die auf dem Weg der spirituellen Entwicklung erworben werden, haben die

Funktion, den Menschen von der buchstäblich grenzenlosen kreativen Allmacht des Geistes, der in ihm – und durch den er – lebt, zu überzeugen.

Beide Fähigkeiten sind also durchaus so etwas wie (subjektiv gültige) »Gottes-Beweise«.

Was ist Magie?

Will-Erich Peuckert beantwortet diese Frage folgendermaßen: »Wird sie gewollt, ein falscher Weg. Wird sie gegeben, vom Höchsten gegeben, wird sie dem Gottversunkenen gegeben. Dem Menschen, der alles hinter sich läßt und in die Unio gehen will. Ihm aber ist sie nur noch ein Dreck.«

Um zu erkennen, daß eine Sache ein Dreck ist – ein Dreck, versteht sich, gemessen an dem, was noch viel überwältigender ist als diese Sache selbst: um das tief im Innersten zu erfahren, muß man diese Sache zunächst erst einmal kennengelernt haben. Und durch sie muß man zu der Erkenntnis gelangt sein, daß es etwas gibt, das unendlich viel größer ist als sie. Wer nach dieser inneren Erfahrung sagen kann, daß die Magie nur ein Dreck ist, der hat wohl das Ziel seines Weges erreicht. Wer es jedoch vorher schon sagt, der ähnelt dem sprichwörtlichen Fuchs, der alle Trauben, die ihm zu hoch hingen, pauschal für sauer und ungenießbar erklärte. – Natürlich ohne sie jemals gekostet zu haben!

Wer auf seinem Weg so weit fortgeschritten ist, daß er sich für einen derart nichtswürdigen, kläglichen Dreck wie die Magie nicht mehr interessiert, der braucht Bücher wie dieses hier weder zu lesen noch zu schreiben. Doch soweit sind wir noch nicht. Uns interessiert immer noch die Frage: Was ist Magie?

Also, was ist Magie?

Humor ist, wenn man trotzdem lacht. Magie ist vielleicht (unter anderem), daß es diese geistige Urkraft im Menschen trotzdem gibt. Daß sie nach wie vor existiert, obwohl unsere Zivilisation so viel Mühe darauf verwendet hat, einen intellektuellen Schutzwall aus »aufgeklärter« Rationalität zwischen uns und der Magie zu errichten. Der intellektuelle Schutzwall soll uns das beruhigende Gefühl absoluter Sicherheit vor dem Unheimlichen, Unerklärlichen, Übermächtigen vermitteln. (Nur wer sich hinter diesem Schutzwall verschanzt hat, kann vorlaut krähen: »Gott ist tot!«)

Hinter diesem Schutzwall fühlt man sich sicher vor den unergründlichen Tiefendimensionen des eigenen Wesens, vor denen man sich fürchtet, und vor denen man sich flüchtet in die Oberflächlichkeit der geistigen Eindimensionalität, die man »Materialismus« nennt.

Ein oft zitiertes Gleichnis: Wenn ein Dreikäsehoch seine Patschhändchen vor die geschlossenen Augen preßt und im Brustton tiefster Überzeugung auftrumpft: »Ätsch, jetzt kann mich niemand mehr sehen«, dann wird er voraussichtlich eine herbe Enttäuschung erleben. Das Kind glaubt sich in seiner imaginären Unsichtbarkeit sicher. Dieser Glaube ist trügerisch. Trügerisch ist auch die Annahme, daß der intellektuelle Schutzwall lebenslange Sicherheit vor dem Einbrechen des Unerklärlichen in unsere behagliche eindimensionale Wirklichkeit garantiert.

Ich war fast noch ein Kind, als mein eigner Schutzwall jämmerlich in sich zusammenbrach. Genau wie jeder andere Mensch, hatte natürlich auch ich schon hin und wieder einmal »sonderbare Dinge« erlebt. Und genau wie fast allen anderen

Menschen, war es auch mir gelungen, diese Attacken, die von der »anderen Seite der Wirklichkeit« auf unseren Schutzwall geritten werden, mehr oder minder erfolgreich abzuwehren.

Jeder kennt sie, die altbewährte Verteidigungsstrategie der ach so aufgeklärten Rationalisten: Die »sonderbaren Erlebnisse« werden so lange durch den intellektuellen Fleischwolf gedreht und interpretatorisch so kunstvoll auf Bonsai-Format zurechtgestutzt, bis sie sich entweder in die Schublade »dummer Zufall« oder in die Schublade »halluzinatorisches Hirngespinst« einordnen lassen. Und dann ist unsere Wirklichkeit wieder so, wie wir sie haben wollen: »Quadratisch, praktisch, gut«.

Meistens gelingt es, das Unbegreifliche »wegzuerklären«. Manchmal gelingt es nicht.

Vielleicht ist der Versuch, die folgende Geschichte zu erzählen, von vornherein zum Scheitern verurteilt. Denn sie handelt von einem Ereignis, auf das im Grunde genommen nur nachträglich zurückgeschlossen werden konnte. Vom Brennen der Glühbirne kann man auf das Fließen elektrischen Stroms rückschließen. Man kann den Strom nicht sehen. Man weiß nicht einmal mit letzter Gewißheit, was das überhaupt ist: elektrischer Strom. Man kann nur durch das, was er bewirkt, die logische Schlußfolgerung auf seine Existenz ziehen. Die Lampe brennt, und in regelmäßigen Abständen flattert uns die Stromrechnung ins Haus. Also existiert das Phänomen der Elektrizität. Wer würde da Zweifel anzumelden wagen? Mit der Existenz einer unsichtbaren Kraft, die man Elektrizität nennt, haben wir uns abgefunden. Die Wirkungen dieser ursächlichen Kraft können wir jeden Tag in unserer nächsten Umgebung beobachten.

Das Duell

Die Geschichte, die ich erzählen möchte, handelt ebenfalls von einer verursachenden Kraft. Im Unterschied zum elektrischen Strom sind die Wirkungen dieser Kraft jedoch nicht jeden Tag und überall zu beobachten. Drei Personen kommen in dieser Geschichte vor. Zwei von ihnen haben das Staunen gelernt. Die dritte lieferte den Anlaß dazu. Durch sie ist etwas geschehen, etwas Sonderbares, etwas Ungewöhnliches, etwas Außerordentliches.

Ahnungslos bin ich in diese Geschichte hineingestolpert. Und hätte ich diese Ereignisse nicht selbst miterlebt – nie und nimmer hätte ich geglaubt, daß so etwas überhaupt möglich ist. Ich glaube, ich bin Zeuge eines Duells geworden, Zuschauer eines Kampfes zwischen zwei Menschen, die, wie es so schön heißt: mehr können als nur Brot essen. Zwei Willenskräfte prallten aufeinander. Der Träger der stärkeren Kraft siegte. Der Unterlegene räumte völlig entgeistert das Feld.

Jürgen war ein aufrichtiger Verehrer seiner eigenen Schönheit. Er liebte Spiegel. Denn das, was er sah, wenn er sich vor einen Spiegel stellte, gefiel ihm ausnehmend gut. Und er liebte die Farbe Schwarz. Schwarz waren seine Augen, schwarz sein Haar, und schwarz war seine Kleidung. Er bildete sich viel darauf ein, wie ein Italiener auszusehen. Mindestens ebensoviel hielt er sich darauf zugute, daß er gewisse Bücher gelesen hatte. Einige von diesen Büchern hatte er mir aufgedrängt mit den Worten: »Das mußt du unbedingt lesen!« – Wer liest schon die Bücher, von denen es immer heißt, daß man sie unbedingt lesen müsse? So stapelten sich also Jürgens Leihgaben in einer Ecke meines Zimmer und bewährten sich als großartige Staubfänger. Ich las lieber Henry Miller, weil ich gehört hatte, daß seine Bücher für Jugendliche unter achtzehn Jahren nicht geeignet sind. Ich war noch nicht achtzehn. Also mußte ich unbedingt Henry Miller lesen. Jürgens Bücher handelten, soweit ich wußte, von irgendwelchen amerikanischen Professoren, die in irgendeiner staubigen Wüste gemeinsam mit alten Indianern gewisse Kaktusfrüchte verspeisten und nach diesen Mahlzeiten großartige Abenteuer erlebten. Trockenobstpicknick und Karl May – das klang nicht sehr vielversprechend …

Von diesen und ähnlichen Berichten war Jürgen begeistert.

Christoph führte das unauffällige Leben eines kleinen Geschäftsmannes in einer abgelegenen Seitengasse der Innenstadt. Eigentlich gab es nicht viel über ihn zu sagen. Aus unerfindlichen Gründen kamen die Kunden lieber zu ihm als zu anderen Geschäftsleuten. Es ging ihm gut. Er war nicht reich, aber er konnte zufrieden sein. Obwohl er in einem Alter war, in dem der Gedanke an Heirat und Familiengründung schon ein bißchen abwegig zu werden beginnt, war dieser Mann doch so etwas wie ein Vater. Er war vermutlich genau der Vater, den alle diejenigen sich immer gewünscht hatten, die vorübergehend in seinem Haus lebten – Jugendliche, die Christoph nachts in den Kneipen oder auf den Straßen aufgelesen hatte, junge Menschen, denen der Start ins bürgerliche Leben gründlich mißlungen war. Einigen von ihnen konnte Christoph einen Ausbildungsplatz besorgen, manchen verschaffte er einen Job. Andere kehrten nach Wochen bei Christoph wieder dorthin zurück, von wo sie fortgelaufen waren. Es ging auch das Gerücht um, daß es Christoph gelungen sei, einer jungen Frau das Stottern abzugewöhnen.

(In Wahrheit heißt dieser Mann natürlich nicht Christoph.

Ebenso wie der Mann, der hier »Jürgen« genannt wird, hätte wohl auch »Christoph« kein Interesse daran gehabt, daß sein wirklicher Name veröffentlicht wird.)

Es war ein sonniger Samstag im Hochsommer. So beginnt diese sonderbare Geschichte, die Jürgen und ich so rasch nicht vergessen sollten. Vom frühen Nachmittag an war Jürgen mir ganz entsetzlich auf die Nerven gegangen. An manchen Tagen fiel es mir wirklich schwer, Jürgen und seine spleenigen Einfälle noch ernst zu nehmen. Dies war einer von diesen Tagen. Wieder einmal hatte er sich eine – wie ich fand – vollkommen abstruse Idee in den Kopf gesetzt. Vermutlich stammte seine Idee (wie üblich) aus einem dieser Bücher, die er gelesen hatte, und von denen einige in meinem Zimmer den Staub aus der Luft fingen.

Jürgens Idee war folgende: Er wollte mir die unerhörte Auszeichnung zuteil werden lassen, mich zu seinem, wie er sagte: »zweiten Ich« zu machen. Er träumte davon, in einem männlichen und einem weiblichen Körper zugleich zu leben. Einen männlichen Körper hatte er schon. Einen weiblichen mußte er sich noch irgendwie besorgen. Er dachte dabei an meinen. Stundenlang hatte er auf mich eingeredet und versucht, mich für seine Idee zu begeistern. Gegen Abend wußte ich nicht mehr, ob ich über Jürgens aberwitzigen Vorschlag nun lachen oder böse sein sollte.

Ich war naiv. Ich wußte nichts. Ich hielt den schwarzen Jürgen für einen kauzigen, aber höchst amüsanten Exzentriker, bei dem man auf alles gefaßt sein konnte. Nur auf eines nicht: daß er Dumpfsinn und Langeweile verbreiten würde. Diesmal war er aber doch ein bißchen zu weit gegangen. Seine Idee schien mir nicht ganz geheuer. Denn soviel hatte selbst ich verstanden: Sein Vorhaben lief auf eine Art geistige Okkupation hinaus. Jürgen wollte sich irgendwie auf mich ausdehnen. Eine Art Seelen-Imperialismus sollte stattfinden, ein psychischer Kolonialismus, bei dem mir die Rolle der ausgebeuteten Kronkolonie zugedacht war. Daß ich von Jürgens geplanter Ausbreitung auf mich in irgendeiner Weise profitieren würde, konnte ich mir nicht vorstellen, obwohl Jürgen wortreich das Gegenteil beteuerte. Aber was hätte ich denn davon gehabt? Jürgen sah zwar gut aus, aber so genial, so geistreich und kreativ war er nun auch wieder nicht, als daß man hätte stolz darauf sein müssen, zur Trägersubstanz seiner Person umfunktioniert zu werden. Wäre es darum gegangen, hin und wieder mal den eigenen Körper an Einstein oder Goethe »auszuleihen« – na gut, darüber hätte sich ja reden lassen. Aber Jürgen war weder Einstein noch Goethe. Und im Gegensatz zu ihnen hatte er ja auch noch einen eigenen Körper. Sogar einen recht wohlgeformten, mit dem er eigentlich vollkommen zufrieden sein konnte. Was wollte er also? Falls das, was Jürgen im Sinn hatte, überhaupt realisierbar war (was ich sehr stark in Zweifel zog), dann würde ich die Kosten dieses merkwürdigen Handels zu tragen haben, während er die Gewinne einzustreichen beabsichtigte. Und das ärgerte mich. Unabhängig davon, ob seine Idee nun blödsinnig war oder nicht – entscheidend war, daß er mich offenbar übervorteilen wollte. Was er mir da vorschlug, war ein schlechtes Geschäft, abstrus obendrein! Lachhaft eigentlich, albern, blödsinnig, diese Idee. Mir war die ganze Sache reichlich schleierhaft. Ging es nur um ein rein hypothetisches Gedankenspiel? Um ein Experiment, das ohnehin nicht gelingen konnte? Handelte es sich um einen arg spinnerten, aber im Grunde doch harmlosen Unfug? Oder stand mehr auf dem Spiel? Die Hartnäckigkeit, mit der Jürgen immer wieder versuchte, mir eine Einwilligung abzuschwatzen, ließ zumindest den Schluß zu, daß er sich eine ganze Menge von seinem Projekt versprach. Er hielt es für lohnend. Soviel wenigstens stand fest, auch wenn ansonsten viele Fragen offenblieben. – So zum Beispiel die Frage, wie er sich denn die konkrete Realisierung seiner Idee überhaupt vorstellte. Die Antwort auf diese Frage hätte mich brennend interessiert. Dazu äußerte er sich jedoch nicht. Er deutete nur vage an, daß er in den Besitz gewisser Schriften gekommen wäre, die er zunächst in mühseliger Nachtarbeit ins Deutsche habe übersetzen müssen und aus denen unzweideutig hervorginge, was zu tun sei. Wenn ich Genaueres wissen wolle, bräuchte ich nur mein Einverständnis zu signalisieren. Dann könnten wir irgendwann in den nächsten Tagen zur Tat schreiten. Und dann würde ich ja sehen, wie so etwas bewerkstelligt werde. Ich müsse mich nur aus freien Stücken zu diesem Experiment bereit erklären. Alles weitere werde er dann schon in die Wege leiten. Na, besten Dank! Diese Auskunft war natürlich in keiner Weise zufriedenstellend. Mich interessierte lediglich die Theorie. Mit der praktischen Umsetzung dieser Theorie wollte ich nichts zu tun haben. Stellen Sie sich vor, jemand ist ratlos und wendet sich mit seinen Fragen an einen klugen Menschen. Der Ratlose will wissen: »Was ist der Tod? Wie ist es zu sterben?« Und dann antwortet ihm der andere: »Nichts leichter als das! Wenn du willst, lege ich dir meine Hände um den Hals und drücke so lange zu, bis du es weißt.« Wer würde sich da erwürgen lassen?

Unsere Verhandlungen waren an einem toten Punkt angelangt. Jürgen verweigerte detaillierte Auskunft, und ich verweigerte meine Zustimmung zu seinem Vorschlag. Aber irgendwie mußte es ja weitergehen, denn Jürgen wollte mir nach wie vor mein Einverständnis abringen, und ich wurde immer neugieriger auf die theoretischen Grundlagen seines Planes. Wir mußten also im Gespräch bleiben. Die Lage war vertrackt. Nichts ging mehr. Rien ne va plus. Die gespannte Erwartungshaltung auf beiden Seiten wurde immer größer.

Gegen Abend traten wir unseren allsamstäglichen Zug durch die Kneipen der Innenstadt an. In einem Punkt zumindest herrschte nämlich Einigkeit zwischen Jürgen und mir: Das »Sehen und Gesehenwerden« hielten wir damals beide für einen elementaren Eckpfeiler ausgewogener Lebensqualität. Kurz vor Mitternacht trafen wir in einer überfüllten, völlig verräucherten Kneipe auf Christoph. Seine leicht ergrauten Haare fielen ihm in dicken, runden Locken auf die Schultern. In seinen Augenwinkeln hinter den Brillengläsern nistete schon wieder dieses unergründliche Lächeln. In Christophs Gesellschaft fühlte man sich pudelwohl und unbehaglich zugleich, denn nie wurde man das dumpfe Gespür los, daß er seine Mitmenschen viel besser kannte als sie sich selbst. Man fühlte sich von ihm durchschaut, und in seinem Lächeln lag immer auch ein Hauch gutmütigen Spottes. So wenigstens erschien es mir. Eine seiner Angewohnheiten empfand ich als besonders rätselhaft. Wenn Christoph sich für einen Menschen interessierte (und nichts interessierte ihn so sehr wie Menschen), dann kniff er die Augen zu hauchdünnen Sehschlitzen zusammen und konzentrierte sich auf die Stirn seines Gegenübers. Nach einer Weile begann er den Kopf vielsagend zu wiegen, ernst und vergnügt zugleich. Wenn man dann all seinen Mut zusammennahm und ihn fragte: »Wieso hast du mich so angesehen?«, dann erhielt man eine von seinen drei Standardantworten, mit denen sich beim besten Willen nichts anfangen ließ. Sie lauteten: »Du wirst es schaffen«, »Du wirst es vielleicht schaffen« oder »Diesmal schaffst du es nicht«. Nach solch einem Orakelspruch waren die meisten Menschen viel zu verblüfft, als daß sie noch in der Lage gewesen wären, weitere Fragen zu stellen. Christophs sanfte Autorität brachte fast alle Neugierigen rasch zum Schweigen.

Ich freute mich, ihn zu treffen, und setzte mich zu ihm. Jürgen huschte rasch an Christophs Tisch vorbei, um in einer entfernten Ecke des Raumes einige Freunde zu begrüßen. Wieder einmal hatte es den Anschein, als wollte er auf sichere Distanz zu Christoph gehen, ja als verspürte er eine tiefsitzende, instinktive Furcht vor diesem ruhigen, unauffälligen Mann.

Mir wirbelte Jürgens kauzige Idee vom »zweiten Ich« noch immer im Kopf herum. Irgend jemand hatte mir einmal hinter vorgehaltener Hand zugeflüstert, daß Christoph ein fundiertes Wissen über solche Dinge besaß, über die man in der Schule nichts lernt. Bei ihm war ich also genau an der richtigen Adresse mit den Fragen, auf die Jürgen mir die Antwort verweigert hatte. Christoph würde mir vielleicht erklären können, was es mit Jürgens abstrusem Gerede von mir als seinem »zweiten Ich« auf sich haben könnte. Das hoffte ich jedenfalls.

Christoph erklärte mir gar nichts. Er blieb stumm. Aber ich konnte ihm ansehen, daß er entsetzlich böse wurde. So böse hatte ich ihn noch nie gesehen. Schließlich brummte er mit einem Seitenblick in Jürgens Richtung: »Ich habe gleich gewußt, daß er einer von dieser Sorte ist. Du unterschätzt ihn. Du nimmst ihn nicht ernst. Du hältst ihn für einen harmlosen

Spinner. Vielleicht ist er ein Spinner. Aber harmlos ist er nicht. Jedenfalls nicht so harmlos, wie du glaubst. Du solltest vorsichtiger sein!«

Ich erschrak. Christophs Worte klangen beunruhigend. Sie enthielten eine Warnung und schienen auf eine Gefahr hinzuweisen, von der ich bis zu diesem Moment nichts geahnt hatte. Ich fühlte mich gründlich verunsichert. »Was meinst du damit?« fragte ich Christoph. »Was ist denn mit Jürgen?«

Als spräche er geistesabwesend zu sich selbst, murmelte Christoph: »Gedanken sind starke Kräfte. Nichts ist so mächtig wie die Energie der Gedanken, wenn sie durch die Emotionen aufgeladen und durch die Willenskraft gelenkt werden. Mit dieser Kraft kannst du alles erreichen. Nichts ist unmöglich für einen Menschen, der mit dieser Kraft umgehen kann.«

Das klang aufregend. Spannend. Geheimnisvoll. Sensationell. Ich wurde noch neugieriger: »Du meinst, daß man tatsächlich etwas bewirken kann durch Gedanken?« Christoph nickte ernst. Ich forschte weiter: »Könntest du auch auf diese Weise etwas tun, was man sonst nicht tun könnte? – Ich meine: durch reine Gedankenkraft? Einfach so? Zauberei und Wunder? Wasser in Wein verwandeln? Prinzen in Frösche?« Christoph lachte so laut, daß alle sich zu ihm umwandten. Er lachte Tränen. Vermutlich amüsierte ihn mein kindliches Staunen. Oder meine Naivität. Oder meine Neugier. Oder alles zusammen. Nach einer Weile wurde er wieder ernst und sagte: »Jeder kann es. Fast jeder tut es auch. Aber die meisten machen es unbewußt und nicht konsequent genug. Deshalb erreichen sie auch nichts.« Mir verschlug es für einen Augenblick die Sprache. Christoph schien über eine fremde, faszinierende Welt zu sprechen, und er sprach über diese Welt, als sei er in ihr zu Hause, als sei er der Bewohner einer anderen Wirklichkeit, von deren Existenz ich bis jetzt nichts geahnt hatte. Eine Welt, in der alles möglich war. Eine Welt, in der völlig andere Gesetze galten. Eine Welt, in der das Wort »unmöglich« keine Bedeutung hatte. Gab es eine vollkommen andere Wirklichkeit unterhalb der Oberfläche unserer Alltagsrealität? Eine Wirklichkeit, von der die Mythen und Legenden berichten? Eine Wirklichkeit, aus der uns der Verstand hinauskatapultiert hatte? Gab es unentdeckte weiße Flecken auf der Landkarte der Realität? Da saß ein Mann, der im Alltag mit beiden Beinen fest auf dem Boden der Tatsachen stand. Ein Unternehmer, der in seiner Freizeit auf eigene Faust so etwas wie Sozialarbeit leistete und nicht nur sich selbst, sondern auch anderen Menschen handfest zu helfen wußte. Kein ausgeflippter, abgehobener Spinner, kein Phantast, kein Märchenerzähler, sondern ein grauhaariger Geschäftsmann und Steuerzahler saß mit mir am Tisch. Es schien also tatsächlich zu stimmen, was mir zugeflüstert worden war: Christoph wußte mehr als andere Menschen. Er schien in geheimnisvolle Zusammenhänge eingeweiht zu sein, von denen andere Menschen keine Ahnung haben. Er schien über ein Wissen zu verfügen, das nicht jedem zugänglich ist. Zwischen Faszination, Skepsis und Bewunderung hin und her gerissen, bohrte ich weiter: »Also, Klartext: Du, Christoph, wie du hier an diesem Tisch sitzt, du bist in der Lage, so etwas zu tun? Du kannst tatsächlich durch die Kraft deiner Gedanken etwas bewirken? Du kannst etwas machen, einfach durch Konzentration oder durch eine Art geistige Anstrengung? Und auf diese Weise kannst du etwas tun, ohne die Hände oder irgendwelche anderen Hilfsmittel zu gebrauchen? Stimmt das? Ist das wahr?«

Christoph nickte widerwillig. Wenn in diesem Moment eine gute Fee gekommen wäre und Christoph drei Wünsche frei gehabt hätte, dann wäre einer seiner Wünsche wohl gewesen: »Ich möchte, daß dieses neugierige Kind hier endlich Ruhe gibt und rasch das Thema wechselt.« Offensichtlich wurde ihm unbehaglich zumute. Vermutlich war ihm erst jetzt bewußt geworden, worauf er sich eingelassen hatte. Er ahnte bestimmt, was als nächstes kommen würde. Und richtig! Ich forderte ihn auf: »Das will ich sehen! Mach mal etwas, ja? Irgend etwas, damit ich sehen kann, daß es tatsächlich funktioniert – das mit der Gedankenkraft und so!« Christoph hatte eine Lawine ausgelöst. Aufzuhalten war sie nicht mehr. Die Ereignisse folgten jetzt ihren eigendynamischen Gesetzen. Trotzdem versuchte Christoph zu retten, was zu retten war, indem er an meine Vernunft appellierte: »Diese Kraft darf nicht mißbraucht werden. Die Motivation muß stimmen. Neugier und Sensationslust sind schlechte Motivationen. Die Verantwortung für das, was man mit dieser Kraft tut, ist zu groß. Alles, was du durch diese Kraft tust, fällt früher oder später auf dich zurück.« Das klang in meinen Ohren doch sehr nach faulen Ausreden. Ich hatte Blut geleckt. Ich hatte Witterung aufgenommen und war einem Geheimnis auf der Spur. Kluge, wohlerwogene Worte interessierten mich nicht. Ich wollte konkrete Taten sehen, Beweise, sofort und auf der Stelle, jetzt und hier: »Entweder, man kann etwas, oder man kann es nicht. Alles andere ist Wischiwaschi. Wenn man aber etwas kann, wieso sollte man es dann nicht auch tun? Ich meine – du könntest doch etwas machen, was eindeutig gut ist und was du vor deinem Gewissen verantworten kannst. Irgend etwas, was einem Menschen zum Beispiel hilft. Wenn du jemandem hilfst und wenn dann irgendwann später einmal diese Hilfe auf dich zurückfällt, vielleicht indem dir von jemand anderem geholfen wird, dann ist doch nichts daran auszusetzen. Was sollte daran falsch sein? Das erklär mir bitte!« (Es ist wohl unnötig zu erwähnen, daß ich mir in diesem Augenblick mächtig schlau vorkam …)

Christoph schwieg eine Weile. Dann fragte er: »Weißt du, was Karma ist?« Karma – das Wort kam mir bekannt vor. Jürgen hatte es einmal erwähnt, und ich versuchte, mich daran zu erinnern, was es bedeutete. »Na ja«, sagte ich, »das hängt doch irgendwie mit Wiedergeburt zusammen. Wenn jemand in einem früheren Leben einen anderen umgebracht hat, dann wird er in seinem nächsten Leben selbst umgebracht werden. Und das nennt man dann Karma. Richtig?« Christoph lächelte gutmütig: »Laß es mich so erklären: Jeder Mensch muß im Verlauf seiner Entwicklung bestimmte Erfahrungen machen. Wie man hört, kommt es ziemlich selten vor, daß ein Schulkind schon nach der ersten Klasse das Abiturzeugnis bekommt. Der Mensch muß also gewissermaßen durch viele Schulklassen gehen, bis er alle wichtigen Erfahrungen gesammelt hat. Und weil ein einziges Leben viel zu kurz ist, braucht der Mensch mehr als ein Leben, um sein Lernziel zu erreichen. Deshalb wird der Mensch so lange wiedergeboren, bis er alle wichtigen Erfahrungen gemacht und seine Lehren daraus gezogen hat. Jeder Mensch lernt aus seinen Erfahrungen und entwickelt sich dadurch weiter. So entsteht eine endlose Kette von Ursachen und Wirkungen. Denn jede Erfahrung ist zugleich die Ursache der nächsten und die Folge der vorangegangenen. Wenn jemand die Kraft seiner Gedanken auf einen anderen Menschen richtet, dann kann er unter Umständen diese Kausalkette aus Ursachen und Wirkungen verändern. Er manipuliert durch seinen eigenmächtigen Eingriff das Schicksal eines anderen. Die Konsequenzen können katastrophal sein. Er bringt, wenn du so willst, das ökologische Gleichgewicht des Karma durcheinander. Er tut es vielleicht in bester Absicht. Er will vielleicht helfen oder jemanden vor einer gefährlichen Dummheit bewahren. Aber hat er das Recht dazu?« Ich antwortete: »Klar hat er das Recht! Wer etwas Schlimmes verhindert, der tut doch automatisch Gutes!« Christoph wiegte zweifelnd den Kopf: »Ich glaube, so einfach ist es nicht. Manche Menschen müssen böse Erfahrungen machen, weil sie selbst die Ursache dafür geschaffen haben. Sie lernen aus diesen Erfahrungen. Dadurch haben sie die Chance zur Weiterentwicklung. Diese Art des Lernens ist vielleicht bitter und schmerzhaft. Aber manchmal gibt es eben keine sinnvolle Alternative zu dieser Holzhammermethode. Wer nicht lernen will, der wird durch schmerzhafte Erfahrungen zum Nachdenken und zum Lernen gezwungen. Wenn du so einem Menschen eine schlimme Erfahrung ersparen würdest, dann würdest du seine Weiterentwicklung blockieren. In gewisser Weise hättest du dann eine Schuld auf dich geladen. Wir sind auf dieser Welt, um zu lernen und uns zu entwickeln. Unter diesem Gesichtswinkel betrachtet, gibt es nichts Schlimmeres und Gefährlicheres als die Stagnation. Wer einen anderen Menschen daran hindert, sich gemäß seiner karmischen Zielsetzungen zu entwickeln, der tut Böses. Dabei spielt es keine Rolle, ob er in bester Absicht handelt oder nicht.« Ich konterte: »Aber man könnte diesen Eingriff in die Kausalkette eines anderen Menschen doch auch so vornehmen, daß ihm zwar einerseits schlimme Erfahrungen erspart bleiben, daß er aber andererseits trotzdem seine Lehren zieht. Dann wird die Kausalkette nicht unterbrochen, und man hätte sich auch nicht schuldig gemacht.« Diese Diskussion setzte sich noch längere Zeit fort. Systematisch versuchte ich, Christoph in die Enge zu treiben. Keines seiner Argumente ließ ich unwidersprochen gelten. Ich war monomanisch auf mein Ziel fixiert. Um jeden Preis mußte ich Christoph dazu bringen, den Beweis für die Wahrheit seiner Thesen anzutreten. Die Wahl der Mittel spielte keine Rolle mehr; der Zweck hatte sie schon längst geheiligt. Plötzlich verändert sich Christophs gelassener Gesichtsausdruck. Oberhalb der Nasenwurzel graben sich zwei tiefe Furchen in die Stirn. Sein Blick verfinstert sich. Irgend etwas hinter mir, am anderen Ende des Raumes, fesselt seine Aufmerksamkeit. Christophs Augen verengen sich zu schmalen Schlitzen. Was geht hier vor? Neugierig drehe ich mich um. Ich folge Christophs Blicken. Da steht Jürgen, ein Glas in der Faust. Christoph und Jürgen starren einander an. Wer ist das Kaninchen? Wer ist die Schlange? Ich weiß es nicht. Für Sekundenbruchteile scheint die Zeit stillzustehen. Eine explosive Spannung liegt in der Luft. Dann wird dieser knisternde Blickkontakt unterbrochen. Irgend jemand hat sich zwischen die beiden gestellt. Und auf einmal ist alles ganz anders. Christoph gibt seinen Widerstand auf. Nicht meine Argumente haben ihn umgestimmt. Ebensowenig ist es auf meine penetrante Hartnäckigkeit zurückzuführen, daß er seine Meinung geändert hat. Meine provozierenden Sticheleien hat er souverän ignoriert. Christoph ist nicht der Mann, der um jeden Preis als der große Alleskönner und Alleswisser dastehen will. Meine (zugegebenermaßen etwas primitiven) Versuche, an seinen Stolz oder seine Eitelkeit zu appellieren, sind natürlich kläglich gescheitert. Wie in Trance, stößt Christoph die Worte hervor: »Gut. Du sollst deinen Willen haben.« Was ist geschehen? Warum zeigt Christoph sich plötzlich so nachgiebig? Warum lenkt er ein? Eigentlich sollte ich mich jetzt freuen. Ich habe mein Ziel erreicht. Christoph wird den Beweis antreten. Aber mir ist mulmig zumute.

Ein kurzer Augenblick hatte die Wende gebracht. Christoph schien einen großen Gedankensprung zu machen, als er wieder auf Jürgens abstruse Idee zu sprechen kam: »Und dein schwarzer Freund da will dich also zu seinem ›zweiten Ich‹ machen?« Ich nickte. Christoph begann, mir verschiedene Fragen zu stellen. Er verhörte mich geradezu. Nach einer Weile schien er alles Wissenswerte in Erfahrung gebracht zu haben. Im Gegensatz zu mir war er offenbar durchaus in der Lage, sich einen Reim auf diese obskure Sache zu machen. Etwas ratlos drehte ich mich um und schaute zu Jürgen hinüber. Vielleicht spürte dieser, daß über ihn gesprochen wurde. Er beobachtete uns. Mißtrauen lag in seinem Blick. Er wirkte angespannt.

Ich wandte mich wieder Christoph zu: »Du glaubst doch wohl nicht etwa, daß ein Mensch einen anderen Menschen zu seinem ›zweiten Ich‹ machen kann? Wie sollte denn so etwas funktionieren? Man kann jemand anderen vielleicht bevormunden oder beherrschen oder manipulieren. Man kann vielleicht durch Zwang oder Drohungen Macht ausüben. Vielleicht kann man auch den Stolz und den Willen eines anderen Menschen brechen. Aber seine Identität vereinnahmen und sein Ich auslöschen – da muß es doch gewisse Grenzen geben, oder?« Christophs Antwort war ebenso rätselhaft wie vieldeutig: »Es gibt Grenzen. Und in diese Grenzen müssen gewisse Leute gelegentlich verwiesen werden.« Ich verstand wieder einmal gar nichts. Erneut schien Christoph einen großen Gedankensprung zu machen, als er sagte: »Du wolltest Beweise haben. Du sollst deine Privatvorstellung bekommen. Aber hier ist nicht der geeignete Ort. Wir gehen zu mir nach Hause. Dein schwarzer Freund ist natürlich herzlich eingeladen. Ihn zu überreden wird dir ja wohl nicht allzu schwer fallen.« Christoph grinste spöttisch. Ich schämte mich ein bißchen. Christoph hatte ja recht: Ich war eine schlimme Nervensäge …

Jürgen zu überreden war tatsächlich kein großes Kunststück. »Stell dir vor«, flüsterte ich begeistert auf ihn ein, »ich habe etwas über Christoph herausgefunden. Er kann zaubern. Na ja, ›zaubern‹ ist vielleicht nicht das richtige Wort. Aber er sagt, er könnte durch die Kraft seines Willens und seiner Gedanken etwas bewirken. Und jetzt will er mir zeigen, wie so etwas geht. Das bekommt man nicht jeden Tag zu sehen! Allerdings braucht er dazu Ruhe, und er will es nur bei sich zu Hause tun. Kommst du mit? Das interessiert dich doch bestimmt auch!« Neugier und instinktives Unbehagen hielten sich bei Jürgen ungefähr die Waage. Er zögerte: »Ich weiß nicht. Dieser Christoph ist mir irgendwie nicht sympathisch.« – »Macht nichts«, wandte ich ein. »Du sollst ihn ja nicht heiraten. Du hast jetzt jedenfalls die Gelegenheit, mit eigenen Augen zu sehen, wie jemand zaubert. Also los, komm schon!« Jürgen wirkte unentschlossen. Ich pokerte etwas höher: »Na, mir soll es gleichgültig sein. Wenn du nicht willst, dann laß es. Ich lasse mir diese einmalige Gelegenheit jedenfalls nicht durch die Lappen gehen!« Volltreffer! Jetzt war Jürgens Neugierde größer als sein Unbehagen.

Die nächtliche Stadt lag wie ausgestorben unter dem sternenklaren Sommerhimmel. Vollmond. Feine Wolkenschleier zogen wie gasförmige Riesenopale vor schwarzblauem Hintergrund über uns hinweg. Unsere Schritte hallten seltsam laut in den engen Gassen. Eisiges, gespanntes Schweigen.

Ein alter Backsteinbau. Eine Holztür. Christoph schloß auf und schaltete die Flurbeleuchtung ein. Aus dem Obergeschoß erklangen Musik und Gelächter. Christophs »Kinder« waren offenbar bester Laune.

Christoph schloß eine zweite Tür auf. Wir standen jetzt in einem Vorraum, der jedem Völkerkundemuseum alle Ehre gemacht hätte. Bunte asiatische Holzmasken hingen an den Wänden, grinsende Dämonenfratzen mit drohend gebleckten Fangzähnen – skurril, einschüchternd und faszinierend zugleich. »Meine Wachhunde«, erläuterte Christoph mit einem hintergründigen Lächeln. Jürgen war sichtlich beeindruckt, wie jeder, der Christoph zum erstenmal besuchte.

Christoph führte uns in den großen Wohnraum. Die schwache Deckenbeleuchtung tauchte das Zimmer in ein schummriges Halbdunkel. Die hohen Bücherregale an den Wänden waren eher zu erahnen als deutlich zu erkennen. Christoph wies einladend auf einen bombastischen alten Ohrensessel, der mit seinem ockergelben Bezug beinahe an einen goldenen Thron erinnerte. Jürgen sollte sich setzen. Ich wollte mich gerade auf das alte Sofa werfen, als Christoph sagte: »Wir brauchen einen Eimer Wasser und einen Lappen. In der Küche findest du alles.« Höchst widerwillig trottete ich hinaus. Ich fühlte mich in meine frühe Kindheit zurückversetzt – immer, wenn es wirklich spannend wird, muß man das Zimmer verlassen! Christoph schien einen festgefaßten Plan zu haben. Wozu brauchte er einen Eimer Wasser? Wollte er etwa wirklich Wasser in Wein verwandeln? Ach, Unsinn! Wozu brauchte er dann einen Lappen? Einen Putzlappen und einen Eimer brauchte man doch eigentlich zum Saubermachen. Aber was hatte das Saubermachen nun wieder mit der Zauberei zu tun, die Christoph angekündigt hatte? Ich überlegte fieberhaft hin und her – ergebnislos. Der Eimer war rasch gefunden. Um keine Zeit mit der Suche nach einem Wischlappen zu vergeuden, griff ich nach dem erstbesten Küchenhandtuch. Einen Eimer voll Wasser laufen zu lassen dauert viel zu lange, wenn man es eilig hat. Drittelvoll war durchaus genug, entschied ich. Auf dem Weg zurück ins Wohnzimmer hörte ich Christophs Stimme: »Du glaubst vielleicht, daß du diesen Dingen gewachsen bist. Weißt du denn nicht, wie schnell man die Kontrolle darüber verlieren kann? Weißt du nicht, wie so etwas in den meisten Fällen endet?«

Als ich eintrat, machte Jürgen gerade Anstalten, aus dem Sessel zu springen. Christophs Vortrag, von dem ich nur das Ende gehört hatte, schien ihm nicht gefallen zu haben. Aber Christophs Blick hielt ihn fest. Jürgen fiel wieder zurück in den Sessel.

Da stand ich nun, den Eimer in der einen, das Handtuch in der anderen Hand. Niemand nahm Notiz von mir. War ich nur unter einem fadenscheinigen Vorwand aus dem Zimmer geschickt worden, damit ein älterer Mann in aller Ausführlichkeit einem jüngeren Mann ins Gewissen reden konnte? Wurde das Wasser in Wahrheit gar nicht gebraucht? Würde Christoph sein Wort brechen? Sollte es gar nicht zur angekündigten »Privatvorstellung« kommen? Ich hatte Zeichen und Wunder erwartet, Zauberei und Magie, Beweise für die reale Existenz einer anderen Wirklichkeit. Die konkreten Wirkungen einer verursachenden geistigen Kraft in unserer Alltagsrealität hatte ich mit eignen Augen betrachten wollen – als staunende Zeugin des Unbegreiflichen. Der verheißungsvolle Glanz einer ganz anderen Welt sollte für einen kurzen Moment auch in mein Leben hineinstrahlen. Das hatte ich jedenfalls gehofft. Aber hier wurden offenbar nur langatmige Strafpredigten gehalten. Eine monologische Fachsimpelei mit moralisierendem Unterton. Ermahnungen und Warnungen, deren Sinn ich nicht verstand und die ich in keinen Zusammenhang einordnen konnte.

Jürgen wirkte wütend. Er warf mir einen giftigen Blick zu, der die wortlose Anklage enthielt: »Das alles habe ich nur dir zu verdanken!« Jetzt nahm mich auch Christoph wahr. Er nickte aufmunternd und rückte einen Stuhl in die Mitte des Zimmer. Jetzt saßen sich die beiden gegenüber – der Alte und der Junge. Ein schwarzes Schaf in der Höhle des Löwen. Draußen fletschten Christophs »Wachhunde« drohend ihre scharfen Zähne.

Nach einer Weile brach Christoph das peinliche Schweigen, indem er die herausfordernden Worte an Jürgen richtete: »Dann zeig mal, was du kannst!« Kaum war Christoph wieder verstummt, da glaubte ich, ein dumpfes Grollen über den Dächern der Stadt zu hören. Was war das? Braute sich ein Unwetter zusammen? War ein Gewitter im Anrollen? Oder hatten Christophs »Kinder« im Obergeschoß aus unerfindlichen Gründen ausgerechnet in diesem Augenblick damit begonnen, schweres Mobiliar umzurücken? Welcher Gruselfilm war hier plötzlich Realität geworden?

Jetzt konnte ich Jürgen nachfühlen, weshalb er versucht hatte, aus seinem Sessel aufzuspringen. In diesem Moment spürte auch ich einen starken Fluchtimpuls. Am liebsten wäre ich nach Hause gelaufen, um mich unter die Bettdecke zu verkriechen. Dorthin, wo man nichts hören, nichts sehen und nichts wissen kann von diesen Dingen, die von ferne faszinieren, aber eine furchteinflößende Atmosphäre der Beklemmung aufbauen, wenn man ihnen zu nahe kommt. Irgend etwas Beängstigendes lastete drückend über uns. Irgend etwas Bedrohliches lag in der Luft. Mit Händen hätte man dieses Klima der spürbaren Präsenz einer undefinierbaren Macht greifen können. Waren wir drei wirklich noch allein in diesem halbdunklen Zimmer? Jürgen und Christoph starrten einander fest in die Augen. Niemand sah mich an. Und doch fühlte ich mich beobachtet. Gruselschauer rieselten mir den Rücken hinab. Irgend etwas ging hier vor sich. Irgend etwas passierte. Daran gab es gar keinen Zweifel.

Spätestens hier endet wohl der Teil dieser Geschichte, der sich noch mit Worten nacherzählen läßt. Um den Fortgang der Geschichte möglichst präzise darzustellen, müßte man vielleicht ein Komponist sein – jemand, der die dramatische Zuspitzung innerer Ereignisse in die Sprache der Musik übersetzen kann. Jemand, der in der Lage ist, atmosphärische Spannungen in Klangformen zu verwandeln, die im Hörer genau diejenigen Gefühle auslösen, die er als Zeuge der folgenden Ereignisse empfunden hätte. Die Musik böte eine Möglichkeit des intensiven inneren Miterlebens, des intuitiven Einswerdens mit dem, was jetzt geschah. An der Schwelle zum Unsagbaren endet die Macht des Wortes.

Auf der sichtbaren Ebene spielten sich durchaus keine sensationellen Ereignisse ab. Da saßen sich zwei Männer gegenüber. Sie wirkten konzentriert und blickten einander fest in die Augen. Das war schon alles – jedenfalls alles, was man sehen konnte. Ausgenommen das dumpfe Grollen, das ich zu hören geglaubt hatte, war es so totenstill, daß mir mein eigener Atem laut vorkam. Hier fand keine wilde Schlägerei statt, hier wurde nicht hitzig diskutiert oder mit lebhafter gestischer Untermalung ein Streitgespräch geführt. In einem stillen Zimmer saßen sich zwei Männer schweigend gegenüber. Menschen, die sich schweigend gegenübersitzen, sind für uns kein ungewohnter Anblick. Jeden Tag sitzen sich Millionen Menschen schweigend gegenüber – im Bus, im Zug, in den Wartezimmern der Ärzte, in den Cafés und in den Restaurants. Sie sind einander fremd und scheinen sich durch unsichtbare Mauern voneinander abzugrenzen.

Etwas Ähnliches und zugleich doch auch völlig anderes fand vor meinen Augen, jetzt in diesem Zimmer, statt. Jeder der beiden Männer, so hatte es den Anschein, verschanzte sich hinter einem undurchdringlichen Wall, als gelte es, einen bösartigen Aggressor abzuwehren. Es war, als stünden sich zwei bis an die Zähne bewaffnete Ritter in eisernen Rüstungen auf ihren nervös tänzelnden Streitrössern gegenüber, jederzeit bereit, die Lanze zu erheben und den Angriff zu reiten.

In beiden pulsierte diese angespannt-konzentrierte Reglosigkeit eines Bogenschützen, der sein Ziel fixiert und auf den entscheidenden Augenblick wartet, auf diesen einen Moment, in dem er intuitiv weiß: Jetzt ist der richtige Zeitpunkt gekommen. Wenn ich jetzt schieße, werde ich treffen.

Tatsächlich schien es, als ginge von Jürgen etwas aus. Keine spitzen Pfeile mit Widerhaken, sondern Blicke, die weit mehr waren als ein bloßes Aufnehmen optischer Informationen; diese Blicke waren ein eruptives Herausschleudern geballter Kraft.

Bildete ich mir das alles nur ein? War es eine Sinnestäuschung? Spielte mir meine Phantasie einen Streich? Oder fiel Christoph tatsächlich, wie von einem dumpfen Aufprall getroffen, ein Stück zurück gegen die Rückenlehne seines Stuhles? Huschte da wirklich ein Hauch von Triumph und Siegesgewißheit über Jürgens Gesicht? Jetzt schien Jürgen sein Pulver verschossen zu haben. Mir war so, als hätte auch Christoph diese Veränderung gespürt. Er richtete sich auf, er saß wieder kerzengerade. Die Atmosphäre war eine andere geworden. Irgend etwas Explosives, Spannungsreiches hatte sich entladen. Mit einem verschmitzten Lächeln, in dem zugleich Anstrengung und Erleichterung lagen, wandte sich Christoph zu mir um. Er summte eine kleine Melodie. Es war die Melodie »Return to sender«. Falls es sich hierbei um eine Botschaft oder um eine Erläuterung handelte, dann beabsichtigte Christoph jetzt offenbar, irgend etwas an irgendeinen Absender zurückzuschicken.

Nachdem er sich wieder auf Jürgen konzentriert hatte, baute sich erneut diese atmosphärische Spannung auf. Diesmal schien Jürgen in der Defensive zu sein.

Plötzlich verändert sich Jürgens Körperhaltung. Er krümmt sich wie nach einem Hieb in die Magengrube. Seine Gesichtszüge verzerren sich. Er röchelt. Er wird leichenblaß. Er beugt sich vornüber, die Hände verkrampft vor die Brust gepreßt.

Ich traute meinen Augen kaum. Christoph winkte mir zu: »Schnell, den Eimer!« Aber da war es schon zu spät. Jürgen erbrach sich. Gelbe Galle träufelte auf den weißen Berberteppich. Gerade wollte ich das Klagelied der guten Hausfrau anstimmen (»O Gott, der schöne Teppich!«), da brach das Gewitter los mit Blitz und Donner. Es war also kein Irrtum gewesen. Ich hatte mich nicht getäuscht. Das dumpfe Grollen war auch nicht aus dem Obergeschoß in dieses Zimmer gedrungen. Tatsächlich hatte sich ein Gewitter über der Stadt zusammengebraut. Und jetzt entlud es sich mit elementarer Urgewalt.

Kurz darauf peitschte der Gewitterregen prasselnd gegen die Fensterscheiben. Da verwandelte sich Christoph vor meinen Augen in den alten Vater, der seinen verlorenen Sohn segnet. Tröstend streichelte er Jürgens Kopf, und er flüsterte: »Jetzt ist es gut. Jetzt hast du es geschafft.« Ich war fassungslos. Ich hätte am liebsten geheult. Vielleicht begriff ich erst in diesem Augenblick, was Liebe ist: Liebe ist, wenn es größer ist als alles auf der Welt. Wenn es einem fast die Kehle zuschnürt, weil man weiß: Es gibt nichts Größeres. Jenseits der Liebe ist nur noch Gott.

Christoph nahm mir Eimer und Handtuch ab. Er kniete vor Jürgen nieder, schweigend, und reinigte den Teppich, so gut es eben ging.

Jürgen war den Tränen nahe. Wie ein Häufchen Elend kauerte er in seinem goldenen Thron. Seine Welt war zusammengebrochen, diese Welt aus Selbstherrlichkeit, Anmaßung und Überheblichkeit. Staunend erhob er sich über die Trümmer dieser Welt, die durch seine Niederlage untergegangen war. Ratlos und ein bißchen verschämt blinzelte er den neuen Horizonten entgegen. Noch stand er vor einem Chaos der Gefühle. Aber das Gewitter war ein reinigendes Gewitter gewesen. Als wir uns kurz darauf von Christoph verabschiedeten, mußte ich Jürgen stützen. Ihm zitterten noch immer die Knie. Seine Zähne klapperten. Er fror. Christophs »Wachhunde« grinsten uns mit gefletschten Zähnen hinterher.

Auf dem Asphalt vor dem Haus glänzten die Pfützen. Das Unwetter hatte sich ebenso rasch verzogen, wie es gekommen war.

Ich brachte Jürgen zum Taxistand. Er konnte sich ja kaum noch auf den Beinen halten. Das letzte, was ich von ihm gehört habe, war die Frage: »Was ist das nur für ein Mann, dieser Christoph?« Danach habe ich nichts mehr von ihm gehört. Er ist in eine andere Stadt umgezogen. Sein »zweites Ich« bin ich nicht geworden.

Ratlos machte ich mich auf den Heimweg, ratlos und dankbar zugleich. Ich wußte nicht, was Christopher getan hatte. Ich fühlte nur: Durch ihn war etwas Gutes geschehen, etwas Richtiges und Wichtiges. Etwas, worüber man glücklich sein konnte. Etwas, was nicht alle Tage geschieht.

Ich glaube, diese Geschichte handelt von Magie. Von einem, der ein Magier sein wollte und (noch?) keiner war. Und von einem, der ein Magier war, aber (noch?) keiner sein wollte. Ich habe mir fast zehn Jahre lang Mühe gegeben, diese Geschichte zu vergessen. Es ist nicht gelungen.

Gottes Ebenbild

Was ist Magie?

C. G. Jung war davon überzeugt, daß die menschliche Seele »eine ihr eingeborene göttliche Schöpferkraft« besitzt. – Eine auf den ersten Blick ebenso vage und vieldeutige wie kühne Aussage. Etwas in uns, das wir »Seele« nennen, hat also teil am Schöpferaspekt Gottes, an dieser allmächtigen kosmischen

Kreativität, die Welten erschaffen und mit den vielfältigsten Lebensformen bevölkert hat. Etwas in uns ist von gleicher Art wie Gott. Die menschliche Seele als Miniaturgottheit?

Da stellt sich bei unseren hermetischen Freunden natürlich sofort der Aha-Effekt ein, und wie aus der Pistole geschossen, kommt der Zweite Satz des Hermes Trismegistos: »Quod est inferius, est sicut quod est superius, et quod est superius, est sicut quod est inferius, ad perpetranda miracula rei unius.« (Das Untere gleicht dem Oberen, und das Obere gleicht dem Unteren; in der Vereinigung beider zu einer ungeteilten Einheit werden Wunderwerke vollbracht.) Wer Ohren hat zu hören: Das ist der Schlüssel zur Magie! (Bevor nun die Lateiner heftig zu protestieren beginnen: Die hier gegebene Übersetzung des Zweiten Hermetischen Satzes ist natürlich formal nicht korrekt. Aber sie gibt den Inhalt interpretatorisch sinngetreuer wieder als jene Art von Übersetzungen, für die wir in der Schule immer eine Eins bekommen haben …)

Die eingedeutschten Kurzfassungen des Zweiten Hermetischen Satzes sind jedem bekannt: »Wie oben, so unten«, »Wie im Kleinen, so im Großen«, »Wie im Himmel, also auch auf Erden«. Es geht um die strukturelle Identität von Mikrokosmos und Makrokosmos, also um die Lehre von der grundsätzlich gleichartigen Beschaffenheit aller Dinge innerhalb unseres Universums. Eine theologische Variante dieses kosmischen Gesetzes stellt die Doktrin von der »Gottesebenbildlichkeit« des Menschen dar. Gleich zu Beginn der Bibel ist nachzulesen, daß Gott den Menschen nach seinem Bilde geschaffen hat. Hier sind dem naiven Mißverständnis natürlich Tür und Tor geöffnet. Irreführende Trugschlüsse können gezogen werden, wie beispielsweise dieser: »Ich bin als Oberhaupt meiner weitverzweigten Familie ein alles in allem doch recht belesener alter Herr. Wenn Gott mich, den Menschen, nach seinem Bilde geschaffen hat, und wir einander ähneln, dann folgt daraus: Gott ist ein weiser Himmelsgreis, dem alles gehört und der alles entscheidet. In seinem fürchterlichen Zorn kann er, genau wie ich, jeden in Ungnade Gefallenen zerschmettern, ganz wie es ihm (und manchmal auch mir) gefällt. Weiterhin folgt aus meiner Gottesebenbildlichkeit: Eine analphabetische, dunkelhäutige Frau beispielsweise kann entweder nicht von Gott geschaffen oder kein Mensch sein. Denn sie ist nicht wie ich. Und ich bin ja Gottes Ebenbild.«

(Au weia! Sie lachen vielleicht. Aber so hat der weiße Mann tatsächlich eine Zeitlang gedacht. Und entsprechend gehandelt …)

Natürlich geht es bei der Lehre von der Gottesebenbildlichkeit des Menschen nicht um banale Äußerlichkeiten. Die Rede ist vom elementarsten Kern unserer Existenz, den wir, der Einfachheit halber, mit dem eingebürgerten Terminus »Seele« bezeichnen wollen. Das, was wir die menschliche Seele nennen, ist also Gottes Ebenbild, und sie hat teil an den göttlichen Qualitäten.

Auch auf dieser Verständnisebene kann es wieder zu irreführenden Mißverständnissen kommen, beispielsweise in Form von: »Ich bin Gott!«

Sie sind Gott. Das ist richtig. – Aber nur fast und ungefähr.

Genauso »fast und ungefähr« und potentiell, wie eine Ihrer Abermilliarden Körperzellen identisch ist mit Ihrem gesamten Organismus, genauso sind Sie identisch mit Gott. Es ist lohnend, diesen Vergleich näher zu betrachten. Denn die Zelle ist ja nicht nur ein Baustein des Körpers. Sie ist weit mehr als nur ein Teil des Ganzen. Im Zellkern befinden sich bekanntlich alle genetischen Informationen, die erforderlich sind, um eine exakt baugleiche Kopie desjenigen Körpers herzustellen, dem sie entstammt. Zumindest in der Theorie besteht schon jetzt die Möglichkeit, aus einer einzigen Zelle Ihres Körpers einen kleinen Menschen herzustellen, der Ihr jüngerer Zwilling ist und nach einigen Jahren dem kleinen Jungen oder dem kleinen Mädchen aufs Haar gleichen wird, der/das Sie einmal gewesen sind. »Klonen« nennt man dieses Verfahren; die Gentechnik macht's (vielleicht schon bald) möglich.

Die Zelle trägt also den Gesamtorganismus als Möglichkeit oder Bauplan in sich. Werden die genetischen Informationen kunstgerecht aktiviert, dann kann sich aus dem Zellkern ein kompletter neuer Organismus entwickeln.

Nicht alles, was hinkt, ist ein Vergleich. Trotzdem: Die potentielle Gleichartigkeit der Zelle und des kompletten Körpers illustriert recht anschaulich die Identität der menschlichen Seele mit Gott. Genau, wie die Zelle ein Teil des Körpers ist, ist auch die Seele ein Teil Gottes. Die Zelle ist aber mehr als nur ein Teil des Körpers. Sie trägt in sich alle Möglichkeiten des ganzen Körpers. Analoges gilt für die Seele.

Der Satz »Ich bin Gott« ist also richtig und unrichtig zugleich. Zutreffender wäre die Formulierung: »Etwas in mir ist zugleich ein Teil Gottes und Gott selbst.«

Was ist Magie? Jetzt dürfen wir vielleicht schon den ersten Versuch einer Definition wagen: Magie hat etwas zu tun mit der »Gottesebenbildlichkeit« des Menschen. Aufgrund der strukturellen Gleichartigkeit zwischen Makrokosmos (Gott) und Mikrokosmos (Mensch) verfügt jene Instanz in uns, die wir »Seele« nennen, latent über dasselbe kreative, realitätsschaffende Potential wie Gott bzw. der Schöpferaspekt Gottes. Aus dem Zweiten Hermetischen Satz, der so etwas wie den Schlüssel zur Magie darstellt, geht hervor, daß die Verbindung beider, des Mikrokosmos mit dem Makrokosmos bzw. der menschlichen Seele mit Gott, den Menschen in die Lage versetzt, Wunderwerke zu vollbringen, das heißt: Magie konkret zu praktizieren. Die latente, »eingeborene göttliche Schöpferkraft« der Seele, von der C. G. Jung sprach, zu aktivieren und auf kreative Weise mit ihr umzugehen – das ist Magie.

In Indien nennt man die aktivierten göttlich-kreativen Kräfte der menschlichen Seele »Siddhi«. Einem Yogi fallen die Siddhi im Verlauf seines inneren Wachstumsprozesses quasi automatisch in den Schoß. Wie das? Yoga – dieses Wort bedeutet: Verbinden. Was wird verbunden womit? Der Mikrokosmos mit dem Makrokosmos. Die individuelle menschliche Seele mit ihrem Ursprung, den wir »erste Ursache« oder »Alles-was-ist« oder »Gott« nennen können. Der Yogi weiß: Etwas in mir ist identisch mit dem Ursprung aller Dinge des Universums. Dieses Etwas-in-mir muß sich von seinem Urgrund losgelöst haben. Es hat sich irgendwann abgetrennt von dieser Totalität allen Seins. So ist meine Individualität entstanden, meine Getrenntheit von der ersten Ursache. Diese Abspaltung und Vereinzelung schafft Leid. Um dieses Leid zu überwinden, muß eine Rückverbindung zum Urgrund aller Dinge geschaffen werden.

Yoga ist ein Versuch, diese Rückverbindung herzustellen. Das Wort »Yoga« ist also ein Synonym unseres Begriffes »Religion«. Denn: Re-ligio heißt »Rück-Verbindung«.

Die Gemeinsamkeiten zwischen fernöstlichem Yogi und

westlichem Schüler der Magie liegen auf der Hand. Beide gehen von denselben grundsätzlichen Überlegungen aus. Doch ab einem gewissen Punkt der Entwicklung trennen sich ihre Wege. Unterschiede treten deutlich hervor. Die indische Geisteshaltung suggeriert dem Menschen ein, es sei falsch und verwerflich, die Siddhi, also die magischen Kräfte, zu benutzen. Denn jede Handlung schafft ja neues Karma und zwingt dadurch zu einer unerwünschten neuerlichen Inkarnation. Deshalb verzichtet der fortgeschrittene Yogi im Idealfall auf die Anwendung seiner magischen Macht. Sein Ziel besteht nicht darin, diese Welt, in der wir leben, zu verändern. Er will sie verlassen. Er will zurückkehren in die Ur-Einheit allen Seins.

Unsere westliche Geisteshaltung dagegen sieht den Aspekt des Handelns und der konkreten Aktivität viel positiver. Der westliche Mensch will auf dieser Realitätsebene, auf diesem blauen Planeten, etwas verändern. Seine Selbsterkenntnis führt über den Weg des Tätigseins. Er definiert sich als Handelnder. Dementsprechend hat seine Re-ligio, seine Rückverbindung zum Urgrund aller Dinge, den er »Gott« nennt, die aktive, liebevolle Zuwendung zu seinem Mitmenschen zum Ziel. Praktizierte Nächstenliebe und tätiges Mitgefühl stehen für ihn an erster Stelle. Jesus als einer der größten Magier predigte nicht den Ausstieg aus dieser Welt. Er wies seine Schüler an, ihre auf dem Pfad der spirituellen Entwicklung erworbenen magischen Kräfte in den Dienst anderer Menschen zu stellen. Kranke sollten geheilt werden. Das Wissen um diese gewaltige Urkraft, die dem Menschen aus seiner Rückverbindung mit Gott erwächst, sollte kein Privatvergnügen sein, sondern allen anderen Menschen ebenfalls zugänglich gemacht werden.

In dieser westlichen Zivilisation inkarniert zu sein bedeutet letztlich: sich vor der Inkarnation zum Handeln entschlossen zu haben. Im Idealfall ist dies ein Handeln aus Liebe und Mitgefühl.

Die Macht der Großen Göttin

Was ist Magie? Wir sind natürlich nicht die ersten, die versucht haben, dieser Frage auf den Grund zu gehen. Vor uns steht eine alte Schatztruhe, prallvoll mit Antworten auf unsere Frage. Also – krempeln wir einmal die Ärmel hoch und greifen tief hinein. Mal sehen, welche Informationen wir zutage fördern. Da haben wir schon etwas: Den Namen Jakob Böhme. Jakob Böhme war von 1575 bis 1624 in Görlitz inkarniert als Mystiker und – Schuhmacher! Ein Schuhmacher ist jemand, durch dessen Arbeit uns das Gehen erleichtert wird. Gehen ist Fortschreiten, ist Bewegung und Vorankommen auf dem Weg. Man erinnert sich an die Flügelsandalen des Merkur, seines Zeichens Gott der Magier. Das lateinische Wort »ire« (= gehen) steht symbolisch für eine der wichtigsten Tugenden des Eingeweihten. Zum Gehen brauchen wir Schuhe. Und die muß jemand für uns machen. Gibt es einen schöneren Beruf für den Mystiker als das Schuhmacherhandwerk?

Wer kommt mit in Meister Böhmes Werkstatt? Wir wollen ihn um ein kleines Interview bitten:

Gott zum Gruße, lieber Meister. Kannst du uns in knappen Worten sagen, was du unter dem Begriff »Magie« verstehst?

Böhme, O-Ton: »Magia ist die Mutter der Ewigkeit, das Wesen aller Wesen, denn sich machet sich selber und wird in der Begierde verstanden. Sie ist in sich selber nichts als ein Wille; und derselbe Wille ist das große Mysterium aller Wunder.«

Du sagst, daß die Magie in der Begierde verstanden wird. Wir wollen die Magie ja verstehen. Kannst du uns also den Zusammenhang zwischen Begierde und Magie etwas näher erläutern?

Böhme, O-Ton: »Die Begierde aber machet in dem Willen ein solch Wesen, als der Wille in sich selbst ist. Die rechte Magia ist kein Wesen, sondern der begehrende Geist des Wesens.«

Magie hat also, wenn wir dich recht verstehen, etwas mit dem Wollen zu tun. Nun kann man ja die verschiedensten Dinge wollen. Wenn mir jemand sehr weh getan hat, kann ich zum Beispiel wollen, daß er auch einmal am eignen Leib erfahren soll, wie es ist, zu leiden. Ich würde in meinen Rachegelüsten dann etwas Böses wollen. Frage: Muß zur Magie, die in Kombination mit der festen Willenskraft konkrete Veränderungen innerhalb unserer Realität bewirken kann, nicht auch noch so etwas wie eine ethische Kontrollinstanz hinzukommen? Wenn ja – welches ist diese innere Kontrollinstanz und wie funktioniert sie?

Böhme, O-Ton: »Der Verstand probiert alles; er verwirft das Böse, behält das Gute, alsdann nimmts Magia in ihre Mutter und bringets in ein Wesen.«

Man könnte also mit einem bildhaften Vergleich sagen: Die Magie ist die Mutter, der Wille ist der Vater, und die bewußt und schöpferisch gestaltete Realität ist ihr Kind. Ein hübscher Vergleich. Gefällt uns. Ist, um in deinem Bild zu bleiben, alle Realität letztlich ein Kind des Willens und der Magie?

Böhme, O-Ton: »Durch Magiam wird alles vollbracht.«
Tatsächlich ALLES?! Herzlichen Dank, Meister Böhme.
Fassen wir zusammen. Böhmes Magiekonzept sieht folgendermaßen aus: Die Magie ist eine empfangende, schöpferische und gestaltgebende, gebärende Kraft. Sie nimmt (Achtung: Symbol!) die »Samen des Willens« in sich auf. Der Wille ist ein Resultat bewußter Entscheidungsprozesse. Er ist eine aktive Kraft, die sich auf ein Ziel richtet. Die Magie verhilft dem Willen zu einer sichtbaren Verkörperung. Das vom Willen angestrebte Ziel wird Wirklichkeit durch das Wirken der Magie. Die Magie bringt (Achtung: Symbol!) »die Kinder des Willens« zur Welt. Sie ver-wirklicht im wahrsten Wortsinn das Gewollte: Sie schafft Wirklichkeit, sie materialisiert abstrakte geistige Konzeptionen. Böhme folgend kann man sagen: Der Wille ist männlich-aktiv wie ein Vater. Die Magie ist »weiblich« im Sinne von »empfangend« und »gebärend«, also wie eine Mutter. Und ihr gemeinsames Kind ist unsere tagtägliche Realität.

Wenn wir die der menschlichen Seele eingeborene göttliche Schöpferkraft, von der C. G. Jung sprach, als Magie bezeichnen, dann können wir, Böhmes Ausführungen im Hinterkopf, sagen: Die Magie ist (Achtung: Symbol!) die »Gebärmutter« der Seele. In ihr wächst und entwickelt sich, gezeugt vom bewußten Willen, unsere Realität, um irgendwann geboren zu werden, das heißt, sich konkret zu manifestieren. Diese mütterlich-kreative, realitätsgebärende Kraft in uns muß ihre makrokosmische Entsprechung haben. Denn der Zweite Hermetische Satz hat uns ja über die strukturelle und funktionale Gleichartigkeit von Mikrokosmos (menschlicher Seele) und Makrokosmos (Gott, erster Ursache) belehrt. Das bedeutet:

Der Aspekt unseres Wesens, den wir als Magie bezeichnen können, muß auch im Makrokosmos existieren. Daraus folgt: Gott verfügt über einen weiblich-schöpferischen Aspekt, der seinen Willen materialisiert. Diesen Aspekt kann man als die »Große Göttin« bezeichnen. (Oder, in kabbalistischer Terminologie: als Binah. Was in Böhmes Konzeption als »zeugender Wille« auftaucht, entspräche in der Kabbala dann der Sephira Chockmah. Den folgenden Kapiteln vorgreifend, noch einen Schritt weiter: der dunkle Aspekt Binahs könnte der Schwarzen, der helle Aspekt der Weißen Magie gleichgesetzt werden. Nicht zu vergessen der Pfad Teth. Denn »Teth« heißt: Gebärmutter. Und das sicherlich nicht ohne Grund.)

Was ist Magie? Jetzt sind wir der Antwort auf unsere Frage wieder einen Schritt näher gekommen. Magie, so sagten wir, hat etwas zu tun mit der »Gottesebenbildlichkeit« des Menschen. Diese Aussage können wir jetzt präzisieren: Magie hat etwas zu tun mit dem weiblichen Aspekt Gottes. Mit der Großen Göttin. Die Macht der Großen Göttin schlummert auch in uns. Wollen wir sie aufwecken?

Die Entwicklung magischer Fähigkeiten kann als ein Vier-Phasen-Prozeß beschrieben werden. Folgende Stationen werden durchlaufen:

1. Ein Mensch begibt sich auf die Suche. Freiwillig oder unfreiwillig. »Initialzündung« kann intellektuelle Neugier, ein instinktiver innerer Drang, eine aufwühlende Erfahrung sein. Oder ein Damaskus-Erlebnis, das dem Menschen gewaltsam die Augen dafür öffnet, daß seine bisherige Sicht der Dinge korrekturbedürftig ist. In manchen Fällen muß das Schicksal gnadenlos zuschlagen.

Einige Menschen werden durch persönliche Katastrophen auf den Weg zu sich selbst gezwungen.

2. Der Suchende wird immer stärker auf sich selbst zurückgeworfen. Sein Weg führt ihn in die eigene Innenwelt. »Gnothi se authon« – mit dieser Aufforderung wurde jeder konfrontiert, der sich den Heiligtümern von Delphi näherte. ERKENNE DICH SELBST! »Das ist«, schreibt W. E. Butler, »ein Hinweis auf die wahre Natur des Selbst, deren Verwirklichung der echte Magier anstrebt.« Durch ein finsteres Labyrinth voller Irrwege und Sackgassen, die immer wieder zur Umkehr zwingen, tastet sich der Suchende zum elementaren Kern seiner Existenz vor. Dieser Weg ist oft lang und einsam. Momente der Verzweiflung, der Enttäuschung und der Orientierungslosigkeit werden durchlitten. In diesem Stadium kann in manchen Fällen der Unterschied zwischen einem Suchenden und einem psychisch Kranken nur noch ein gradueller sein. (Das ist »De profundis« – aus tiefsten Tiefen emporzuschreien …) Manche stehen die Strapazen dieser Reise nicht durch. Sie resignieren. Sie geben auf. Einige erreichen schon in dieser Inkarnation das Etappenziel der »magical mystery tour«. Andere brauchen etwas länger. Ans Ziel kommt jeder. Irgendwann. Auch wenn es noch einige Inkarnationen dauert bis dahin. Wer die »Chymische Hochzeit« des Christian Rosenkreutz kennt, erinnert sich vielleicht an die Schilderung zu Beginn der Ereignisse. Verzweifelte Gefangene schmachten in einem stockdunklen Verlies. Plötzlich dringt von oben her Licht in die Finsternis. Einige Gefangene können schon jetzt an herabgelassenen Seilen emporgezogen werden, hinaus ans Tageslicht, hin-

auf in die Freiheit. Andere müssen noch ein wenig warten. Für sie ist die Zeit noch nicht gekommen. – Ein schönes Symbol für diese Etappe des Weges vom Suchenden zum Magier.

Selbsterkenntnis steht hier als erster Punkt auf der Tagesordnung. Tausend erfolgversprechende Wege zur wahren Selbsterkenntnis werden uns vorgeschlagen. Aber welcher ist der richtige? Welcher ist das Seil, das uns die Flucht aus dem Gefängnis ermöglicht? Welcher Weg führt zum Ziel? Nur einer. Es ist der ganz individuelle Weg. Und dieser Weg ist schon fast das Ziel. Es gibt keine allgemeingültigen Patentrezepte. Und genau darin besteht die Schwierigkeit dieser zweiten Phase auf dem Weg zur Entwicklung magischer Fähigkeiten.

Gibt es Tips oder zumindest grobe Orientierungshilfen? Vielleicht. Der ganze »Witz« dieser Phase besteht im Grunde genommen darin, daß Sie nur nicht intellektuell begreifen, sondern im Innersten erleben, erfahren, eins werden müssen mit einem Wissen. Mit welchem Wissen? Mit dem Wissen, daß das in Ihnen, was Sie zur Suche antreibt, in Wahrheit ja selbst das Gesuchte ist! Klingt kompliziert. Ist es auch. Es ist so entsetzlich kompliziert, weil es in Wirklichkeit so schrecklich einfach ist.

Wer einen Hund hat, kennt das alberne Spiel: Der Hund wirbelt wie wild im Kreis herum. Er macht Jagd auf seine eigene Schwanzspitze. Um sie zu erwischen, beschleunigt er das Tempo seiner Umdrehungen. Offenbar hofft er, daß seine Schwanzspitze langsamer ist als der Rest seines Körpers. Aber die Rechnung geht nicht auf. Irgendwann wird der Hund müde und legt sich hin. Und siehe da –

plötzlich liegt seine Schwanzspitze direkt neben seinem Maul.

Über den Hund lachen wir. Wieviel mehr Grund hätten wir, über uns selbst zu lachen. Denn wir treiben in dieser Phase exakt dasselbe Spiel.

3. Nach der Selbst-Erkenntnis wird die Rückverbindung dessen, was im Menschen göttlich ist, mit dem Ursprung aller Dinge hergestellt. Dies ist ein Akt unbeschreiblicher Freude. Es ist ein dankbares Erstaunen über das intensive innere Erleben der alten Wahrheit: »Alles ist eins.« Es geschieht einfach. Das Glück darüber ist fast mehr, als ein Mensch ertragen kann.

Hier wiederholt sich (gewissermaßen auf einer höheren Oktave) das staunende Erkennen oder erkennende Staunen der vorangegangenen Phase. Man wundert sich. Man ist amüsiert. Man fragt sich: Wie konnte ich nur so ein Dummerle sein und Gott suchen? Ich war doch schon immer eins mit Gott. Ich kann ja gar nicht aus Gott herausfallen. Und Gott nicht aus mir. Wieso ist mir diese offenkundige Tatsache so lange Zeit nicht bewußt gewesen? Es ist doch alles so einfach! Wie konnte ich nur so dumm sein, die einfachste Sache der Welt nicht zu begreifen? Wie war das möglich? Indem ich suchte, haben sich meine Gedanken (oder haben MICH meine Gedanken) vom Gesuchten entfernt. Ich habe mir eingebildet, etwas nicht zu wissen, was ich in Wahrheit schon immer gewußt habe. Ich glaubte, daß mir irgend etwas fehlt. Dabei war ich doch seit Anbeginn der Zeit ununterbrochen im Besitz dieser Sache. Und habe es nicht gewußt.

Für diejenigen unter uns, die es lieber formelhaft-abstrakt

haben, dasselbe noch einmal in anderen Worten: Auf der dritten Stufe steht der Mensch (und sei es auch nur für einen kurzen Augenblick) nicht mehr in einem polaren Subjekt-Objekt-Verhältnis zur ersten Ursache, zu Alles-was-ist, zu Gott. Er weiß jetzt, daß nur eines ihn von Gott getrennt hat: nämlich seine Vorstellung, überhaupt von Gott getrennt zu existieren. Und diese Vorstellung war eine Illusion.

In dieser Phase wird viel gelacht. Man lacht über den blinden Menschen, der man einmal gewesen ist. Man lacht seine eigene Dummheit fort.

4. Der Mensch lacht. Gott lacht. Wenn Gott lacht, entstehen Welten …

Am Ziel des Weges nach innen beginnt der Weg nach außen. Man weiß jetzt: In Wahrheit sind Innen und Außen identisch. Alles ist ein Spiel. Und man spielt mit. Es ist ein Spiel ohne Verlierer. Es kann nur Gewinner geben. Als Teil des Ganzen und – verbunden mit dem Ganzen – als Ganzes zugleich, übernimmt der Magier (jawohl, jetzt ist der Mensch ein Magier!) liebevolle Mitverantwortung für die Gestaltung unserer Realitätsebene. Als Mitspieler ist er Mit-Schöpfer. Er arbeitet mit am großen Werk.

Den Begriff »Gott« definiert Henry Louis Mencken folgendermaßen: »Schöpfer – ein Komödiant, dessen Publikum nicht zu lachen wagt«. Der Magier zählt nicht mehr zum passiv gaffenden Publikum. Er wagt zu lachen. Und noch einiges mehr.

In groben Zügen nachgezeichnet haben wir hier den inneren Entwicklungsprozeß eines Magiers, wie er sein sollte. Es ist die Entwicklung vom Suchenden zum Weißmagier, zu einem Magier der Liebe. Es ist natürlich mehr als naiv, sich einzubilden, daß der Weg des Suchenden in jedem Fall zu diesem schönen Ziel führt. So ist es ganz und gar nicht. Wenn wir in gewissen esoterischen Zeitschriften blättern, stoßen wir im Anzeigenteil auf Kleingedrucktes, das dem Leser die Haare zu Berge stehen läßt. Da werden magische Dienstleistungen gegen Bezahlung offeriert. Das Spektrum der angebotenen Dienste reicht bis hin zur schwarzmagischen Ferntötung. (Paracelsus, ein großer Magier, der seine Fähigkeiten zum Zwecke der Heilung kranker Menschen einsetzte, stellte einmal, als er über das Wesen der Magie nachdachte, die rein theoretische Überlegung an, »daß mein Geist ohne Hilfe meines Leibes wie durch ein Schwert den anderen ersticht oder verwundet, durch mein inbrünstiges Begehren«. Wer heilen kann, kann auch verwunden. Völlig klar. Aber wer heilen kann, der sollte auch heilen! Und nicht verwunden.)

Wir sind hier konfrontiert mit der Tatsache, daß der perfekte, nämliche der magische Mord angeboten wird. Ohne Fingerabdrücke, ohne Tatwaffe neben dem Opfer, ohne Zeugen. Jedem, der zahlungsfähig ist. Schwarzmagische Killer erklären sich bereit, anderen Menschen durch ihre Fähigkeiten Schaden zuzufügen. Vielleicht sind sie nur Betrüger und Beutelschneider. Vielleicht sind sie gewissenlose Verbrecher. So oder so – sie repräsentieren einen Aspekt der Magie, eine pervertierte Variante, die man nicht leichtfertig ignorieren sollte. Es ist die Schwarzmagie.

Sie hat weder etwas mit Gott noch mit der Liebe zu allen

Lebensformen zu tun. Sondern mit Angst, Herrschsucht, Egoismus, Haß und Geldgier.

Wie kann es sein, daß jemand in den Besitz magischer Fähigkeiten gelangt und seine Kräfte dann auf eine so widerwärtige Weise mißbraucht? Denn auch er hat ja irgendwann einmal als ein Suchender begonnen und sich auf den Weg gemacht. Aber er ist vom Weg abgekommen. Er hat das Ziel nicht erreicht.

Im folgenden Kapitel wollen wir versuchen, etwas herauszufinden über ein ebenso angstbesetztes wie ekliges Thema: die Schwarzmagie.

I. Schwarze Magie

Der Wille zur Macht

»Ein Schwarzmagier will Macht besitzen. Deshalb ist er bösartig.« So blöken die braven Lämmchen. Haben sie recht?
Selbstverständlich nicht. Allen vom Untertanen-Ungeist ge-
prägten Vorurteilen zum Trotz: Der Wille zur Macht ist einer
der »gottgefälligsten« Triebe im Menschen. Gott wird auch
der »Allmächtige« genannt. Da er uns nach seinem Bilde
schuf, kann er zu keinem Zeitpunkt gewollt haben, daß wir
ohne Macht, sprich: ohnmächtig, sein sollen.

Viele reden in verächtlicher Weise über die Macht. Manche
stimmen in den Chor der Machtverächter ein, ohne zu wissen,
wovon überhaupt die Rede ist.

Also: Was ist Macht?

Das Wort »Macht« leitet sich von dem mittelhochdeutschen
Verb »mügen« bzw. »mugen« her. Dieses Verb hat folgende
Bedeutungen: bewirken, gebären, hervorbringen, machen, er-
zeugen, kräftig sein, stark und wirksam sein, die Möglichkeit
haben, imstande sein, können.

Zu den entfernten Verwandten unseres Wortes »Macht« zählt
unter anderem: »etwas vermögen«. Wer etwas vermag, der ist
in der Lage, wirksam und erfolgreich zu handeln. Wer viel

vermag, der ist vermögend. Das Substantiv »Vermögen« hat
zwei Bedeutungen:

1. die Summe aller Fähigkeiten eines Menschen (»Es liegt
   in meinem Vermögen, etwas für dich zu tun« – im Sinne
   von: »Es steht in meiner Macht, dir zu helfen«).
2. die Summe des materiellen Besitzes. Ein vermögender
   Mensch verfügt über einen großen Handlungs- und Ent-
   scheidungsspielraum. Er hat viele Mög-lichkeiten. Er
   kann seine Pläne leichter realisieren als ein unvermögen-
   der Mensch. Wenn er stirbt, ver-macht er das Vermögen
   seinen Erben. Das Vermögen gibt dem Vermögenden
   Freiheit, Unabhängigkeit und Macht.

Was ist Macht?

Ganz einfach: Macht ist »etwas machen können«. Wer im
Wörterbuch nachschlägt, findet folgende Definitionen des
Wortes »Macht«: Mittel der Selbstbehauptung, Kraft, Befug-
nis, die Freiheit, bestimmen und entscheiden zu können. – Wer
in diesem Sinne Macht hat, der fühlt sich aus dem Bewußtsein
seiner Handlungsfreiheit heraus stark und kompetent. Er agiert
eigen-mächtig, das heißt: aus der Fülle seiner eigenen Kraft
heraus, unabhängig von Autoritäten. Er gestaltet sein Leben
nach seinen eigenen Vorstellungen und Idealen. Er handelt
eigenverantwortlich, indem er sich der vollen Verantwortung
für seine eigenen Erfolge und Mißerfolge stellt. Da er niemanden braucht, der ihm Befehle erteilt und ihm haargenau
vorschreibt, was er gefälligst zu tun und zu lassen hat, kann er
im Falle einer Niederlage natürlich auch niemandem den
Schwarzen Peter zuschieben. (Für Leute, die ständig Sünden-
böcke brauchen, um ihre eigene Unzulänglichkeit zu rechtfer-

tigen, ist das natürlich eine ganz furchtbar schreckliche Vorstellung. Solche Leute wollen keine Macht. Macht zu haben, das wäre ihnen nur lästig.)

Macht ist das Leben im Bewußtsein der eigenen Kraft, ist Freiheit, Selbstverantwortlichkeit und Souveränität. Macht ist er-wachsen sein im Sinne von: den Herausforderungen des Lebens ge-wachsen sein.

Nun ist ja oft behauptet worden, Macht und Liebe seien Gegensätze. Stimmt das? Natürlich nicht. Das Gegenteil ist richtig. Denn: Aus dem Bewußtsein der eigenen Macht entstehen Lebensfreude, Lebensbejahung, Großmut, Heiterkeit, Zuversicht, Großzügigkeit und Selbständigkeit. Umgekehrt gilt: Aus dem Wissen um die eigene Ohn-Macht, dem Gefühl der Schwäche und der Unterlegenheit entstehen Lebensangst, Neid, Griesgrämigkeit, Verlogenheit und Kleinlichkeit.

Ein Ohn-Mächtiger kann weder Liebe annehmen noch Liebe geben. Er hält sich nicht für liebens-würdig, das heißt, er glaubt, er sei es gar nicht wert, geliebt zu werden. Er weiß nicht, daß jeder Mensch es wert ist, geliebt zu werden, einfach weil es ihn gibt. Er kann auch keine Liebe geben. Denn in seinem Herzen nistet die Feigheit mit ihren Kindern: der Tücke und der Bosheit. Da ist kein Platz für diese freie, starke, fröhliche, bejahende Urkraft, die man Liebe nennt. Selbstverständlich ist der Ohn-Mächtige auch nicht zu aufrichtiger Nächstenliebe fähig. Wie sollte er denn auch?! Seinen Nächsten lieben wie sich selbst – das kann nur ein Mensch, der aus vollem Herzen »Ja!« zu sich selbst sagt. Aus dem Gefühl gesunder Selbstachtung heraus erwächst dem Mächtigen die Liebe zu seinem eigenen Leben, zu sich selbst, und diese Liebe überträgt er auf seine Mitmenschen. Er lebt gern. Er mag sich.

Er mag die anderen und möchte, daß es ihnen ebenfalls gutgehen soll. Er hat keinen Grund, sich selbst zu hassen oder zu verachten. Denn es ist ja nichts Häßliches oder Verächtliches in ihm. Natürlich hat auch er so seine Fehler und Schwächen. Aber er weiß: Es liegt in meiner Macht, mich zu verändern und mich weiterzuentwickeln.

Der Ohn-Mächtige aber steht sich selbst feindselig gegenüber. Und leider nicht nur sich selbst, sondern auch anderen Menschen. Wie um alles in der Welt sollte eine derart verkorkste Kreatur einen anderen Menschen von ganzem Herzen lieben können? In der Partnerschaft liebt der Ohn-Mächtige nicht. Er krallt sich lediglich besitzergreifend an einem anderen Menschen fest. (»Ich kann ohne dich nicht leben!«) Der Ohn-Mächtige verwandelt sein Gefühl der Ab-hängigkeit in An-hänglichkeit. Das kann »rührend« sein, mitleiderregend. Aber mit Liebe hat das alles nichts zu tun. Es ist nur kleinlicher Krämergeist im durchsichtigen Gewand geheuchelter Zuneigung. Ein mächtiger Mensch bleibt nicht bei seinem Partner, weil er ohne ihn nicht leben könnte. Er weiß ganz genau, daß er auch allein zu leben vermag. Er will aber nicht allein leben, sondern lieber zusammen mit seinem Partner. Warum? Einfach weil sein Leben, wenn er es mit dem Partner teilt, noch reicher ist. Seine Liebe zum Partner ist ein Kind seiner Macht und seiner Freiheit. Summa: Macht ist Handlungsfähigkeit. Macht und Liebe sind keine Gegensätze, sondern sie bedingen einander. Eines kann es ohne das andere nicht geben. Wer Macht hat, der liebt. Wer liebt, der hat Macht.

Noch niemals hat ein Mächtiger einem schwachen Menschen etwas Böses getan. Bosheit entsteht nicht aus Macht, sondern aus Ohn-Macht, also aus dem nagenden Gefühl der Schwäche und Unterlegenheit. Wer immer mehr Macht haben will, der ist weder »total kaputt« noch mit charakterlichen Defiziten behaftet. Sondern er ist auf dem richtigen Weg. Was immer auch die braven Schäfchen blöken mögen – es ist schlicht und ergreifend nicht wahr, daß der Schwarzmagier ein Mensch ist, der Macht haben will. Im Gegenteil: Der Schwarzmagier ist ein Mensch, der weder eigene Macht hat noch haben will und obendrein allen anderen Menschen Macht und das Rcht auf Selbstbestimmtheit auch noch mißgönnt. Er ist die Verkörperung der Ohn-Macht schlechthin.

Wer Macht hat, der liebt. Der Weißmagier ist ein Magier der Liebe. Er will Macht für sich selbst und genauso auch für alle anderen Menschen. Sein Ideal ist der freie, fröhliche, selbstbestimmte, kreative, starke, lebensbejahende und liebevolle Mensch, der sich selbst und anderen zu helfen weiß: also der mächtige Mensch. Einer der machtgierigsten Magier war – Rasputin! Dieser ungewaschene Bauernlümmel mit seinen fleischigen Pranken, groß wie Pfannkuchen, und seinem stechenden Blick. Ein göttliches Tier! Vom milieugeschädigten, kriminellen Provinzflegel bis hin zum De-facto-Zaren eines riesigen Reiches – wenn das keine steile Karriere ist! Vor seinem Haus standen die Menschen stundenlang Schlange. Als Kranke kamen sie zu ihm. Als Gesunde oder Genesende verließen sie ihn wieder. Bekam er Geld, verschenkte er es sofort an Bedürftige weiter. Es machte ihm Spaß, die Grenzen seiner physischen Leistungsfähigkeit immer wieder aufs neue zu überschreiten und noch einen, noch einen, noch einen Patienten zu empfangen. Das Volk liebte ihn. Die Frauen liebten ihn. Nur eine verschwindende Mehrheit haßte ihn – die männlichen Vertreter des Adels. Und das wurde ihm zum Verhängnis.

In den Nächten soff er, tanzte er, sang er, berauschte er sich am Leben und an der Liebe. Seine Lebenslust war animalisch. Berserkerhaft. Unersättlich. Er war ein Mann der Macht, ein Heiler, ein Mann des Friedens, der Freude und der Liebe. Seine Macht war fast stärker als der Tod. Wer einmal nachliest, auf welche bestialische Art seine zivilisierten, adligen, gebildeten, vornehmen Herren Mörder immer wieder versuchten, ihn niederzumetzeln, ohne daß es ihnen gelang, die Macht und das Leben aus diesem geschundenen Körper zu treiben – der lernt das Staunen. Grauen und Ehrfurcht halten sich angesichts dieser fast unglaublichen Vorgänge die Waage.

Rasputin wollte das zaristische Rußland vor der Katastrophe des Ersten Weltkrieges bewahren. Er bewährte sich als genialer Friedensdiplomat. Obwohl er alles tat, was in seiner Macht stand, um das drohende Unheil abzuwenden, war der eigendynamische Lauf der Geschichte doch stärker als sein guter Wille. Rasputin hatte nicht zuviel Macht. Er hatte davon leider zuwenig.

Lachen treibt den Teufel aus

Macht zu haben, das bedeutet: Leben in der Gewißheit, stark und frei zu sein und etwas bewirken zu können. Nun gibt bzw. gab es ja gewisse tyrannische Personen, die man als »Machthaber« bezeichnet. (Das griechische Wort »Tyrann« bedeutete übrigens ursprünglich: Hüter des Käses. Einer im Dorf mußte aufpassen, daß der reifende Käse in der Käsehütte nicht geklaut wurde. Den nannte man Tyrann.) Haben diese »Machthaber« wirklich Macht? Ist diese starke, zuversichtliche Fröh-

lichkeit in ihnen? Strahlen sie Souveränität und Menschen-
freundlichkeit aus? Nein. Meist sind es verbiesterte Kümmer-
linge. Man sollte sie nicht »Macht-haber« nennen. Das ist nur
irreführend. Sie haben ja gar keine Macht. Sie sind bestenfalls
Herrschafts-Verwalter auf Abruf. Solange sie im Besitz ihres
Postens sind, können sie andere Menschen terrorisieren.
Nimmt man ihnen aber ihre Ämter und Orden und angemaßten
Würden fort, dann sind sie wieder, was sie immer waren:
schwächliche Menschen ohne Liebe und ohne eigenes Rück-
grat. Sie haben niemals Macht gehabt. Zu keinem Zeitpunkt.
Sie haben nur versucht, über andere zu herrschen, was um so
absurder ist, da sie ja im Regelfall nicht einmal imstande sind,
sich selbst zu beherrschen. (Hitler stolperte einmal über eine
Teppichkante. Mit puterrotem Gesicht brüllte er den Teppich
an: »Ich bring dich um!«) Was Charakter (soweit vorhanden …) und Zielsetzungen angeht, bestehen durchaus gewisse
Parallelen zwischen einem Tyrannen und einem Schwarzmagier.
Der Schwarzmagier ist ohne Liebe, folglich auch ohne Macht.
Im Grunde genommen ist er ein erbärmlicher Schwächling,
eine bejammernswerte Kreatur, und man könnte ihn fast bedauern, wenn – ja, wenn er keinen Schaden anrichten würde.
Aber das tut er ja leider. Oder sagen wir besser: Er versucht
es. Er lebt im ständigen Bewußtsein seiner eigenen Unterlegenheit. Seine Ohn-Macht wurmt ihn. Nur eines macht ihm
das Dasein noch einigermaßen erträglich, nämlich der Gedanke daran, daß es ihm hin und wieder gelingen könnte, auch
anderen Menschen dieses giftige Gefühl der Schwäche und der
Ohn-Macht in die Seele zu spritzen. Er möchte, daß die Menschen zittern und sich schier zu Tode fürchten. Seine »Logik«

sieht folgendermaßen aus: »Wenn ich es schon nicht wert bin, geliebt zu werden, dann sollen die anderen wenigstens Angst vor mir haben!« Von anderen Menschen gefürchtet zu werden und zu leben in der Überzeugung, daß er anderen Menschen ganz empfindlichen Schaden zufügen kann: das hält er für Macht. Er weiß es halt nicht besser.

Manche Schwarzmagier kommen sich besonders schlau vor. Sie treten als Zyniker auf und ziehen alle ethischen Werte in den Schmutz. Das halten sie dann für intellektuell. Oder für revolutionär. Oder für beides. Sie sagen, die Ethik sei ein Dreck. Damit haben sie in gewisser Hinsicht natürlich recht. Denn ethische Vorschriften und Gesetze werden ja erst da notwendig, wo die Liebe aufhört und wo die Menschen ohnmächtig sind. Wer ohne Macht und ohne Liebe ist, der braucht die Ethik. Er muß sich beispielsweise vorschreiben lassen, daß er seine Mitmenschen gefälligst nicht umzubringen hat. Im Grunde genommen ist es tatsächlich eine Schande, daß es solche Vorschriften gibt – oder genauer: daß es sie überhaupt geben *muß*. Daß wir sie überhaupt brauchen, weil einige von uns nicht eigen-mächtig, nämlich aus dem Gefühl ihrer eigenen Macht und Liebe heraus instinktiv so handeln, daß niemand leiden muß. Unter diesem Aspekt betrachtet, ist die Ethik wirklich ein Dreck, nämlich eine Bankrotterklärung, ein Indikator dafür, daß wir nicht genug Macht haben. Denn wer Macht hat, der liebt. Wer nicht liebt, braucht ethische Vorschriften. Bei ihm geht das richtige Handeln nicht mehr vom Herzen, sondern vom Kopf aus. Angst vor Strafe ersetzt dann das gesunde Urgefühl der Freude an allen Lebensformen und den Wunsch, mit allen Kreaturen in harmonischem Einklang zu leben.

Die Ohn-Macht steht am Beginn der Ethik. Das (im Grunde genommen hilflos-ehrenwerte) Ziel der Ethik besteht darin, zu retten, was noch zu retten ist. Wenn das starke Gefühl der Liebe, das aus dem Bewußtsein der eigenen Macht erwächst und automatisch zu richtigem Handeln führt, zu schwinden droht – nun, dann sollen zumindest die »Abfallprodukte« der Macht gerettet werden, die äußeren Attribute der wirklichen Macht: das richtige Handeln. Im Idealfall handelt der ohn-mächtige, aber ethische Mensch noch immer wie ein Mächtiger. Da er aber keine Macht mehr hat, steht sein Handeln natürlich ständig im Widerspruch zu seinem originären Empfinden. Daraus resultiert Unbehagen. Die verdrängten inneren Konflikte zwischen »Sein« und »Seinsollen« machen den Menschen zu einer wandelnden Zeitbombe, die irgendwann explodieren muß. Diese Tatsache wird dann interpretiert als Notwendigkeit zur weiteren Verschärfung der ethischen Normen. Daraus entwickelt die Moral ihre Eigendynamik und verwandelt sich mehr und mehr in ein Mittel zur Unterdrükkung. Sie pervertiert. Sie impft dem Menschen latente Schuldgefühle ein und macht ihm das Leben sauer durch immer mehr Verbote. Am Ende dieser traurigen Entwicklung steht dann die engherzige »Moral« des vollkommen ohn-mächtigen, verklemmten kleinen Spießers, der jede gesunde Lebensäußerung für verwerflich hält und seinen Mitmenschen sogar noch den Spaß an der Sexualität vergällen will. (Diese pervertierte Form der »Moral« ist im Grunde genommen schon schwarzmagisch, wie wir noch sehen werden.)

Aber all das hat der Schwarzmagier natürlich nicht im Sinn, wenn er die Ethik in Frage stellt. Ihm geht es um viel primitivere Dinge. Er will sich einen Freibrief ausstellen. Er möchte all das tun dürfen, was er will. Und zwar: anderen Menschen das giftige Gefühl der Ohn-Macht in die Seele spritzen.

Genau betrachtet entbehrt der Kampf des Schwarzmagiers gegen die Postulate der Ethik nicht einer gewissen Ironie. Denn das, was er zu bekämpfen vorgibt, ist ja letztlich nichts anderes als ein Produkt derselben Ohn-Macht, unter der er selbst leidet, die er sich aber offenbar nicht eingesteht. (Typischer Fall von Projektion.) – Was nun nicht besagen will, daß jeder, der sich gegen die »Schwarz-Moral« auflehnt, nun automatisch ein Schwarzmagier ist. Wenn es Schwarzmoral gibt, gibt's dann auch »Weißmoral«? Ja: Die englischen Weißmagierinnen (»Hexen«) leben nach der Maxime: »Do what thou wilt an' it harm none.« (Tu, was du willst, und schade niemandem.) Erfrischende Lebensbejahung, Bewußtsein der eigenen Macht und liebevoller Respekt vor anderen Menschen gehen hier eine schöne Synthese ein. Mehr Ethik als die Aufforderung, mächtig zu sein, brauchen diese Prachtweiber nicht. Sie handeln eigen-mächtig und brauchen keine weiteren Moralgesetze.

Oft findet man bei den Schwarzmagiern eine glühende, ja geradezu begeisterte Verachtung der »dummen, unwissenden Masse«. (»Wenn einer zugrunde gehen soll, wird sein Herz zuvor stolz.« Sprüche Salomons, 18,12.) Vermutlich handelt es sich auch in diesen Fällen um Projektionen. Der Schwarzmagier, wie talentiert, erfolgreich und intelligent er auch sein mag, ist ein hochgradig unbewußter Mensch. Deshalb ist er so destruktiv. Wir haben im vorangegangenen Kapitel versucht, die Entwicklung eines Suchenden zum Magier grob in vier Phasen aufzugliedern. Legen wir diese Vier-Phasen-Konzeption unseren Überlegungen zugrunde, dann können wir vermuten, daß in der Entwicklung des Schwarzmagiers irgendwo in Phase 2 etwas schiefgelaufen sein muß. Der Schwarzmagier ist nicht zur Selbsterkenntnis gelangt. Er hat sie gesucht. Er hat sogar etwas gefunden. Aber das, was er gefunden hat, war nicht der göttliche Kern seiner Existenz, sondern der scheinbare Kern seiner derzeitigen Inkarnation, den man »Ego« nennen kann. Jene Instanz in uns, die uns ununterbrochen einzusuggerieren versucht, wir seien schwache, isolierte, vom »Zufall« in die Welt geworfene Einzelwesen, die ohne Grund entstehen, sinnlos leben und sinnlos sterben.

Muß man Angst vor Schwarzmagiern haben? Nein. Denn das wollen sie ja nur. Außerdem ist die Frage falsch gestellt. Korrekt müßte sie lauten: Kann man es sich überhaupt erlauben, Angst vor ihnen zu haben? Wieder lautet die Antwort: Nein! Denn wenn Angst in uns ist, fühlen wir uns schwach und ohn-mächtig. Und sobald wir uns ohn-mächtig fühlen, sind wir es auch tatsächlich. (Aurasichtige werden bestätigen können, daß die Aura eines verängstigten Menschen offen ist für schädliche Einflüsse.) Die Kraft eines Schwarzmagiers ist eigentlich nur eine geborgte. Sie nährt sich von der Angst seiner potentiellen Opfer. Seine Kraft ist also strenggenommen keine Macht, sondern »psycho-energetisches Diebesgut«. Vulgo: geklaute Kraft. Keine originär eigene. Man kann den Schwarzmagier also durchaus als einen »Psycho-Parasiten« bezeichnen.

Lachen treibt den Teufel aus, heißt es. Wer die Schwarzmagier nicht fürchtet, der hat auch nichts von ihnen zu befürchten. Dies bedeutet nun nicht, daß man einfach nur die Augen vor ihnen verschließen oder ihre Existenz konsequent ignorieren müßte, um sicher zu sein. Die Strategie der drei Tempelaffen

(»Nichts sehen, nichts hören und nicht drüber sprechen«)
verspricht keinen langfristigen Erfolg. Auch der »intellektuelle Schutzwall« ist kein Sicherheitsgarant. Es gibt sie ja, nachweislich, diese finsteren Gestalten, die nachts in den Wäldern schwarze Hühner schlachten und sich mit dem Blut besudeln. Es gibt sie ja, diese Verwünschungen murmelnden Zauberer, die mit Nadeln in kleine Wachspüppchen stechen, die ihre Opfer symbolisieren. Und mögen auch neunzig Prozent von ihnen dummerhaftige Wichtigtuer sein, dann bleiben immernoch zehn Prozent übrig, die ihr Handwerk verstehen. Deshalb sind für den Schüler im Zusammenhang mit der Schwarzmagie zwei Fragen wichtig.

1. Wie kann ich mich vor schwarzmagischen Angriffen schützen?

2. (Was vielleicht noch sehr viel wichtiger ist:) Wie kann ich mich davor schützen, selbst einer zu werden?

Im Grunde genommen gibt es vor beiden Gefahren nur einen einzigen wirksamen Schutz. Dieser Schutz ist mächtiger als alle Amulette und Talismane. Kein Schwarzmagier der Welt kann Ihnen Schaden zufügen, wenn Macht in Ihnen ist. Macht und Liebe. Liebe und Macht. Denn dann stehen Sie in keinem Resonanzverhältnis zu schwarzmagischen, ohn-mächtigen Absichten. Dann prallen die Verwünschungen eines potentiellen schwarzmagischen Absenders auf ihn zurück. (Die Experten streiten darüber, ob in verdreifachter oder verzehnfachter Form; nun, gleichgültig, wie groß der Multiplikator auch sein mag – ein Schwarzmagier, der einen Menschen der Macht zu attackieren versucht, lebt nicht ganz ungefährlich.) Die zweite Frage, nämlich: Was muß ich tun, um nicht selbst auch einmal

irgendwann vom Weg abzukommen, erledigt sich dann von
allein. Der Schwarzmagier ist die Inkarnation der Ohn-Macht.
Sie können gar kein Schwarzmagier werden, wenn das Bewußtsein der Macht in Ihnen ist. In Abwandlung des berühmten Jesus-Zitats, könnte man sagen: Eher noch geht ein Kamel
durch ein Nadelöhr, als daß ein Mensch der Macht zum
Schwarzmagier wird.

Die Wurzeln der Schwarzmagie

Ohne eine Mücke zum Elefanten machen zu wollen – wenn
jemand Ihnen immer wieder einzureden versucht: »Ach, du
taugst ja eh nichts. Du machst alles falsch. Was du anpackst,
das kann doch nur schiefgehen. Du bist und bleibst der gebo-
rene Versager. Einer wie du kann nur scheitern«, – wenn
jemand solches oder ähnliches zu Ihnen spricht, dann erfüllt
dieses unsinnige Gerede schon den Tatbestand einer schwarzmagischen Attacke. Was um so perfider ist, wenn dieses
Geraune auch noch mit heuchlerischen Gunstbezeugungen
garniert wird, so daß Ihnen eine Auflehnung gegen den Agres-
sor unmöglich gemacht wird bzw. nur unter Inkaufnahme
schwerer Gewissensbisse möglich ist: »Sieh mal, ich hab dich
doch lieb, und ich meine es doch nur gut mit dir, das mußt du
mir schon glauben. Ich will dich doch nur vor herben Enttäuschungen bewahren. Du kannst ja schließlich nichts dafür, und
es macht dir ja auch niemand einen Vorwurf daraus. Manche
sind eben zum Gewinner geboren und andere zum Verlierer.
Du gehörst halt zur zweiten Sorte. Das ist so, damit mußt du

leben, aber solange du mich hast, werde ich ja auch immer für dich sorgen.« Das klingt lieb und harmlos, weitblickend und fürsorglich. In Wahrheit aber handelt es sich um einen heimtückischen Anschlag auf Ihr Machtgefühl! Wer mehrere Monate oder Jahre einer solchen subtilen Hirnwäsche ausgesetzt ist, der glaubt am Ende wirklich, er sei aus eigener Kraft nicht lebensfähig. Er findet sich ab mit der vermeintlichen Tatsache, ein Versager zu sein. Schließlich identifiziert er sich vollkommen mit der Rolle des Ohn-Mächtigen. Und dann ist er wirklich ohn-mächtig, absolut, vollkommen und total ohn-mächtig.

Scheinbar kleine Ursachen können gigantische Auswirkungen haben. Das wissen wir nicht erst seit Bekanntwerden der Ergebnisse der Chaosforschung. (Die ausführliche Analyse eines durch und durch schwarzmagischen Charakters finden Sie in Kafkas »Brief an den Vater«.)

Es wäre dumm und gefährlich, sich einzubilden, Schwarzmagie bestünde lediglich im Ausstoßen altüberlieferter Verfluchungsformeln oder im Beschwören dienstbarer böser Geister. Magie ist geistiges Handeln. Magie ist die Schaffung von Ur-Ursachen, also von denjenigen Ursachen, die den sichtbaren, erkennbaren und scheinbar »zufälligen« oder unerklärlichen Ursachen einer Entwicklung zugrunde liegen. Schwarzmagie beginnt im Alltag und breitet sich aus wie eine Virusinfektion: schleichend, unmerklich und ohne großes Getöse. Das Inserat eines Schwarzmagiers, der seine Dienste feilbietet, ist nur die Spitze der Spitze eines Eisberges.

Alles, was ängstlich, traurig, schwach und verzagt, sprich: ohn-mächtig macht, ist strenggenommen schon die Ursache und/oder Folge giftiger Ohn-Machts-Gedanken. Tatsächlich –

so simpel (und deshalb zugleich auch so entsetzlich kompliziert) ist die Problematik der Schwarzmagie!

Ein Scherzwort mit ernsthaftem Hintergrund besagt: Wer einen kostbaren Gegenstand vor Dieben verstecken möchte, der muß ihn nur gut sichtbar auf den Tisch legen. Die Diebe werden die Wäscheschränke ausräumen, die Bücher aus den Regalen fegen, die Polstermöbel aufschlitzen und in der ganzen Wohnung das Unterste zuoberst kehren. Hast und blinder Eifer vernebeln ihnen den Blick für das Offensichtliche. Die gesuchte Kostbarkeit finden sie nicht.

Es gibt keine Geheimnisse. Es gibt nur Menschen, die dem Offensichtlichen blind gegenüberstehen. Ihnen bleibt vieles verborgen. Auf der Suche nach den Wurzeln der Schwarzmagie könnten wir uns in staubige Archive verkriechen und wunderliche alte Pergamente studieren. Wir könnten exotische Länder bereisen und exzentrische Persönlichkeiten aufsuchen. Wir können aber auch, was sehr viel erfolgversprechender ist, unseren Blick für das Alltägliche, für das Offensichtliche schärfen. Die großen Mysterien sind nicht »irgendwann und irgendwo«. Sie sind »jetzt und hier«!

Also: Augen auf im Alltag! Zu Trainingszwecken spielen wir jetzt das beliebte Spiel »Original und Fälschung«. Es folgen zwei kurze Geschichten. Die eine ist die Nacherzählung von Bert Brechts Geschichte »Der hilflose Knabe«, also das Original. Die andere stellt eine geringfügig abgewandelte Version der Brecht-Geschichte dar; sie ist also die »Fälschung«. Eine der beiden Geschichten kann interpretiert werden als ein Gleichnis zum Thema »Ohn-Macht als ganz alltägliche Wurzel der Schwarzmagie«. Die andere erzählt davon, wie ein Mann mit der liebevollen Gnadenlosigkeit eines Zenmeisters vorgeht, um einem kleinen Jungen begreiflich zu machen: Es ist falsch und gefährlich, sich mit der Rolle des Ohn-Mächtigen zu identifizieren. Diese Version stellt also ein kleines Gleichnis zum Thema »Macht als Wurzel der Weißmagie« dar.

Der hilflose Knabe, Version 1

Ein intelligenter, politisch denkender Mann hält einen Vortrag. Grundtenor seiner Rede: Es sei falsch und dumm, nach erlittenem Unrecht zu verstummen. Zur Illustration seiner These erzählt er folgendes Gleichnis: Ein kleiner Junge steht leise weinend auf dem Bürgersteig. Da kommt ein Passant und fragt ihn: »Warum weinst du denn?« Traurig weist der weinende Knabe auf einen größeren Jungen, der eilig davonläuft: »Der da hat mir einen Groschen weggenommen. Ich hatte zwei Groschen, und dann kam der da und nahm mir einfach einen weg!« Der Passant erkundigt sich: »Und du? Hast du denn gar nicht um Hilfe gerufen? Hier auf der Straße sind so viele Leute, die hätten dir doch helfen können!« Der Kleine schluchzt auf und wimmert mit bebender Unterlippe: »Klar habe ich geschrien!« Der Passant tätschelt tröstend den Kopf des kleinen Jungen und fragt weiter: »Du hast geschrien, aber niemand hat dich gehört?« Der Kleine nickt. »Vielleicht«, vermutet der Passant, »hast du nicht laut genug geschrien. Kannst du denn das nicht: So richtig aus Leibeskräften ohrenbetäubend brüllen?« Der Kleine schüttelt stumm den Kopf und blickt den fremden Mann vertrauensvoll an. Denn der Fremde lächelt. Da sagt der Passant: »Wenn das so ist, dann nehme ich mir den zweiten Groschen!« Sagt's, tut's und geht vergnügt seiner Wege.

Der hilflose Knabe, Version 2

Ein intelligenter, politisch denkender Mann hält einen Vortrag. Grundtenor seiner Rede: Es sei falsch und dumm, Unrecht zu erdulden. Zur Illustration seiner These erzählt er folgendes Gleichnis: Ein Spaziergänger trifft auf einen kleinen Jungen, der wie am Spieß schreit und Rotz und Wasser heult. Der Mann erkundigt sich nach der Ursache dieses herzzerreißenden Wehklagens. Der Kleine weist auf einen halbwüchsigen Lümmel, der eilig davonrennt, und öffnet seine verkrampfte kleine Faust. Im schwitzigen Handteller liegt ein Groschen. Der Kleine erläutert schluchzend: »Ich hatte zwei Groschen, aber dann kam der da und hat mir einen Groschen geklaut!« Der Passant, neugierig und empört zugleich, fragt: »Und du? Was hast du getan, um das zu verhindern?« Völlig entgeistert starrt der kleine Junge den fremden Mann an. Ganz offensichtlich ist es ihm zu keinem Zeitpunkt in den Sinn gekommen, daß man sich gegen einen Angriff ja eventuell auch zur Wehr setzen könnte. »Nichts habe ich getan«, antwortet er wahrheitsgemäß. »Na, wenn das so ist«, sagt der Mann, nimmt dem kleinen Jungen auch den zweiten Groschen weg und geht, ein fröhliches Liedchen pfeifend, seiner Wege.

Gehen wir enmal davon aus, daß beide Männer, der aus Version 1 wie auch der aus Version 2, keine primitiven Groschendiebe, sondern im Grunde ihres Herzens gute Pädagogen sind. Beide wollen dem kleinen Jungen eine Lehre erteilen. Beide wollen ihm auf klare, unmißverständliche Weise etwas signalisieren. Beide wollen ihn zum Nachdenken anregen. Beide handeln, wenn auch auf eine recht rabiate Art, menschlich und liebevoll, denn beiden liegt die Entwicklung des kleinen Jungen am Herzen. Soweit die Gemeinsamkeiten. Doch was wollen sie dem kleinen Jungen beibringen? Worin bestehen die Unterschiede? Welche Geschichte erzählt von den Wurzeln der Macht? Welche von den Wurzeln der Ohn-Macht?

Die Antwort finden wir, wenn wir uns überlegen, was der kleine Junge aus seinem jeweiligen Erlebnis gelernt hätte.

Version 1 hätte ihm folgende Schlußfolgerung nahegelegt: »Wenn mir jemand etwas Böses tun will, dann brauche ich nichts dagegen zu unternehmen. Ich lasse es mir einfach gefallen. Ich muß hinterher nur recht lautstark jammern und wehklagen, einen Heidenspektakel muß ich machen, dann wird schon jemand kommen, der mir hilft.« Das heißt: Er wäre letztlich zu der Überzeugung gelangt, daß es sich lohnt, ohn-mächtig zu sein, da ohn-mächtiges Verhalten durch die spontane Hilfsbereitschaft anderer Menschen honoriert wird.

Aus Version 2 dagegen hätte er gelernt, daß Ohn-Macht keine Tugend und folglich nicht wert ist, honoriert zu werden. Folgende Lehren hätte er aus seinem Erlebnis gezogen: »Wenn ich ohnmächtig bin, dann ziehe ich magnetisch halbwüchsige Lümmel an, die mir einfach wegnehmen, was ich habe. Solange ich bereit bin, das wehrlose Opfer zu spielen, lassen die entsprechenden Täter nicht lange auf sich warten. Meine Ohnmacht ist also die Ursache ihrer Übergriffe. Wenn ich aber stark bin und mich zu wehren weiß, dann sinkt mein Risiko, von rücksichtslosen Rüpeln bestohlen zu werden, gegen Null.« Was täte er, nachdem er das begriffen hätte? Vielleicht würde er Boxunterricht nehmen. Oder er würde die Techniken einer asiatischen Kampfsportart erlernen, die ihn in die Lage versetzten, sich wirksam zu verteidigen. Dadurch würde er zum Bewußtsein seiner eigenen Macht gelangen. Er wüßte: »Ich bin zwar klein, aber oho! Ich bin nicht ohnmächtig den Launen größerer Jungen ausgeliefert. Ich kann etwas machen. Ich weiß mir zu helfen. Und nicht nur mir selbst – ich kann auch andere beschützen und muß nicht tatenlos zusehen, wenn andere Kinder verprügelt werden. Ich kann ihnen dann helfen und ihnen hinterher zeigen, wie man sich einen Angreifer vom Leibe hält!« Nun würde der kleine Junge im Bewußtsein seiner eigenen Macht leben. Er fühlte sich eventuellen Herausforderungen gewachsen. Im Bewußtsein seiner Stärke lebte er unbekümmert, angstfrei und fröhlich. Keine unterschwelligen, ohn-mächtigen Rachegelüste, keine aufgestauten Aggressionen könnten ihm mehr die Seele vergiften. Es würde ein starker, friedfertiger Mensch der Macht aus ihm werden.

Der Pädagoge aus Version 2 hat versucht, dem kleinen Jungen Hilfe zur Selbsthilfe zu leisten, indem er ihm die Notwendigkeit vor Augen führte, wirksam zu handeln, anstatt zu jammern – das heißt: mächtig zu sein. Er stellte dem kleinen Jungen nicht die Frage: »Kannst du denn nicht laut genug schreien?« Seine Frage lautete: »Was hast du getan, um den Diebstahl zu verhindern?« – Ein scheinbar kleiner, in Wahrheit aber gigantischer Unterschied! Das Ziel des ersten Pädagogen bestand letztlich darin, den Kleinen zu einem Ankläger zu erziehen. Er gab dem Jungen zu verstehen: »Es ist völlig okay, angesichts einer Herausforderung konsequent passiv zu bleiben. Man muß sich halt hinterher nur rächen, indem man den Volkszorn auf den Übeltäter lenkt. Dann erhält man Genugtuung, ohne einen Finger krümmen zu müssen, und wird überdies von allen bemitleidet. Das ist ein tolles Gefühl, weil man dann ja im Mittelpunkt der allgemeinen Aufmerksamkeit steht und sich alle um das arme Opfer kümmern.«

Version 1 des Gleichnisses erzählt die Entstehungsgeschichte der Ohn-Macht. Version 2 zeichnet die Entstehung des Macht-Bewußtseins nach, also der Fähigkeit, selbst etwas zu machen. Version 2 ist die »Fälschung«. Version 1 ist das »Original«.

Bertholt Brecht gilt als großer Schriftsteller. Manches deutet jedoch darauf hin, daß sein Ideal ganz und gar nicht der mächtige, freie, fröhliche, starke Mensch war.

Manche von uns hätten vielleicht angesichts des weinenden kleinen Jungen ihr Portemonnaie gezückt und den gestohlenen Groschen ersetzt, dummerhaftige Trostreden im Munde führend, des Inhalts: »Der große Lümmel ist böse und gemein, aber du, mein Kleiner, du bist gut und lieb und herzig!« Und dann wären wir uns ungemein edel vorgekommen. Im Gefühl, ein richtig guter Mensch zu sein und in den Spuren Robin Hoods zu wandeln, wären wir mit stolzgeschwellter Brust weitergegangen und hätten noch mindestens zwei Wochen von der Erinnerung an unsere ach so großmütige Tat gezehrt. In bester Absicht hätten wir genaugenommen schon schwarzmagisch gehandelt, ohne auch nur einen einzigen Gedanken an die Konsequenzen unseres Tuns zu verschwenden. Was soll das heißen? Soll man etwa keinem schwachen Menschen helfen? Doch. Man soll. Man soll mit aller Macht und aller Kraft und aller Liebe. Aber der Gegensatz zu »gut« ist bekanntlich nicht »böse«, sondern: »gut gemeint«. Die schlimmsten und gefährlichsten Dinge werden grundsätzlich in bester und nicht in böser Absicht getan. Echte Hilfe muß immer Hilfe zur Selbsthilfe sein. Sie muß wie eine Initialzündung wirken. Sie muß dem (derzeit) Schwachen das Bewußtsein seiner eigenen Macht geben. Letzten Endes »schwarzmagisch« ist jede Form der Hilfeleistung, die den (derzeit) Schwachen in seiner Position der Ohn-Macht beläßt, ja sein Gefühl der eigenen Hilflosigkeit, Abhängigkeit und Ohn-Macht noch weiter verstärkt. Der arme Mann braucht keine Almosen, sondern Arbeit, damit er seine Selbstachtung zurückgewinnt. Der Kranke braucht keine mitleidtriefenden Trostreden, sondern eine wirksame Therapie sowie den festen Willen, wieder gesund zu werden. Der (derzeit) Schwache braucht keine verbalen Mitleidsbekundungen, sondern ein neues Bewußtsein seiner eigenen Kraft. Wer ihm wirklich helfen will, der vermittelt ihm dieses Bewußtsein. Wer ihm nicht wirklich helfen, sondern nur sein eigenes schlechtes Gewissen beruhigen will, der glorifiziert die Schwäche des Ohn-Mächtigen. Und richtet damit mehr Schaden an, als ihm überhaupt bewußt ist!

Schwäche ist die Ursache der Gewalt. Gewalt ist die Ursache der Schwäche. Ohn-Macht ist die Ursache der Hilflosigkeit. Hilflosigkeit ist die Ursache der Ohn-Macht. Traurigkeit ist die Ursache der Passivität. Passivität ist die Ursache der Traurigkeit. Die Liste der Teufelskreise ließe sich in beliebiger Länge fortschreiben. Jeder dieser Teufelskreise kann durchbrochen werden. Wie? Durch Macht. Macht und Liebe. Liebe und Macht. Letztlich sind beide identisch und bilden gemeinsam mit dem Wissen (der Bewußtheit) so etwas wie die »Trinität der Weißen Magie« (Abb. 1).

Wenn es eine Trinität der Weißen Magie gibt, so gibt es auch eine Trinität der Schwarzen Magie! Sie ließe sich graphisch folgendermaßen darstellen (Abb. 2).

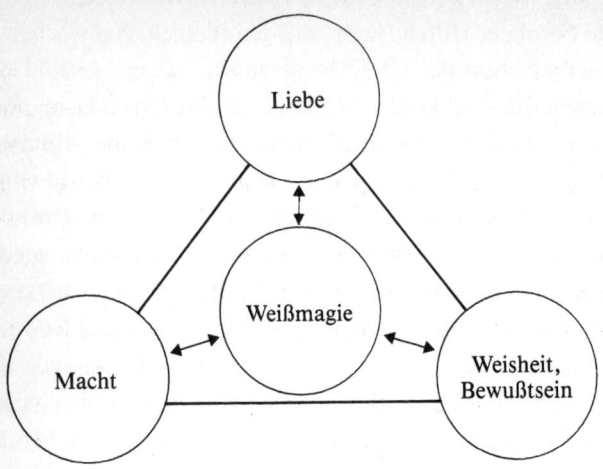

Abb. 1: Die »Trinität der Weißen Magie«

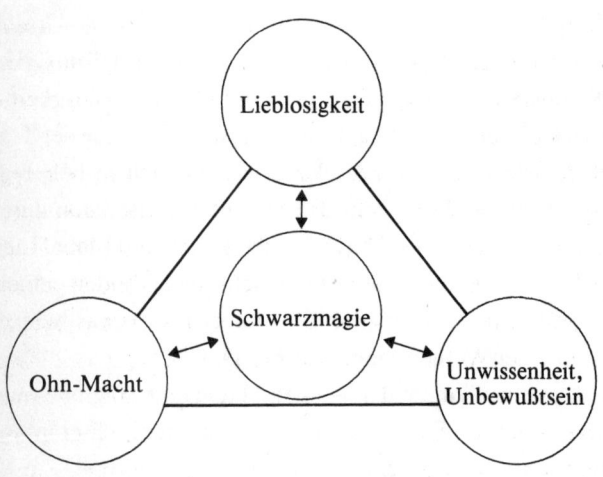

Abb. 2: Die »Trinität der Schwarzen Magie«

Das Paradebeispiel eines Schwarzmagiers ist lieblos, ohn-
mächtig und hochgradig unbewußt. Nichtsdestoweniger wirkt
er oft faszinierend, selbstsicher und intelligent auf andere
Menschen, und seine magischen Operationen können beängstigend erfolgreich sein. Wie kommt das? Holen wir etwas
weiter aus: Falls es so etwas wie ein ökologisches Gleichgewicht der Kollektivseele gibt (und davon dürfen wir ausgehen), dann erfüllen die Schwarzmagier innerhalb dieses Sy-
stems mehr oder minder dieselben Funktionen, die im
Tierreich beispielsweise von Geiern und Hyänen eingenom-
men werden. Ob man diese Tiere nun mag oder nicht, ist
vollkommen irrelevant. Sie sind notwendig. Sie werden gebraucht. Ohne sie ist das System auf Dauer nicht lebensfähig.
Die bloße Tatsache, daß es sie gibt, beweist, daß sie unver-
zichtbare Bestandteile des Ganzen sind. Gäbe es sie noch
nicht, dann würde im weiteren Verlauf der Evolution eine
andere Gattung zwangsläufig ihre ökologische Nische einneh-
men müssen.

Der »gutgemeinte« Vorsatz, die bösen, bösen Schwarzmagier
und ihre üblen, finsteren Machenschaften bekämpfen zu wollen, kann selbst unter günstigen Voraussetzungen nicht viel
mehr als die eine oder andere Variante geistiger Spiegelfech-
terei sein. Vielleicht ist es heroisch, einen solchen Vorsatz zu
fassen. (Vielleicht ist die Absicht, den Kampf gegen die Wind-
mühlen aufzunehmen, der Gipfel aller Tapferkeit …) Aber wie
schon der Volksmund spricht: Der Weg zur Hölle ist mit guten
Vorsätzen gepflastert. Es bringt nicht viel, den Splitter in der
Stirn des anderen anzuprangern und gleichzeitig das Brett

vorm eigenen Kopf konsequent zu ignorieren. Wer wirklich wirksam handeln will, der muß das Übel der Schwarzmagie bei der Wurzel packen. Dazu gehört auch, am dritten Element der »weißmagischen Trinität« zu arbeiten, das heißt: sich auf einen langwierigen und bisweilen schmerzhaften Bewußtwerdungsprozeß einzulassen. Das tut weh. Das ist lästig. Das nervt. Denn niemand ist der Pfundskerl, der er gern wäre. Diese Entdeckung zu machen löst keinen großen Entdeckerstolz aus!

Alle Eigenschaften, Verhaltensweise und Gelüste, die wir bei anderen Menschen schärfstens mißbilligen, schlummern auch in uns. Wäre es nicht so, dann wären wir vollkommen. Und wären wir vollkommen, dann wären wir nicht hier. Dann hätte keine Notwendigkeit zum Inkarnieren bestanden. Wir sind aber hier. Jeder trägt sie in sich, diese charakterlichen Defizite, diese Indikatoren der Unvollkommenheit. Einige sind zu feige, sie zur Kenntnis zu nehmen. Diese feige Ignoranz dann aber mit Vollkommenheit gleichzusetzen, wäre wohl doch nicht ganz angemessen.

Es ist eine Binsenweisheit, daß die intensive Beschäftigung mit magischen, mystischen oder ganz allgemein esoterischen Themen notwendigerweise früher oder später innerhalb der Psyche gigantische Energiepotentiale aktiviert. Solange es uns nicht gelungen ist, möglichst viele, am besten alle »Schattenseiten« unseres Wesens in unser Bewußtsein zu integrieren (und damit transformierbar zu machen), fließt ein Großteil dieser Energie geradewegs in die »unterirdische Giftmülldeponie« unserer Psyche. Dorthin, wo die »Schatten« wohnen, wo verdrängte, unbewußte Inhalte gären und brodeln. Ist dies der Fall, dann werden alle ignorierten, unbewußten Teile unserer Persönlichkeit gewissermaßen »aufgeladen«, also gewaltig energetisiert. Aus der kleinen Abneigung wird dann der glühende Haß. Aus der winzigen Befürchtung wird paranoide Panik. Das kleine Fehlerchen verwandelt sich in die »Todsünde«. Dies, genau dies, geschieht im Verlauf der verunglückten Entwicklung des Suchenden zum Schwarzmagier.

Was ist zu tun? Die »schwarzen« Eigenschaften und Gelüste müssen in das Bewußtsein integriert werden. Wie ein Bergmann steigt der Schüler hinab in die tiefsten Stollen, dorthin, wo es am schwärzesten ist. Unermüdlich fördert er das schwarze Gestein, das ihm auf der Seele lag, zutage. Nach jedem Abstieg fühlt er sich schmutzig und unterzieht sich (Achtung: Symbol!) sorgfältigen Reinigungsprozeduren. Schließlich ist der Bewußtwerdungsprozeß so weit fortgeschritten, daß der Schüler keine Projektionsflächen mehr benötigt, keine Schwarzmagier oder Bösewichte, die stellvertretend für ihn die dunklen Schattenaspekte seines Wesens ausleben – Aspekte, die er vielleicht früher einmal bei sich selbst zu diagnostizieren zu faul oder zu feige war. Wenn nichts Schwarzmagisches mehr in ihm ist, dann wird ihm aller Wahrscheinlichkeit nach auch von außen nichts Schwarzmagisches mehr entgegentreten. (Es sei denn, er sucht aus guten Gründen bewußt und freiwillig die Konfrontation.)

Also: Weshalb sind manche Schwarzmagier so »erfolgreich«? Weil sie durch die intensive Beschäftigung mit okkulten Überlieferungen eine immense psychische Kraftzufuhr erfahren haben. Diese geballte Energie fließt dann auch in die verdrängten, unbewußten Teile ihres Wesens und lädt sie auf. Latente Ohn-Machts-Gefühle werden auf diese Weise verstärkt, so sehr verstärkt, daß sie die Motivation des Magiers in destruktiver Weise beeinflussen. Das heißt: Ihr freier Wille wird »schwarz« eingefärbt. Da die Magie, Jakob Böhme zufolge, quasi die Kinder des Willens gebiert, können die Ergebnisse magischer Operationen eines hochgradig unbewußten Menschen, dessen verdrängte psychische Inhalte energetisiert wurden, nur schwarzmagisch sein.

Das ist aber nur die halbe Antwort auf unsere Frage. Wenn wir etwas weiterdenken, finden wir einen noch viel subtileren Grund für die »Erfolge« einiger Schwarzmagier. Er lautet: Der »Erfolg« mancher Schwarzmagier ist letzten Endes eine direkte Konsequenz unserer eigenen Unbewußtheit. Denn (Stichwort: ökologisches Gleichgewicht der Kollektivseele) solange wir die schwarzmagischen Strukturen innerhalb unserer eigenen Psyche nicht erkennen wollen, muß es sie geben, die Schwarzmagier. Sie führen uns unsere eigenen Schwächen vor Augen. Sie sind, wie Geier und Hyänen, nützliche Teile des Ganzen. Solange wir unbewußt sind, muß es sie geben. So lange. Und nur so lange. Keine Sekunde länger. Pathetisch gesprochen: Wir können sie »erlösen«. Nicht durch Exorzismus. Nicht durch lodernde Scheiterhaufen. Sondern, indem wir selbst konsequent am dritten Element der »weißmagischen Trinität« arbeiten.

Vorschlag für die Durchführung dieser Arbeit: Stellen Sie sich unbequeme Fragen. Je unbequemer, desto besser. Beispiel: Sind Rachegelüste in mir? Nein? Wirklich nicht? Doch! Doch und zehnmal doch! Lügen wir uns doch nicht in die eigene Tasche: Jeder kennt mindestens zwei oder drei Zeitgenossen, denen er, wenn er ganz ehrlich ist, mit dem größten Vergnügen einmal ein paar faule Eier ins Gesicht werfen würde. (Wer von sich behaupten kann, daß ihm solche oder ähnliche Gelüste wesensfremd wären, der ist entweder ein Heiliger oder ein Heuchler. Letzteres ist wahrscheinlicher.)

Jeder ist irgendwann einmal gekränkt, verletzt und gedemütigt worden. Und es ist einfach wahr: Verzeihen ist so schwer. Leicht ist es, zu sagen: Ich verzeihe dir. Aber schwer ist es, wirklich den letzten Rest des Grolls aus dem Herzen zu vertreiben. Ans Tageslicht des Bewußtseins mit all dem alten Groll! Wer hat Ihnen weh getan? Wer hat Sie gekränkt? Wer hat Sie wie den letzten Dreck behandelt? Wer hat sich auf Ihre Kosten profiliert, wer hat Sie schamlos ausgenützt, wer hat Sie verspottet und auf Ihren Gefühlen herumgetrampelt? Wer hat genüßlich in den wundesten Stellen Ihrer Seele herumgestochert und sich dabei fürstlich amüsiert? Wie haben Sie sich damals gefühlt?

Schreiben Sie alles auf einen Zettel, Punkt für Punkt. Und wenn der Zettel nicht ausreicht, nehmen Sie ein Schulheft und schreiben es voll. Und dann lesen Sie sich alles durch im Hinblick auf die Fragestellung: Warum mußte ich diese Erfahrung machen? Was habe ich daraus gelernt? Wozu waren diese bitteren Lektionen nötig? Sie können dann die gewonnenen Erfahrungen neben die entsprechenden Erlebnisse schreiben und sich überlegen: Wer oder was wäre ich heute, wenn ich all das, was ich damals gelernt habe, noch nicht wüßte? Wie wäre meine Entwicklung verlaufen? Vielleicht stellen Sie bei dieser Arbeit fest, daß Sie sich in wenigen Fällen nach wie vor mit der Rolle des vollkommen unschuldigen Opfers identifizieren und starrsinnig an der Position des Ohn-Mächtigen festhalten. Ja, daß Sie sich standhaft weigern, bewußte Verantwortung für Ihre eigenen Erfahrungen zu übernehmen. Die alte Wut kocht wieder in Ihnen hoch. Und wenn Sie ganz ehrlich sind, müssen

Sie sich dann eingestehen: Schon wahr, es sind durchaus noch Groll und Rachegefühle in mir. Ich schmolle ja tatsächlich noch immer. Ich habe nicht wirklich Frieden geschlossen mit dieser Erfahrung und den Menschen, durch die ich diese Erfahrungen gemacht habe.

Damit haben Sie dann einige »schwarze Steine«, die Ihnen auf der Seele lagen, zutage gefördert. Vermutlich fühlen Sie sich jetzt nicht besonders gut. Nun beginnt die »Reinigungsprozedur«. Sie schließen Frieden mit Ihrer Wut und setzen all die blockierte Energie, die in dem alten Groll steckte, wieder frei. Am besten durch Lachen. Wie geht das? Vorschlag: Sie können eine flammende Anklagerede halten und auf Tonband aufzeichnen. Sie jammern und nörgeln und schimpfen und schmollen, wie Ihnen der Schnabel gewachsen ist. So lange, bis Ihnen nichts mehr einfällt. Einige Zeit später hören Sie sich das Band an – mit dem kritischen, analytischen Verstand eines Menschen, der die Selbstgespräche eines Wildfremden belauscht. Das befähigt Sie zur Selbstironie. Sie werden vermutlich feststellen: Meine Stimme trieft ja geradezu vor Selbstmitleid. Mein Gott, diese Selbstgerechtigkeit. Diese beleidigte Leberwurst da – das soll ich sein? Stellenweise werden Sie zumindest lächeln müssen.

Setzen Sie sich nicht unter Leistungsdruck! Niemand fordert, daß Sie sofort und auf der Stelle die große Kunst des Verzeihens erlernen. Wichtig ist nur, daß Sie jetzt wissen: Jawohl, auch ich trage Rachegelüste und alten Groll in mir. Ich bin deswegen nicht schlecht oder minderwertig. Ich nehme die Tatsache zur Kenntnis. – Schon das kann ein befreiendes Gefühl sein! Die Rachegelüste haben dann keine Macht mehr über Sie.

Anderes Beispiel: Sie haben vielleicht das Gefühl, von herrschsüchtigen Miniaturtyrannen umgeben zu sein, die Ihnen ständig in Ihre Arbeit dreinreden oder versuchen, Sie zu bevormunden, zu gängeln, zu unterdrücken. Wieder wird eine unbequeme Frage fällig: Sind tyrannische Elemente auch in mir? Will ich mir nur nicht eingestehen, daß ich herrschsüchtig bin? Projiziere ich den kleinen Diktator in mir auf andere, weil ich ihn in mir selbst nicht erkennen will? Als Faustregel gilt: Je häufiger und intensiver Sie eine bestimmte negative Eigenschaft bei anderen Menschen als störend, lästig oder widerwärtig empfinden, desto größer ist die Wahrscheinlichkeit, daß diese Eigenschaft auch in Ihnen schlummert. Sie wollen es vielleicht nicht wahrhaben. Aber das ändert nichts an den Tatsachen. Wer sich immerzu von bösen Feinden bedroht fühlt, ist in Wahrheit selbst feindselig und aggressiv. Wer überall nur herz-, lieb- und gewissenlose, ausbeuterische Menschenschinder sieht, der sollte den Grund dafür zunächst einmal in sich selbst und nicht in der Verkommenheit der Spezies Homo sapiens suchen. Wer sich ständig tyrannisiert fühlt, sollte sich schleunigst seine eigenen Herrschaftsgelüste bewußtmachen. Ist die Herrschsucht erst einmal diagnostiziert, läßt sie sich beispielsweise wunderbar in Entscheidungsfreudigkeit transformieren. Der zuvor uneingestandene Wunsch, wichtig und nützlich zu sein, akzeptiert, anerkannt, be- und geachtet zu werden, kann sich dann in seinen konstruktiven Aspekten manifestieren.

Ein Schwarzmagier ist ein Mensch, der sich mit Händen und Füßen dagegen sträubt, solche lästigen Spielchen mit sich selbst zu spielen. Er arbeitet nicht am dritten Element der »weißmagischen Trinität«. Und deshalb bleibt das dritte Element dann auch weiterhin ein Bestandteil der »schwarzmagischen Trinität«. Wieder gilt: So simpel (und deshalb zugleich auch so entsetzlich kompliziert) sind die Dinge im Grunde! Wenn man denn – der bloßen Deutlichkeit halber – überhaupt mit plakativen Polaritätspaaren wie »gut« und »böse«, »Freund« und »Feind« operieren möchte (was an sich ja höchst fragwürdig ist, zum Zwecke der Schwarzweißillustration aber vielleicht ausnahmsweise einmal nützlich sein kann), dann läßt sich folgende Feststellung treffen: Der »böse« Magier hat drei »Feinde«:

1. Sich selbst. Warum? Weil seine giftigen Gedankenpfeile, wenn sie ihr Ziel verfehlen, zu ihm zurückkehren. Dann ist der Schuß nach hinten losgegangen. Ergebnis: Der Schwarzmagier hat einen Volltreffer gelandet. Sein Opfer leidet. Nur: sein Opfer – das ist er dann selbst!

2. Seine Schwarzmagierkollegen. Echte Solidarität kann es auf Dauer zwischen Schwarzmagiern nicht geben. Sie können sich vielleicht kurzfristig zu einem Zweckbündnis zusammenschließen. Früher oder später muß es aber zwangsläufig zu Feindseligkeiten zwischen ihnen kommen. Es liegt einfach in ihrer Natur, einander zu befehden – sei es aus Mißgunst oder aus Egoismus. (Crowley hat sein halbes Leben damit zugebracht, mit anderen Magiern zu streiten.)

3. Die Weißmagier. Alles, was ein Weißmagier tut, denkt, empfindet oder beabsichtigt, hat letztlich zur Folge, daß dem Schwarzmagier das Wasser abgegraben wird. Hinzu kommt: »Gute« Magier arbeiten entweder zusammen oder prinzipiell an derselben Sache, in jedem Fall aber nicht gegeneinander. Weißmagier unterstützen einander

direkt oder indirekt und potenzieren dadurch ihre Macht. Denn Liebe, Macht und Wissen/Bewußtheit stärken dieselben Kräfte in anderen Menschen. Die Schwarzmagie dagegen ist tendenziell autoaggressiv, das heißt selbstzerstörerisch. Und deshalb geht es im Reich der Magier so zu wie in den schönen alten Märchen: Das Gute siegt. Einfach, weil es stärker und lebensfähiger ist. Es hat innerhalb der geistig-seelischen Kollektivevolution einen eindeutigen Selektionsvorteil. Das klingt simpel? Richtig. Das ist es ja auch! Es wird höchste Zeit, daß wir auch einmal die einfachen Dinge zu begreifen lernen!

Frage: Ist der Drogenkonsum zum Zwecke einer Aktivierung latenter magischer Fähigkeiten tatsächlich, wie oft behauptet wird, schon schwarzmagisch?

Antwort: Ja.

Frage: Warum?

Antwort: Weil der drogenberauschte Magier, wie jeder andere Schwarzmagier auch, strenggenommen mit einer geborgten bzw. gestohlenen Kraft arbeitet. Er wirkt nicht aus seiner eigener originären Macht heraus. Überspitzt formuliert: Er vergewaltigt und versklavt die Kraft der heiligen Pflanzen. Damit legt er ein beredtes Zeugnis seiner eigenen Ohn-Macht ab. Ein ohn-mächtiger Magier aber ist bzw. wird früher oder später ein Schwarzmagier. Ein »gedopter« Magier kann natürlich kurz- bis mittelfristig sensationelle Erfolge verbuchen. Langfristig aber endet sein Weg in der Sackgasse.

Frage: Gehört Ehrgeiz zu den Wurzeln der Schwarzmagie?

Antwort: Ja und nein. Persönlicher Ehrgeiz kann am Anfang, aber auch am Ende der mißglückten Entwicklung des Suchenden zum Magier stehen. Das Wort »Ehrgeiz« besteht aus zwei Elementen: aus »Ehre« und aus »Geiz«. Der Ehrgeizige geizt mit der Ehre. Das bedeutet: Er will alle Bewunderung, alle Anerkennung und allen Erfolg nur für sich allein haben. Er allein will als derjenige gelten, der alles weiß, alles kann, und zwar nicht nur gut, sondern besser als alle anderen zusammen. Damit ist er natürlich »voll auf dem Egotrip«. Dies wiederum ist ein Indikator dafür, daß es ihm bei allem, was er tut, nicht um die jeweilige Sache, sondern immer nur um die eigene Person geht. Der Ehrgeizige stellt seine Fähigkeiten nur zum Schein in den Dienst einer Aufgabenstellung. Tatsächlich macht er aus allem, was er tut, ein Mittel zum Zweck der Egoglorifizierung. Vermutlich ist in seiner Entwicklung in Phase 2 unseres vierstufigen Modells etwas schiefgelaufen.

Frage: Seit einigen Seiten wird hier nur noch moralisiert. Ist das wirklich nötig?

Antwort: Hoffentlich nicht. Es wäre schön, wenn es sich als überflüssig herausstellen würde, weil bereits jeder von uns ein Mensch der Macht ist. Wer noch kein liebevoller, bewußter Mensch der Macht ist, der braucht die Ethik. Denn die Magie ist oft als »janusköpfige Kunst« bezeichnet worden. Ihre Techniken sind im Grunde so erschreckend simpel, daß jeder, der einen festen Willen und die Fähigkeit zur Selbstdisziplin besitzt, mit guter Aussicht auf Erfolg mit ihnen herumexperimentieren kann. Deshalb besteht die Hauptaufgabe eines Schülers der Weißmagie nicht primär im Erlernen und Anwenden dieser Techniken, sondern darin, zunächst erst einmal ein Mensch der Macht, der Liebe und des Wissens bzw. der Bewußtheit zu werden.

Jakob Böhme betrachtete, wir erinnern uns, die Magie als eine

Art Gebärmutter der Seele, die die Kinder des Willens zur Welt bringt. Den Willen definierten wir als ein Resultat bewußter Entscheidungsprozesse. Entscheiden, das bedeutet: auswählen zwischen mehreren Möglichkeiten. Jeder Entscheidung liegen bestimmte Kriterien zugrunde, die bewußt oder unbewußt, liebevoll oder haßerfüllt, egoistisch oder selbstlos sein können. Die Kriterien des Weißmagiers sind bewußt, liebevoll und selbstlos. Entsprechend richtet sich sein Wille darauf, die Menschen immer stärker, mächtiger, fröhlicher und freier zu machen. Sein Wahlspruch könnte lauten: »Denn wir sind Gottes Mitarbeiter« (Erster Brief des Paulus an die Korinther, 3,9). Oder, mit James H. Brennan zu sprechen: »Für den wissenden Magier gibt es nur eine wahre Absicht – die Abweichungen innerhalb des göttlichen Plans zu korrigieren, soweit es ihm möglich ist.« Ohn-mächtige, sauertöpfische, traurige Menschen, denen das Leben eine langweilige Qual ist, sind im göttlichen Plan sicherlich nicht vorgesehen. Es gibt sie aber trotzdem. Ein Weißmagier beabsichtigt, im Rahmen seiner Möglichkeiten zur Beseitigung dieses Mißstandes beizutragen, indem er auf seine ganze individuelle Art den Mut, die Macht und die Lebensfreude seiner Mitmenschen stärkt. Der Wille des Schwarzmagiers richtet sich auf das entgegengesetzte Ziel. Die Magie an sich ist eine neutrale Kraft; sie ist so etwas wie ein realitätsschaffender Verwirklichungsmechanismus, den prinzipiell jeder Mensch in sich aktivieren kann. Solange jemand, der diesen Mechanismus in sich entdeckt hat, nicht aus seinem Lebensgefühl der Macht und der Freude heraus quasi instinktiv menschenfreundlich handelt, braucht er die Ethik.

Frage: Sind materialistisch eingestellte Menschen, die alles

Esoterische und Magische für Unfug halten, vor eventuellen schwarzmagischen Angriffen geschützter als Menschen, die es zumindest für denkbar halten, daß eine geistige Kraft wie die Magie tatsächlich existieren könnte?

Antwort: Ein Gleichnis. Zwei Männer klettern um Mitternacht bei Vollmond auf den Dächern ihrer Häuser herum. Der erste ist ein Schlafwandler. Leicht und elegant hält er das Gleichgewicht. Wie ein Hochseilartist setzt er einen Fuß vor den anderen, graziös und präzise. Es ist nahezu ausgeschlossen, daß er abstürzt und sich das Genick bricht. – Solange er schläft! Der zweite Mann ist auf das Dach seines Hauses gestiegen, weil neben dem Schornstein sein kleines Kätzchen hockt. Es zittert und maunzt zum Gotterbarmen. Er will es wieder in die Wohnung zurückholen und bewegt sich, verglichen mit dem Schlafwandler, linkisch und verkrampft, denn er weiß, in welcher Gefahr er sich befindet. Jetzt bricht plötzlich ein infernalischer Lärm aus. Der Mann, der seine kleine Katze retten wollte, zuckt zusammen und hält sich gut fest. Der Schlafwandler erwacht und findet sich vollkommen unvorbereitet in einer extremen Gefahrensituation wieder. Wer von beiden schwebt jetzt in der größeren Gefahr, abzustürzen und sich das Genick zu brechen? Wer reagiert in den ersten Schrecksekunden angemessener: Der völlig verdutzte Schlafwandler oder der vorsichtige Mann, der sich schon vor seiner Dachbesteigung genau überlegt hat, was im Falle eines Falles wohl zu tun wäre?

Frage: Was tut man, um sich vor eventuellen schwarzmagischen Angriffen zu schützen?

Antwort: Man lernt, seine Aura bewußt zu kontrollieren. Darauf kommen wir später zu sprechen.

Exkurs: Die Grauzone

Das »schwarze« Kapitel liegt hinter und das »weiße« vor uns. Wir wandern durch die Grauzone. Dies ist das Land der Widersprüche. Hier zeugen Wahnsinn und Genie ihre göttlich-dämonischen Bastarde. Aus den irisierenden Nebeln, hinter denen sich Bergesgipfel und klaffende Abgründe, höchste Höhen und tiefste Tiefen verbergen, tritt uns eine Gestalt entgegen: Ein kahlköpfiger, aufgedunsener Mann im Schottenrock, umwabert von einer süßliche Duftwolke. Sein Blick ist seine Visitenkarte. Seine Augen weisen ihn aus als jemanden, der Angstlust zu verbreiten versteht. Bedrohung und Verlockung werden eins in seiner Gegenwart. Sein Blick schreit stumm und schrill zugleich: »Kommt, ihr schönen Kinder, laßt euch in tausend ekelhaften Wonnen berauschen und bittersüß zugrunde richten. Ich bin Ekstase und Verhängnis. Ich bin das Verbotene, der Unflat und die Köstlichkeit.«

Dieser Mann ist ein Scheusal. Ein Faszinosum. Eine Gestalt, an der man nicht vorbeikommt. Er ist das schwarze Schaf in der Familie der Weißmagier. Er ist das weiße Schaf in der Familie der Schwarzmagier. Man kann ihn lieben und verehren. Man kann ihn hassen und verabscheuen. Ihm vollkommen indifferent gegenüberzustehen dürfte schwerlich gelingen. Er ist der große Polarisator. Als Gott eine Magenverstimmung hatte, erbrach er Crowley. Damit war Crowleys Schicksal vorgezeichnet. Fast alles, was er tat, mußte Brechreiz erregen. Kaum eine Scheußlichkeit, die nur ein krankes Hirn ersinnen kann, die er nicht praktiziert hätte. Da mag selbst dem Teufel oft das Lachen in der Kehle steckengeblieben sein, und sogar der leibhaftige Gottseibeiuns wurde grünlich um die Nase herum.

Crowley gestaltete sein Leben wie ein obszönes Kunstwerk. Da steht es nun – ein meterhoher Phallus, um den sich die Legenden wie Efeu ranken. Pfui und bravo!

Wir Menschen sind schon sonderbare Leute. Wir lieben einen anderen Menschen nicht wegen seiner guten, sondern trotz seiner schlechten Eigenschaften. Wer das nicht weiß, hat nie geliebt. Er hat vielleicht bewundert, begehrt und verehrt. Aber nicht geliebt. Liebe ist nicht »weil«, sondern »obwohl«. Bei Crowley gibt es viel »obwohl«. Entsprechend leidenschaftlich konnte man ihn lieben. Er ist ein wunderbares »Vorbild dafür, wie man nicht sein sollte«. Er kannte nur Euphorie und Depression. Nichts dazwischen. Gar nichts. Sein Ego war eine einzige gigantische Aufblähung. Und dennoch flossen ihm Sätze aus der Feder wie: »Als Mensch handelt auch der größte Magier so, wie es ein Mensch tun sollte. Insbesondere hat er Herzensgüte und Mitgefühl gelernt. Selbstlosigkeit ist oft sein Trumpf.« Das muß man sich einmal auf der Zunge zergehen lassen: Herzensgüte, Mitgefühl, Selbstlosigkeit. Das schreibt ein Mann, der Kröten kreuzigte und seine Jünger Katzenblut trinken ließ … Gibt es irgendeine Episode in seinem Leben, die auch nur ansatzweise das Vorhandensein des kleinsten, kümmerlichsten Ansatzes dieser großen Tugenden bei ihm erahnen läßt?

Seien wir gnädig. Lassen wir die Frage offen.

Er war ein Monstrum. Er wollte auch gar nichts anderes sein. Oft gestellt worden und letztlich nicht beantwortbar ist die Frage: War Crowley ein Schwarzmagier? Wir sind ihm in der Grauzone begegnet. Hier scheint er zu Hause zu sein. Zu

Hause im Niemandsland zwischen Weiß und Schwarz, Gut und Böse – jenseits von Gut und Böse wie sein Bruder im Geiste, Friedrich Nietzsche. Hierin liegt vielleicht auch das Geheimnis seiner ubiquitären Präsenz begründet. Kaum ein Buch über Esoterik, in dem nicht irgendwo der Name Aleister Crowley auftaucht. Man nennt den Namen mit Abscheu. Man nennt ihn mit Bewunderung. Aber man nennt ihn. Er ist nicht totzuschweigen. Woran liegt das?

Es mag tausend Gründe geben. Zwei der wichtigsten sind vielleicht:

1. Crowley war ein Prophet der göttlichen Freiheit des Menschen. »Tu, was du willst«, so lautete seine Lehre. Crowley zufolge, hat jeder Mensch einen »wahren Willen«, den er finden und leben muß. Diese These ist vergleichbar mit Nietzsches Idee des »amor fati«, der mutigen Bejahung des eigenen Schicksals, dem man zu folgen hat. Frei und mächtig ist derjenige, der vollkommen eins wird mit seinem inneren Gesetz, mit dem Gesetz seiner Seele, mit dem innersten Kern seines Wesens. »Tu, was du willst« – handle deinem wahren Willen, deinem inneren Gesetz gemäß: Das ist kein Auruf zu inkonsequenter, launenhafter Wankelmütigkeit, zu Gewissenlosigkeit und Schlamperei, sondern, im Gegenteil, die Aufforderung zur Selbsterkenntnis und strenger Selbstdisziplin, zur mutigen und selbstverantwortlichen Gestaltung des eigenen Lebens. Wenn du weißt, wer du bist, dann weißt du auch, was du zu tun hast, dann kennst du das Ziel deiner derzeitigen Inkarnation und strebst es, allen inneren und äußeren Hindernissen zum Trotz, konsequent an. Beispiel: Frei ist

ein begabter Mensch, der Künstler wird. Unfrei ist er, wenn er sich in die scheinbare Sicherheit eines bürgerlichen Lebens flüchtet und das Gesetz seiner Seele, seinen wahren Willen verleugnet. Dann ist sein Unglück vorprogrammiert. Umgekehrt gilt genauso: Frei ist ein Mensch, der im Kern seines Wesens eine Mutter oder ein Vater ist, wenn er heiratet und möglichst viele Kinder bekommt. Unfrei wäre solch ein Mensch, wenn er seinen innersten Wesenskern, seinen wahren Willen verleugnete und den Sinn seines Lebens primär in der beruflichen Karriere sehen würde. Das Resultat wäre dann: latentes inneres Unbehagen bis an die Grenze der Depressivität, psychosomatisch bedingte Krankheiten, unterm Strich eine verpfuschte Inkarnation.

Tu, was du willst – sei der, der du in Wahrheit bist, folge deinem inneren Gesetz, erkenne und lebe deinen wahren Willen.

Für uns klingen Worte wie »Selbstverwirklichung«, »individuelle Freiheit« und »Selbstverantwortung« mittlerweile reichlich abgedroschen. Gott sei Dank! Denn diese Tatsache beweist, daß sich die Idee eines Nietzsche oder Crowley und all der anderen, denen Freiheit mehr war als nur ein Wort, auch bis ins letzte Provinznest durchgesprochen haben. Aber vergessen wir nicht – vor hundert Jahren gab es das noch gar nicht: individuelle Freiheit. Die lebensfeindliche, erstickende Atmosphäre der Viktorianischen Ära, des Biedermeier, der Bismarckepoche können wir uns heute kaum noch vorstellen. Untertanenmentalität, Heuchelei, Verklemmtheit, Militarismus und schamlose Ausbeutung außereuropäischer Länder prägten nicht nur den Zeitgeist, sondern auch das Denken und Empfinden der einzelnen Menschen. Universitätsstudium und politischer Einfluß für Frauen? Undenkbar. Soziale Sicherheit, Chancengleichheit, gute medizinische Versorgung und das Recht auf Bildung für alle Menschen? Kein Gedanke daran! Uneheliche Kinder? Eine Schande. Ehe ohne Trauschein? Ein Skandal. Statt in die Schule, gingen viele Kinder in die Bergwerke, in die Fabriken als billige, willige Arbeitskräfte. Wer nicht in eine reiche Familie hineingeboren wurde, der hatte das Spiel schon verloren, ehe es richtig begann. Wir vergessen zu schnell. Vergessen auch, welche »älteren Geschwister« unsere Freiheit erkämpft haben. Einer dieser Vorkämpfer war Crowley. Er brach Tabus. Er übertrieb dabei. Aber vielleicht muß immer übertrieben werden, wenn es darum geht, einen Sachverhalt wirklich allen Menschen deutlich zu machen. Die Holzhammermethode ist unelegant, aber wirksam. Crowley schwang den Holzhammer.

2. Crowley gilt als der Erfinder der »Sexualmagie«. Was ist das? Vereinfachend formuliert: Sexualmagie ist Tantra für Anfänger; vermutlich sogar weniger als das. Mit einer Prise Sex kann man den Leuten ja bekanntlich alles verkaufen: Waschmittel, Autos, Schallplatten, ja letztlich sogar Magie. Man kann diese Variante der Magie betreiben. Man kann es auch seinlassen. Boshaft gesprochen: Wem es an Motivation, Konzentrationsvermögen und der Fähigkeit mangelt, bewußt und willentlich seine inneren Energien zu mobilisieren, und wer trotzdem ein Magier sein möchte, der muß vielleicht seinen Unterleib um Mit-

hilfe bitten. Do what thou wilt an' it harm none. Solange keinem Menschen Schaden zugefügt und solange ein konstruktives Ziel angestrebt wird, ist es vielleicht verantwortbar. Zu denken geben sollte allerdings die Tatsache, daß alle wirklich großen Errungenschaften der Menschheit nicht auf das Zelebrieren wüster Orgien, sondern auf Sublimierung sexueller Energien zurückzuführen sind. Colin Wilson urteilt in seinem Buch »Das Okkulte« sehr streng über die Sexualmagie. Er schreibt: »Erst diese Verbindung zwischen Magie und Sex führte eigentlich zum Konzept der ›Schwarzen Magie‹. Und dies war das zweite Stadium im Niedergang der magischen Kunst.« Magie hat etwas mit Ekstase zu tun, mit dem Außersichsein. Mit dem Sprengen enger geistiger Horizonte. Mit der Entdeckung des Göttlichen im Menschen. Mit Begeisterung. Zu bedauern sind solche Menschen, die sich keine andere als die sexuelle oder durch Drogenkonsum herbeigeführte Ekstase mehr vorstellen können. Sie sind so vollkommen abgestumpft, daß nur mehr die stärksten Reize sie aus ihrem intellektuell-psychischen Dämmerschlaf wachrütteln können.

Hat Crowley die Sexualmagie erfunden? Er hat sie zumindest propagiert. Anno 1902 gründete ein deutscher Industrieller namens Karl Kellner, der den indischen Subkontinent bereist hatte und mit tantrischen Yogis in Kontakt gekommen war, eine Organisation, der er »Ordo Templi Orientis« nannte. Ziel dieser Vereinigung: Die Mitglieder der Geheimgesellschaft wurden davon in Kenntnis gesetzt, daß die Sexualität – entgegen der damals vorherrschenden Ansicht – keineswegs schmutzig, geistlos und für einen intelligenten Menschen indiskutabel sei. Ja mehr noch – Kellner gab seinen staunenden Ordensbrüdern zu verstehen, daß auch der Weg der Ekstase zur Erkenntnis führen kann, nicht nur der steinige Pfad der Askese. Das klang in den Ohren seiner Anhänger neu und sensationell. Damals war die Sexualität noch ein absolutes Tabuthema. Seine fortgeschrittensten Jünger weihte Kellner in das geheimste Geheimnis aller damaligen Geheimnisse ein: Im Zustand sexueller Erregung kann latente psychische Energie mobilisiert werden; zugleich wird die Allmacht des ewig zweifelnden, kritischen Alltagsbewußtseins in diesem Zustand ausgeschaltet.

Daraus folgt: Sexuelle Erregung versetzt den Menschen in einen Bewußtseinszustand, der den Erfolg einer magischen Operation in greifbare Nähe rückt. – Das war im Kern schon alles, was Kellner zu verkünden hatte. Wird das Ganze noch mit Geheimhaltungsschwüren, Mummenschanz, exotischen Riten und wohltönenden Zauberformeln garniert, kann diese Lehre enorm faszinierend wirken. Auch der große Rudolf Steiner geriet eine Zeitlang in ihren Bann.

Kellner weihte Crowley ein. Crowley modifizierte, kodifizierte und praktizierte Kellners Tantraverschnitt – und übertrieb das Ganze so maßlos, wie es eben seine Art war. Da steht er nun, der dicke Mann im Schottenrock, das Scheusal, das Faszinosum. Ganz und gar verworfen und verkommen kann er nicht gewesen sein, der Mann aus der Grauzone. Aus zwei Gründen nicht. Erstens: Er hatte Humor. Böse Menschen haben keinen. Zweitens: Denjenigen Menschen, die er ausgenutzt, zugrunde gerichtet und wie eine heiße Kartoffel fallengelassen hatte, schleuderte er üble Vorwürfe (Dummheit oder Diebstahl; meist beides) hinterher. Solch ein Legitimationsbedürfnis zeugt von Gewissensbissen. Und beißen kann einen nur etwas, was auch tatsächlich vorhanden ist. Crowley hatte ein Gewissen. Ob es ihm nun paßte oder nicht.

II. Weiße Magie

Die Regenmacherin

Es sind die angestrebten Ziele, basierend auf dem Willen, die darüber entscheiden, ob ein Magier und seine Magie »weiß« ist oder »schwarz«. Dem Weißmagier geht es um Macht für alle Menschen. Sein Ideal ist der lebensbejahende Mensch, der etwas MACHEN kann, der sich zu helfen weiß und vor den Herausforderungen seiner derzeitigen Inkarnation nicht traurig kapituliert. Dem Schwarzmagier geht es um Herrschaft. Herrschaft über andere. Sein »Ideal« ist eine Menschheit, die ehrfürchtig zu seinen Füßen liegt: unterwürfig (fatalistisch), untertänig, macht- und willenlos.

Stellen wir uns vor, Licht fällt auf eine weiße und eine schwarze Schachfigur. Was passiert? Die schwarze Figur absorbiert das Licht, die weiße reflektiert es, strahlt es ab, gibt es weiter. Weiß reflektiert. Schwarz absorbiert. Gröblich simplifiziert: Weiß will das Licht und die Energie weitergeben, damit überall Wärme, Kraft und Helligkeit ist. Schwarz behält alles für sich. Vielleicht sprechen, unter diesem Aspekt betrachtet, die Worte »Weißmagie« und »Schwarzmagie« für sich selbst.

Ein Magier ist nun allerdings nicht gleich deshalb ein Schwarzmagier, weil er vielleicht auch einmal etwas zu seinen eigenen Gunsten bewirken möchte. Denn: Wer sich selbst nicht liebt und wer sich selbst nichts Gutes tun will, der kann auch anderen keine Liebe und keinen guten Willen entgegenbringen. Allerdings sollte er, gleichgültig, was immer er auch bezweckt, vor Beginn seiner magischen Arbeit sorgfältig nachdenken über die eventuellen Auswirkungen eines möglichen magischen Erfolges. Dazu eine kleine (wahre) Geschichte, die von den tückischen Seiten der Magie berichtet. Eine nette alte Dame, die sich viele Jahre lang mit esoterischen Themen beschäftigt hatte, erzählte folgende Geschichte:

»Es war im Hochsommer. Sengende Hitze, schon tagelang. Ich stand spätnachmittags am Fenster, schaute hinaus in den Garten und hatte absolut keine Lust, die Blumen und das Gemüse zu gießen. Obwohl es wirklich nötig war. Ich dachte: Wenn es doch nur endlich regnen würde! Dann bräuchte ich nicht eine halbe Stunde lang mit den schweren Gießkannen immer wieder kreuz und quer durch den Garten zu laufen. Wenn doch nur ein Regenmacher käme! – Natürlich kam keiner. Mir war heiß. Ich stellte mich unter die Dusche. Die kühlen Wassertropfen prasselten auf mich herab wie ein erfrischender Regenschauer. Ich schloß die Augen und stellte mir ganz intensiv, in allen Einzelheiten vor: Das ist der langersehnte Regen. Vor meinem inneren Auge sah ich, wie dicke Wassertropfen von den Blättern der Bäume hinabperlten und ins Gras fielen. Wie die Erde schwer und naß wurde. Wie der warme Sommerregen den Staub von den Hecken und Straßen spülte. Wie ein leises Aufatmen durch die Natur ging, durch die Gärten und Felder, als summten abertausend Pflanzen, vom Baum bis zum Grashalm, einstimmig im unüberhörbaren Chor: Endlich Regen! Und dann nahm ich all meine Willenskraft zusammen und wünschte mir: Das soll passieren! Ich stellte es mir so vor, als sei es schon passiert, und als prasselte der Regen auf mich herab. Mir das vorzustellen war kinderleicht. Ich stand ja schließlich unter der Dusche. Als ich mich abtrocknete, hatte ich die sonderbare, instinktive Gewißheit, daß es tatsächlich bald regnen würde. Ich spürte, daß es nicht nötig war, die Blumen und das Gemüse zu gießen. Kurz darauf bekam ich ein paar Anrufe. Die Neuigkeiten lenkten mich ab, und ich vergaß die Regengeschichte. Wenig später machte ich einen kurzen Besuch bei einer Freundin, die ein paar Straßen weiter wohnt. Ich blieb vielleicht eine halbe Stunde dort. Als ich aus ihrem Haus getreten und schon ein paar Schritte gegangen war, überraschte mich plötzlich ein Regenschauer. Auf dem kurzen Heimweg wurde ich bis auf die Knochen durchnäßt. Als ich mich abgetrocknet und umgezogen hatte, sah ich aus dem Fenster. Der kurzen Regenguß war wieder vorbei. Am nächsten Morgen ging ich einkaufen. Zu Fuß, wie immer. Mit vollgepackten Einkaufstaschen schwer beladen, wurde ich auf den Nachhauseweg erneut von einem Regenschauer durchnäßt. Am frühen Nachmittag passierte mir auf einem Spaziergang noch einmal dasselbe. Als ich über die sonderbaren Zufälle nachdachte, fiel mir plötzlich wieder ein: Ich hatte ja Regen gewollt. Mit aller Kraft hatte ich mir den Regen gewünscht. Dreimal bin ich durchnäßt worden. Ich habe Regen gewollt, und ich habe Schnupfen bekommen!« Zufall? Dreifacher Zufall? Wer mit der Magie herumexperimentiert, sollte auf solche »Zufälle« gefaßt sein. Eine Variante der Magie ist das Beten. Erzbischof William Temple, der dafür bekannt war, daß seine Gebete fast immer erhört wurden, sagte einmal: »Wenn ich bete, ereignen sich Koinzidenzen; wenn ich nicht bete, bleiben sie aus.« Koinzidenzen, »Zufälle«, treten ein. Nichts geschieht ohne Ursache. Welche Ursachen liegen den »Zufällen« zugrunde? Gibt es kausale oder auch nicht-kausale Zusammenhänge zwischen dem Beten bzw. einem magischen Experiment und dem Eintreten des gewünschten Erfolges? Auf diese Frage werden wir später noch näher einzugehen versuchen. Zunächst geht es uns darum, die Tükken der Magie kennenzulernen, um uns und andere vor bösen Überraschungen zu bewahren. Denn: Wer Regen will, kann Schnupfen bekommen ...

»Gut« und »gut gemeint« sind oft Gegensätze. Wer anderen Menschen helfen oder Gutes tun möchte, muß sorgfältig überlegen, ob das, was er beabsichtigt, unter die Kategorie »gut« oder »gut gemeint« fällt. Letztlich hat niemand das Recht, darüber zu entscheiden, was für andere Menschen gut ist und was nicht. Auf magische Weise in die karmischen Kausalketten eines anderen einzugreifen – wir erinnern uns: Christoph hielt es zunächst zu falsch, so etwas überhaupt zu tun. Doch konsequent auf das Eingreifen in den Lauf der Dinge zu verzichten – auch das kann »gut gemeint«, aber nicht gut sein. Verantwortungsvolle, wohlüberlegte Entscheidungen müssen der jeweiligen Situation angemessen, immer wieder neu getroffen werden. Vernunft und Weitblick sind gefordert. Wissen/Bewußtsein ist nicht ohne Grund ein konstitutives Element innerhalb der »weißmagischen Trinität«.

Beispiel: Ihre kleine Schwester ist kreuzunglücklich. Grund: Ihr Freund ist mit einer anderen durchgebrannt. Nun sitzt sie da und weint, daß einem das Herz ganz schwer wird bei ihrem Anblick. Man möchte schier mitweinen, man möchte irgend etwas tun, damit sie nicht mehr weinen muß. Sie ißt nichts, sie trinkt nichts, sie will nichts mehr wissen von der Welt, und alles, was sie sagt, ist: »Er soll zu mir zurückkommen!« Dieser Wunsch wäre eventuell erfüllbar. Aber – wäre es noch Weißmagie, den Willen eines Dritten zu brechen? Selbst wenn man es in bester Absicht täte? Vermutlich nicht. Ein Weißmagier würde nicht versuchen, den Willen des ungetreuen Freundes zu manipulieren, damit er irgendwann reumütig zurückkehrt. Was wäre zu tun, wenn man in dieser Situation auf magische Weise helfen möchte? Zunächst einmal wäre die Lage zu analysieren. Ihre Schwester fühlt sich schwach, sie ist passiv und traurig. Sie steht der Situation ohn-mächtig gegenüber, denn sie weiß nicht, was sie jetzt machen soll. Ohn-Macht ist ihr Problem; sie kann nicht handeln, sie fühlt sich ausgeliefert, sie weiß sich nicht zu helfen, ihr Mut und ihre Lebensfreude sind dahin. Ohn-Macht sollte vom Weißmagier bekämpft werden, wo immer er sie antrifft. Er kann jetzt daran gehen, sein Ziel zu formulieren. Es könnte beispielsweise so aussehen: »Ich will, daß meine Schwester voller Kraft und Freude ist, weil sie aus ihrer schmerzlichen Erfahrung etwas Wichtiges gelernt hat. Sie ist mutig und hat Freude am Leben, weil sie weiß, daß jede Erfahrung sie reicher macht, reicher und stärker.« Sicherlich – strenggenommen ist auch dieser magische Wunsch eine Manipulation. Aber, so sollte man meinen: eine durchaus verantwortbare. Alles, was den Menschen froh, stark, gesund, lebensbejahend und entwicklungswillig macht, kann weder böse noch schwarzmagisch sein. Wirksame Hilfe ist Hilfe zur Selbsthilfe. Anderen Menschen Liebe, Kraft und Zuversicht zu geben, damit sie immer mächtiger werden und mit ihren Problemen konstruktiv umgehen können – das ist Weißmagie. Magie der Liebe.

Hart an der Grenze zur Weißmagie – wenn nicht gar schon

schwarzmagisch – wäre es, in missionarischem Eifer anderen Menschen die eigenen Vorstellungen aufzwingen zu wollen. Warum? Weil das Ziel eines Weißmagiers darin besteht, anderen Menschen zum Bewußtsein ihrer eigenen macht, ihrer eigenen Handlungsfähigkeit und ihrer eigenen Entscheidungsfreiheit zu verhelfen. Als selbsternannter Vormund jemand anderen zum Mündel zu degradieren und über seinen Kopf hinweg zu entscheiden, was gut für ihn ist und was nicht, das wäre ein Hinweis auf einen Mangel an Respekt vor anderen Menschen.

Greifen wir noch einmal auf unser Beispiel zurück. Ihre Schwester hat Liebeskummer und weint zum Gotterbarmen. Und Sie denken vielleicht: »Dieser Hallodri, der meine Schwester so traurig gemacht hat, taugte doch eh nichts. Ich konnte ihn ja von Anfang an schon nicht leiden. Und ich hab's ja immer wieder gesagt: Den Florian, den hätte sie nehmen sollen, der ist ein so lieber und aufrichtiger Kerl.« Wenn Sie so dächten und dann auch noch versuchen würden, auf magische Weise ein Band der Liebe zwischen diesen beiden Menschen zu knüpfen, die Ihrer ganz privaten und persönlichen Meinung nach zusammengehören – wäre das noch weißmagisch? Sicherlich wären Sie davon überzeugt, für alle Beteiligten nur das Beste zu wollen. Unter Umständen hätten Sie ja vielleicht sogar vollkommen recht mit Ihrer Einschätzung. Trotzdem würde ein dunkler Schatten der Herrschsucht und Rechthaberei auf Ihre gute Absichten fallen. Wäre Florian tatsächlich der ideale Partner für Ihre Schwester, dann würden die beiden früher oder später ohnehin zusammenfinden, sofern Ihr magischer Wunsch folgendermaßen lautet: »Ich möchte, daß meine Schwester sich instinktiv diejenigen Lebensumstände schafft, in denen sie sich optimal entwickeln kann und in denen sie sich frei, stark und glücklich fühlt.«

Das Formulieren eines magischen Zieles erfordert ein Maximum an Sorgfalt und Weitsicht. Denn die Magie als hermetische, das heißt ja auch: merkurhaft – ambivalente Kunst, hat einen durchaus eulenspiegelhaften Charakter. Till Eulenspiegel pflegte alle Aufträge wortwörtlich zu nehmen. Er tat exakt das, was ihm gesagt wurde. Nie das, was tatsächlich gemeint war. Er hielt sich strikt an die vorgegebenen Formulierungen. Resultat: Chaos und Verwirrung, wo immer er auftauchte. Eine »magische Bestellung« wird im Erfolgsfall oft wortwörtlich ausgeführt. Und das kann, wie wir im Falle der alte Dame sahen, sehr ärgerliche Konsequenzen haben. Sie hatte Regen gewollt. Betrachtet man ihren Bericht aber ganz genau, analysiert man ihre Formulierungen und Imaginationen, dann wird deutlich, daß ihre »magische Bestellung« in Wirklichkeit folgendermaßen ausgesehen hatte: »Ich will naßgeregnet werden.« Der Auftrage wurde präzise erfüllt. Viel präziser, als sie es eigentlich gewollt hatte!

Magie schafft die Ursachen für »Zufälle«. Dabei kümmert sich die Magie als »Verwirklichungsmechanismus« keinen Deut darum, ob ihre Resultate, gemessen an unseren Wertvorstellungen, nun nützlich oder schädlich, angenehm oder unangenehm sind. Sie tut, was man ihr sagt. Wie Till Eulenspiegel. Und deshalb sollte man ganz genau überlegen, was man ihr auf welche Weise sagt. Kleine Unachtsamkeiten können große und unerwünschte Folgen haben.

Beispiel: Sie möchten einen bestimmten interessanten Menschen näher kennenlernen. Unbedingt. Auf jeden Fall. Sie möchten mit diesem Menschen viel Zeit verbringen und eine wichtige Rolle in seinem Leben spielen. Daß Sie vielleicht von Beruf Ärztin oder Krankenpfleger sind, ist für Sie eine so selbstverständliche Tatsache, daß Sie sie einfach außer acht lassen. Sie führen Ihr magisches Experiment durch und haben Erfolg. Aber was ist passiert? Der Mensch, den Sie unbedingt näher kennenlernen wollten, ist vielleicht mit einer gefährlichen Lebensmittelvergiftung oder einem komplizierten Beinbruch in Ihr Krankenhaus eingeliefert worden. In Ihre Station. Sie haben Ihr magisches Ziel erreicht und können den Betreffenden jetzt so oft sehen und sprechen, wie Sie wollen. Aber daß sich Ihr Wunsch unter derart unerfreulichen Umständen erfüllt – das haben Sie natürlich zu keinem Zeitpunkt gewollt. Nun muß jemand anderes die Folgen Ihrer Schlamperei ausbaden. Und wenn es hundertmal sein Karma war, in dieser Situation seines Lebens eine Phase körperlicher Schwäche durchmachen zu müssen – Sie können sich trotzdem nicht von den Vorwürfen freisprechen, die Sie sich jetzt selbst machen. Ihr schlechtes Gewissen macht Sie befangen. Ihre Befangenheit und der halbbewußte Wunsch, sich selbst zu bestrafen, machen Sie eventuell derart gehemmt und linkisch, daß die schöne Freundschaft, von der Sie träumten, nicht mehr zustande kommen kann. Alles erreicht und doch alles verpatzt! Der Erfolg war in Wahrheit ein Mißerfolg. Zwar sollte man seine »magische Bestellung« nicht dergestalt formulieren und imaginieren, daß dem »Schicksal« ein komplettes Drehbuch mit zu vielen Details vorgegeben wird. Aber in unserem Beispiel hätte der magische Wunsch doch besser so aussehen sollen, daß Sie die Begleitumstände einer Begegnung mit eindeutig positiven, für beide Seiten erfreulichen Vorzeichen versehen hätten. Vielleicht hätte der Erfolg des magischen

Experiments dann etwas länger auf sich warten lassen, denn die Verwirklichung des Wunsches nimmt meist den Weg des geringsten Widerstandes. Aber Sie hätten sich dann zu keinem Zeitpunkt den Vorwurf machen müssen, einem anderen Menschen – ohne böse Absicht – Schaden zugefügt zu haben.

Die Kunst der Bewußtseinsveränderung

Eine alte Dame hat keine Lust, die Pflanzen in ihrem Garten zu begießen. Eine junge Frau hat Liebeskummer. Jemand möchte um jeden Preis Freundschaft schließen mit einem bestimmten Menschen. – Diese drei Beispiele haben eines gemeinsam: Sie sind im Grunde genommen unsäglich trivial. Was die Geschichte der alten Dame überhaupt erwähnenswert macht, ist ihr Hinweischarakter. Die Geschichte lenkt unsere Aufmerksamkeit in eine Richtung, die wir im Alltag gedanklich einzuschlagen nicht gewohnt sind. Man kann sich strikt weigern, auch nur einen einzigen Gedanken an Berichte wie den der alten Dame zu verschwenden. Man kann in diesem Zusammenhang von »Zufällen« sprechen, die durchaus im Bereich des Wahrscheinlichen lägen. Dann gewährt der »intellektuelle Schutzwall« wieder die gewünschte Sicherheit vor dem Ungewohnten, Fremdartigen, Beunruhigenden. – Freilich nur, solange man sich davor hütet, die Frage nach der Ursache der »Zufälle« zu stellen. Ein Mann wie Rasputin legt seine Hand auf einen kranken Menschen. Der Kranke wird zufällig in diesem Augenblick gesund. Trotzdem bleibt die Frage: Weshalb ereignet sich dieser Zufall ausgerechnet in diesem

Augenblick? Ein Mann wie Erzbischof William Temple betet für einen Menschen. Kurz darauf tritt eine positive Veränderung im Leben dieses Menschen ein, natürlich »zufällig«. Aber aus welchem Grund ereignet sich dieser Zufall ausgerechnet nach dem Gebet des Erzbischofs? Eine alte Dame wünscht sich inständig Regen. Binnen 24 Stunden wird sie dreimal von plötzlichen Regengüssen durchnäßt. Das kann natürlich Zufall sein. Wieso geschieht dieser Zufall aber erst, nachdem sie unter der Dusche ihren magischen Wunsch formuliert und lebhaft als bereits erfüllt imaginiert hat? Man kann diese Frage als gegenstandslos abtun. Als irrelevant. Man kann jedes weitere Nachgrübeln für unsinnig erklären. Man kann diese »zufälligen« Ereignisse aber auch mit vorurteilsfreier Neugierde betrachten und versuchen, die verwirrende Vielfalt der unterschiedlichen Ereignisse auf eine zugrundeliegende Gesetzmäßigkeit zurückzuführen. Man kann eine vorläufige Arbeitshypothese erstellen, mit der sich das Unerklärliche vielleicht erklären ließe.

Das Wort »Zufall« erklärt gar nichts. Es dokumentiert lediglich eine intellektuelle Verweigerungshaltung sowie das Unbehagen davor, weitere Überlegungen anzustellen. »Wovor hast du Angst?« könnte man einen Menschen fragen, der diese Verweigerungshaltung an den Tag legt. »Was hast du denn zu verlieren?« Vielleicht eine ganze Menge. Aber wo es viel zu verlieren gibt, da kann auch viel gewonnen werden.

Stellen wir eine vorläufige Arbeitshypothese auf. Sie lautet: Das, was wir als unsere äußere Realität betrachten, existiert nicht unabhängig von uns, sondern stellt eine Materialisierung unserer Gedanken, Erwartungen, Ängste und Wünsche dar. Daraus folgt: Jeder äußerlich sichtbaren Veränderung, die sich materialisiert hat, muß eine innere, geistige, immaterielle Veränderung innerhalb des Bewußtseins vorangegangen sein. Dies gilt im Bereich des individuellen Bewußtseins genauso wie im Bereich des kollektiven Bewußtseins. Wer Bewußtsein verändert, der verändert Realität. Das ist Magie.

Rilke schrieb einmal – sinngemäß: Das, was wir Schicksal nennen, tritt nicht von außen an uns heran, sondern es tritt von innen her aus uns heraus. Diese These hat etwas Erfrischendes, Ur-Gesundes an sich. Sie ist ein wirksames Gegengift gegen Ohn-Machts-Gefühle, die den Menschen klein, schwach, bösartig und fatalistisch machen. Alle Ohn-Machts-Gedanken gipfeln in dem ebenso selbstmitleidigen wie dummen Satz: »Ach, ich kann ja doch nichts machen.« Ja – wer so empfindet, der wird niemals irgend etwas machen können. Offenbar will er ohn-mächtig sein – vielleicht, weil es so am bequemsten ist. Doch die Bequemlichkeit des Fatalisten ist teuer erkauft, denn seine Ohn-Macht tritt als »Schicksal« aus ihm heraus und materialisiert sich in Gestalt deprimierender, entmutigender Erfahrungen. – So mag dumpf vor sich hin vegetieren, wer will. Der Weißmagier will es nicht.

Er will Bewußtsein verändern. Unsere Realität ist ein Produkt unseres Bewußtseins. Durch gezielte Veränderungen innerhalb seines Bewußtseins (die alte Dame beispielsweise »eichte« ihr Bewußtsein auf Regen) schafft er sichtbare Veränderungen in unserer Realität. Gleichgültig, was der Magier auch zu verändern beabsichtigt, er beginnt mit den Veränderungen bei sich selbst, in seinem eigenen Bewußtsein. Und zwar nicht an der alltäglich-rationalen Oberfläche, sondern in den tiefsten Tiefen, dort, wo individuelles Bewußtsein und (kollektives) Unbewußtes aneinander angrenzen. (Oder sogar jenseits dieser Grenze.) Der Magier ähnelt dem Künstler. Beide sind fasziniert von der schier unbegrenzten gestalterischen Kraft des kreativen Geistes. Und beide werden noch immer für seltene Ausnahmeerscheinungen gehalten. Zumindest zum derzeitigen Stand der Evolution. Aber die Entwicklung steht nicht still. Das Leben will Vielfalt in Perfektion, auch im Bereich des menschlichen Bewußtseins.

Das eigentlich Faszinierende der Magie besteht letztlich nicht darin, daß sie die »Kinder des Willens« tatsächlich zur Welt zu bringen imstande ist. Auch in diesem Punkt sind Parallelen zwischen der Kunst und der Magie zu erkennen. Denn nur scheinbar und auf den ersten oberflächlichen Blick ist es das vollendete Kunstwerk, das Ehrfurcht und Bewunderung auslöst. Die tiefere Bedeutung des Kunstwerks besteht darin, daß es unwiderlegbar dokumentiert, zu welchen Höhen sich aufzuschwingen der menschliche Geist imstande ist. (Beethoven als emsiger Produzent überzeugender Beweise der potentiellen Göttlichkeit der Menschen ...) So sind es auch nicht primär die konkreten Erfolge magischer Experimente, die Staunen und Begeisterung hervorrufen, sondern der indikatorische Charakter magischer Erfolge – denn sie verweisen auf eine Kraft, eine geistige Kraft in uns, die über das bisher Bekannte hinausreicht und – vielleicht – ein weiteres Etappenziel der Evolution des menschlichen Bewußtseins sichtbar werden läßt.

Weiße Magie ist kein Selbstzweck, sondern ein Erkenntnisweg. Die Kunst des Magiers weist über seine eigene kleine, begrenzte Persönlichkeit hinaus. Magische Erfolge verbucht er nicht auf das Konto seines Egos. Sein Lebensgefühl ist kein stolzes, das ihn etwa sagen ließe: »Ich, ich allein habe etwas bewirkt«, sondern ein dankbar-staunendes, das sich vielleicht folgendermaßen in Worte fassen ließe: »Durch mich ist etwas bewirkt worden. Die Wirkungen lassen auf die Ursache zurückschließen. Ich habe eine Kraft kennengelernt, die viel größer ist als ich. Sie ist groß und geheimnisvoll. Ich bin ihr dankbar.«

Dem gottversunkenen Mystiker ist die Magie nur noch ein Dreck. Das sagte zu Beginn dieses Buches Will-Erich Peukert. Er zeichnete damit den Entwicklungsgang des Weißmagiers vor. Ein Mensch wird aus seinem geistig-seelischen Dämmerschlaf wachgerüttelt. Er macht sich auf die Suche. Der Suchende wird zum Magier. Und aus dem Magier wird irgendwann der Mystiker, der nicht mehr sagt: »Dein Wille geschehe, und dabei will ich Dir, Gott oder erste Ursache, helfen«, sondern: »Dein Wille geschieht ja tatsächlich – jederzeit und überall, denn Du bist jederzeit und überall, und wo Du bist, kann es ein Zweites, ein Anderes, Deinem Willen Widerstrebendes nicht geben. Ich sehe es und staune.« Vielleicht hat Peuckert recht. Vielleicht ist es ein Zeugnis höchster Weisheit, daß der indische Yogi auf den Gebrauch seiner magischen Kräfte verzichtet. Vielleicht führt der Weg des Weißmagiers früher oder später an das Ziel, daß er sagen kann: »Die Magie ist ein Dreck.« Um das aber sagen zu können, muß er zuvor einige magische Erfolge erzielt haben. Vielleicht wird erst dadurch sein Bewußtsein derart radikal verändert, daß, um mit Rilke zu sprechen, nur noch liebevolles, gutes Schicksal aus seinem Inneren hervortritt und allein seine physische Anwesenheit »Wunder«, das heißt: Bewußtseinsveränderungen bei anderen Menschen bewirkt. Er wäre jetzt gewissermaßen eine Art »Psycho-Katalysator«, der durch sein bloßes

Da-Sein andere Menschen verändert und psychsiche Reaktionen in Gang setzt, die ohne ihn gar nicht oder erst sehr viel später möglich gewesen wären. Doch darüber brauchen wir uns einstweilen noch nicht den Kopf zu zerbrechen. Bevor wir erwarten dürfen, irgendwann einmal, vielleicht schon in dieser Inkarnation, vielleicht auch erst in einer späteren, ein Mystiker zu sein, müssen wir zunächst einmal die Stufe des Magiers durchlaufen haben. Schon dieses Ziel ist hoch genug gesteckt.

Liebe!

Weiße Magie haben wir definiert als die Magie der Macht, der Bewußtheit und der Liebe. »Wenn ich mit Menschen- und Engelszungen redete und hätte der Liebe nicht, so wäre ich ein tönend Erz oder eine klingende Schelle. Und wenn ich weissagen könnte und wüßte alle Geheimnisse und alle Erkenntnis und hätte allen Glauben, so daß ich Berge versetzte, und hätte der Liebe nicht, so wäre ich nichts.« (Erster Brief des Paulus an die Korinther, 13, 1-2) Ohne Liebe wäre alles nichts. Liebe ist das, was unseren Handlungen und Gedanken Sinn und Bedeutung gibt. Wo sie nicht ist, da fehlt das Wesentliche. Da ist alles schal und abgeschmackt. Von reanimierten Patienten, die einen Blick auf »die andere Seite der Wirklichkeit« werfen durften, von Channel-Medien, von erleuchteten Meistern, ja im Grunde genommen von allen Menschen, deren geistiger Horizont über die engen Grenzen unserer Alltagsrealität hinausreicht, hört man stets dasselbe. Sie alle betonen die elementare Notwendigkeit bedingungsloser Liebe als Voraussetzung spiritueller Fortschritte. Allumfassende Liebe als »Lernziel« der individuellen und kollektiven Evolution. Liebe als das einzige, worauf es wirklich ankommt. Man hört es, und das Herz wird einem warm im Leib. Man ist begeistert. Man weiß intuitiv: Sie haben recht. Sie sagen die Wahrheit. Und irgendwann kommt die Ernüchterung – spätestens beim Gedanken an all jene Zeitgenossen, denen man beim besten Willen keine liebevollen Gefühle entgegenbringen kann. Und dann wird man traurig. Man hält sich für einen lieblosen, herzlosen Versager, der zwar weiß, worauf es ankommt, aber nicht imstande ist, konkret im Alltag zu praktizieren, was er in der Theorie als richtig erkannt hat. Sicher, natürlich, man weiß es ja – Paulus hat recht, wenn er schreibt: »Die Liebe ist langmütig und freundlich, die Liebe eifert nicht, sie stellet sich nicht ungebärdig, sie suchet nicht das Ihre, sie läßt sich nicht erbitten, sie rechnet das Böse nicht zu, sie freuet sich nicht über Ungerechtigkeit, sie freuet sich aber der Wahrheit.« Man weiß auch, was es bedeutet, wenn Paulus sagt: »Die Liebe höret nimmer auf.« Es bedeutet, daß die Liebe unzerstörbar ist. Und daraus folgt: Keine Kraft ist stärker als sie, denn nur eine noch stärkere Kraft könnte sie zerstören. Man weiß: Liebe, wie Paulus sie versteht, ist ein universales Lebensgefühl, eine grundsätzliche, bedingungslose Bejahung aller Lebensformen, ohne Nützlichkeitserwägungen oder eigensüchtige Hintergedanken. Liebe ist keine Handelsware, die man sich durch gute Leistungen, Schönheit, Intelligenz oder Höflichkeit (»Liebens-würdigkeit«) verdienen könnte. Liebe ist kein Bonus für Perfektion. Liebe ist absolut, oder sie ist keine Liebe. Sie kann nicht aus einer Augenblickslaune heraus entzogen werden; sie erwartet keine Gegenleistungen, macht keine Unterschiede, ist nichts Exklusives. Sie verströmt sich. Ohne Absicht. Ohne Bedingungen. Ohne Wenn und Aber. Es geschieht einfach. Und wenn es geschieht, geht es einher mit einem herrlich fröhlichen Urgefühl der Macht, das alle kleinmütigen Ängste hinwegfegt.

Ja. Das alles weiß man. Nur zu genau. Es ist ein beschämendes Wissen: Andere können das – so total und absolut lieben. Warum nicht ich? Und man stellt sich vielleicht die Frage: »Wie geht das, total und absolut zu lieben?« Die Frage: »Aber wie macht man das?« ist oft ein Anzeichen dafür, daß man noch nicht bereit ist, etwas konkret zu praktizieren, was man im Prinzip verstanden hat. Man stellt diese Frage zwischen sich und dem angestrebten Ziel wie eine künstliche Hürde, wenn man intuitiv spürt, daß man die wichtigsten Grundlagen noch immer nicht richtig begriffen hat. Daher die Verunsicherung und das Zögern. Die Basis ist noch nicht tragfähig, und es wäre leichtsinnig, auf ein Fundament zu bauen, das noch immer zu instabil ist.

Welche Basis trägt? Nur die vorbehaltlose, uneingeschränkte, aufrichtige Selbstliebe. Da beginnen schon die Schwierigkeiten und Mißverständnisse. Ein alter Aberglaube muß überwunden werden. Jeder kennt ihn. Er lautet: »Ein Mensch, der sich selbst liebt, ist ein Egoist.« Umkehrschluß: Wer sich selbst nicht liebt (und möglichst noch die vielfältigsten Varianten raffinierter psychischer Selbstkasteiung betreibt), der kann kein Egoist, mithin kein borniertes, dumpfsinniger, engherziger Kleingeist sein!

»Egoismus« heißt: Ichsucht. Sucht ist eine Krankheit. Krankheit ist Disharmonie. Der Süchtige verstrickt sind in eine Abhängigkeit, aus der es für ihn kaum noch ein Entrinnen gibt.

Sucht ist Unfreiheit. Der Egoismus konsumiert sein Ego als Droge und manövriert sich in einen Teufelskreis hinein, der ihn dazu zwingt, seiner Sucht immer größere Opfer zu bringen, bis ihm schließlich nichts mehr bleibt als das Bewußtsein seiner totalen, vollkommenen Abhängigkeit. Die Droge Ego wird zum Lebensinhalt. Der Süchtige kann sich ein Leben ohne sie gar nicht mehr vorstellen. Das Ego verwandelt sich in einen dämonischen Vampir, der alle Lebenskraft restlos absorbiert (wie die Farbe Schwarz das Licht ...) und den Ichsüchtigen besessen macht, indem es ihm ständig einflüstert: »Du existierst nur durch mich. Du brauchst mich. Ohne mich bist du verloren.« Man könnte fast sagen: Das Ego wird zu einer »schwarzmagischen« Instanz, denn es ernährt sich von »gestohlener Kraft«. An sich ohn-mächtig und aus Mangel an originärer Kraft allein nicht lebensfähig, entwickelt es zum Zwecke der eigenen Existenzsicherung Herrschergelüste und tyrannische Verhaltensweisen. Es etabliert sein Terrorregime. Und sieht König Ego seine Herrschaft durch irgend etwas gefährdet oder in Frage gestellt, dann weiß er sich wirksam zu helfen. Er sendet seine Terrorelitetruppe aus, bestehend aus Ängsten und Befürchtungen. Diese schlagkräftige Armee hat sich bestens bewährt. Sie knüppelt jeden Widerstand gnadenlos nieder. Der Egoist wird zum Sklaven seines Egos. Er trägt seinen ärgsten Feind und Parasiten in der eigenen Brust. Er lebt in seiner selbstgemachten Hölle und weiß es nicht einmal. Die »Liebe« eines Egoisten ist an zahlreiche Bedingungen geknüpft. (Ich liebe dich, wenn du schön, nützlich, erfolgreich, gescheit oder reich bist.) Diese »Liebe« ist keine Liebe. Liebe ist bedingungslos. Oder sie ist keine Liebe.

Kann der Egoist, der Ego-Süchtige, wenn schon sonst niemanden, dann doch zumindest sich selbst lieben? Nein. Denn lieben kann, wie wir bereits in anderem Zusammenhang gesehen haben, nur ein Mensch der Macht. Der Egoist ist kein Mensch der Macht, höchstens eine herrschsüchtige Kreatur. Wieso? Ein Mensch der Macht lebt im Bewußtsein seiner originären Kraft. Dieses Bewußtsein kann der Egoist nicht entwickeln, weil ja all seine Energie sofort vom Ego verschlungen wird. Das Ego benötigt nämlich immens viel Energie. Es leistet ja ununterbrochen harte, ausdauernde Arbeit. Bildhaft gesprochen: Es erzeugt ein inneres Vakuum in der Seele und umschließt es mit starken, festen Mauern. Dieser widernatürliche Zustand kann nur durch einen großen Kraftaufwand aufrechterhalten werden. Wäre der Egoist wie durch ein Wunder plötzlich in der Lage, sich selbst, den Wesenskern seiner eigenen Existenz, vorbehaltlos zu bejahen, dann wäre er kein Egoist mehr. Seine Suchtabhängigkeit von der Droge Ego wäre beendet, der unnatürliche Zustand des seelischen Vakuums, das ein Gefühl echter innerer Erfülltheit verhindert (»I can't get no satisfaction« ...), wäre zu Ende. König Ego erhielte keine Energiezufuhr in gewohntem Umfang mehr und müßte wieder auf ein Minimalmaß zusammenschrumpfen.

Die Selbstliebe verhält sich zum Egoismus wie die Macht zur ohn-mächtigen Herrschsucht. Macht und Herrschsucht sind Gegensätze, genau wie Selbstliebe und Egoismus.

Liebe verbindet. Wer sie selbst liebt, der verbindet die verschiedenen Aspekte seines Wesens zu einer ungeteilten Einheit. Der Egoist dagegen spaltet sein Wesen immer weiter auf, in immer kleinere Einzelteile. Diese Entwicklung nimmt ihren Anfang in der Aufspaltung des Menschen in »Droge« (Ego) und »Süchtiger« (wahrnehmendes Bewußtsein). Und sie geht immer weiter – sehr zum Vergnügen des Tyrannen Ego. Denn der lebt nach dem Motto aller Tyrannen: Divide et impera. Teile und herrsche. Schaffe immer kleinere Einheiten, die sich gegeneinander ausspielen lassen. Dann bist du der lachende Dritte, und niemand gefährdet deine unumschränkte Herrschaft.

Vielleicht gibt es nur ein einziges Gebot, gegen das man weder beim besten noch beim schlechtesten Willen verstoßen kann. Es lautet: »Du sollst deinen Nächsten lieben wie dich selbst.« Jeder befolgt dieses Gebot. Jeder, ohne Ausnahme. Jeder liebt seine Mitmenschen in exakt demselben Maße, wie er auch sich selbst (trotz seiner Fehler und Schwächen) zu akzeptieren imstande ist. Wer sich wegen seiner Fehler selbst verachtet und es sich nicht verzeihen kann, daß es ihm nicht gelingt, seine Ideale zu leben, der muß auch andere verachten. Wer sich seine Unzulänglichkeiten nachsehen kann, der ist auch anderen Menschen gegenüber nachsichtig. Versöhnlich ist nur, wer sich auch mit seinen eigenen Schattenseiten ausgesöhnt hat.

Weiße Magie ist Magie der Macht, der Bewußtheit/des Wissens und – der Liebe. Aufrichtige Liebe zu anderen Menschen kann es ohne eine vorbehaltlose Bejahung der eigenen Person mit all ihren Stärken und Schwächen nicht geben. Liebe ist »obwohl«, nicht »weil«. Sich selbst nicht zu verdammen oder zu verurteilen, obwohl man seine eigenen charakterlichen Defizite nur allzu genau kennt und absolut keinen Grund hat, sich für perfekt oder vollkommen zu halten – wer das kann, der kann lieben. Seinen Nächsten genauso wie sich selbst. Er hat es nicht mehr nötig, die unsympathischen Aspekte seines Wesens ins Unterbewußtsein abzudrängen, so daß sie ihm via

Projektion wieder ins Bewußtsein treten müssen. Er schafft sich eine positive Realität. Und wenn er magische Techniken anwendet, dann ist es praktisch ausgeschlossen, daß seine Magie eine schwarze ist.

Ein Weißmagier ist ein Magier der Liebe. Er liebt seinen Nächsten wie sich selbst. Er liebt sich selbst, und deshalb kann er auch andere Menschen lieben.

An dieser Stelle muß sie vielleicht wieder auftauchen, die Frage: »Aber wie macht man das – sich selbst zu lieben?« Eine gute Vorübung besteht darin, die Angst vor dem Versagen (und dem vermeintlich damit verbundenen Liebesentzug) abzuschütteln, indem man sich nicht mehr unter spirituellen Leistungsdruck setzt. Indem man den Stand der eigenen Entwicklung so akzeptiert, wie er halt momentan ist. Indem man aufhört, sich ständig an anderen zu messen. Manche sind weiter. Manche sind weniger weit. Na und? Die spirituelle Entwicklung ist kein Hochleistungssport, bei dem es darauf ankäme, seine Konkurrenten durch Spitzenleistungen aus dem Feld zu schlagen. Also – ehrliche Zwischenbilanz auf dem Sektor Liebe: Es gibt zur Zeit noch immer einige Menschen, denen ich keine freundschaftlichen, liebevollen Gefühle entgegenbringen kann. Es gibt noch immer ein paar Zeitgenossen, denen ich ihre Bosheiten nicht geduldig nachsehen kann. Auf manche bin ich auch einfach zu neidisch und zu eifersüchtig, um sie lieben zu können. Das ist so. So sieht es aus. Das wird erst einmal so akzeptiert. Ohne Schuldgefühle. Ohne Gewissensbisse. Ohne Selbstverurteilung. Ohne emotional eingefärbte Wertungen und vor allem ohne Rechtfertigungsversuche. Es ist wahr: Ich kann nicht (noch nicht) alle Menschen vorbehaltlos akzeptieren. Soweit bin ich noch nicht. Ich bin ein Mensch, und ich bin auf dem Weg. Wer auf dem Weg ist, der ist halt noch nicht am Ziel.

Zur Abwechslung einmal so zu empfinden – das hat etwas Erfrischendes, Entlastendes. Und es hat einen angenehmen Nebeneffekt. Mit Staunen stellt man fest, wie stark das ehrliche Eingeständnis der eigenen Schwächen macht.

Wem das noch nicht genügt, der kann eine Liste erstellen mit all den Dingen, die er sich bisher nicht verzeihen konnte. Angefangen bei den »harmlosen« Schwächen (»Ich bin zu fett und finde es furchtbar, daß ich nicht genug Charakter habe, den feinen Pralinen zu widerstehen!«) über »mittelschwere Delikte« (»Ich bin so feige und habe viel zu selten den Mut, das zu sagen, was ich wirklich denke. Ich sehe in einigen Menschen nur ein Mittel zum Zweck. Ständig buhle ich um Anerkennung. Immer wieder versuche ich, mich auf Kosten anderer zu profilieren.«) bis hin zu den wirklich schmerzhaften Erinnerungen (»Ich habe einem anderen Menschen einen nie wiedergutzumachenden Schaden zugefügt und muß mit diesem unerträglichen Wissen leben.«) Würde man diese Tatsachen am Maßstab des Idealbildes eine vollkommenen Menschen messen – das Ergebnis wäre niederschmetternd. Man müßte sich in Grund und Boden schämen. Man könnte sich aber auch zu einer völlig neuen Einstellung durchringen, beispielsweise dieser: »Ja. Das bin ich. So bin ich. Es ist so. Vergangene Ereignisse kann ich nicht ungeschehen machen. Manche Dinge kann ich nicht mehr, andere Dinge kann ich noch nicht ändern. Das alles verzeihe ich mir. Ich nehme es so an. Denn ich weiß: Alles in mir wird göttlich, wird Gott werden – irgendwann am Ziel meiner Entwicklung. Vielleicht erst in hundert Inkarnationen. Ich weiß es nicht. Aber ich weiß, daß niemand das Ziel verfehlen kann. Jeder wird es erreichen. Auch ich. Wer weiß denn, welche Charakterfehler Buddha in seinen ersten Inkarnationen hatte? Oder all die anderen, die so weit fortgeschritten sind und bewundert werden? Sie alle haben exakt denselben Weg zurücklegen müssen, auf dem auch ich mich zur Zeit befinde. Sie haben gelogen und betrogen. Sie haben verletzt und getötet. Sie waren feige und niederträchtig. Alle schlechten Eigenschaften haben auch sie gehabt. Und doch haben sie ihr Ziel erreicht. Ihr Ziel, mein Ziel, das Ziel. Ich verzeihe mir, genauso, wie sie sich selbst viele tausend Male verzeihen mußten. Ich liebe mich, weil ich mit all meinen Mängeln, Fehlern und Schwächen die Vorstufe eines göttlichen Menschen bin.«

ICH VERZEIHE MIR – diesen Satz sollte man sich vielleicht in dicken roten Buchstaben auf einen Zettel schreiben und an den Badezimmerspiegel kleben. Man sollte ihn sich ein paar Wochen lang jeden Abend vor dem Einschlafen einsuggerieren, damit er in die tiefsten Schichten des Unbewußten absinkt und die quälenden Fesseln des seelenvergiftenden Wahnes sprengt, den man »Erbsünde« nennt.

ICH VERZEIHE MIR. Gott verzeiht mir. Wenn diese Überzeugung am Grunde der Seele Wurzeln schlägt, ins Bewußtsein emporwächst und Früchte trägt in Gestalt neuen Denkens, neuen Empfindens und neuen Handelns, dann zählt zu den ersten und schönsten Früchten: Liebe!

Diese revolutionäre, erfrischende und ebenso simple wie geniale Idee ist natürlich nicht neu. Fast zweitausend Jahre ist sie alt, die essentielle Grundidee des Christentums. »Das Wort wurde Fleisch« und sorgte dafür, daß eine großartige Neuigkeit (»frohe Botschaft«) Verbreitung fand. Nämlich diese:

»Solange du dich für schmutzig, schlecht, sündig und verworfen hältst, wirst du es auch sein. Komm, wir waschen dir diese Schmutzschicht von der Seele! Das ganze Universum liebt dich. Gott liebt dich. Er ist nicht dein Feind. Er ist nicht auf deine Vernichtung aus. Er will dich nicht leiden sehen. Er will dich nicht quälen. Also hör endlich auf, dich selbst zu martern und dein eigener Feind zu sein. Durchbrich die Teufelskreise der Angst, der Ohnmacht und der Traurigkeit. Liebe dich selbst, und du verwandelst dich in einen ganz neuen Menschen. Laß uns gemeinsam deine zweite Geburt feiern – deine Geburt zum Leben eines Menschen der Liebe!« Dies ist die Lehre des größten Magiers der Liebe. Wer ihm wirklich nachfolgen will, der hört auf zu leiden und beginnt zu lieben.

Liebe ist das einzige, worauf es wirklich ankommt. Liebe ist ein Ja zu sich selbst, das sich automatisch auf alle anderen Wesen dieser Erde überträgt. Liebe ist die stärkste Kraft. Selbst die Gesetze karmischer Vergeltungskausalität können von ihr außer Kraft gesetzt werden. (Die christliche Terminologie nennt den Sieg der Liebe über das Karma »Gnade«.) Liebe ist stärker als Karma. Liebe ist stärker als der Tod. Liebe ist Unsterblichkeit.

Liebe ist ein Element der weißmagischen Trinität. Weiße Magie ist Magie der Liebe, Magie aus Liebe.

III. Die Magie der Zwillings-Ereignisse

Magie »funktioniert« nicht

Wie und warum führt die Aktivität des Magiers zu konkreten Resultaten? Dieser tiefgründigen Fragestellung gegenüber könnte man einen unbekümmert-pragmatischen Standpunkt beziehen und sagen: »Solange meine magischen Experimente erfolgreich verlaufen, interessieren mich die nachgelieferten theoretischen Erläuterungen nicht. Erfolg ist nicht erklärungsbedürftig. Nur Mißerfolg muß analysiert werden.« Wer also alle Theorie grau oder sogar grauenhaft findet, der kann dieses Kapitel getrost überschlagen. (Und es erst dann zu lesen beginnen, wenn seine magischen Versuche fehlgeschlagen sind …)

Wie und warum führt magische Aktivität zum Erfolg? Henry M. Pachter erklärt die Phänomen folgendermaßen: »Alles innerhalb des Universums ist so eng mit allem verbunden, daß jede Veränderung in einem Teilbereich UNMITTELBAR (nicht durch eine Folge von Ursachen und Wirkungen) Veränderungen in allen Teilbereichen bewirkt.« John Symonds, der berühmte Crowley-Biograph (er ist sicherlich der letzte, der die Existenz magischer Fähigkeiten im Menschen bestreiten würde!), sagte einmal sinngemäß: Die Magie ist eine tolle Sache. Sie hat nur einen Haken. Sie funktioniert nicht. Ein (bewußt?)

irreführender Ausspruch, der nur allzuleicht mißverstanden werden kann.

Wer Münzen in einen Zigarettenautomaten einwirft, der bekommt seine Packung Nikotinstäbchen. Diese Beobachtung läßt sich folgendermaßen beschreiben: Eine Ursache (der Geldeinwurf) führt eine Wirkung herbei (man kann das Päckchen Zigaretten entnehmen). Ist dies der Fall, kann man sagen: Der Automat funktioniert. »Funktionieren« – das bedeutet: Es wird eine Erwartungshaltung erfüllt. Nämlich die, daß ein Ereignis, das man als Ursache definiert (z. B. Geldeinwurf) ein zweites Ereignis, das man als Wirkung interpretiert (z. B. Zugang zu den Zigaretten) notwendig nach sich zieht. Wenn wir sagen, daß etwas »funktioniert«, dann erklären wir den Zusammenhang zwischen den beiden Ereignissen, die wir als Ursache und Wirkung bezeichnet haben, kausal. Wir nehmen ursächliche Zusammenhänge zwischen beiden Ereignissen an und sagen: Weil ich das Geld in den Automaten eingeworfen habe, konnte ich Zigaretten bekommen, denn der Automat funktioniert.

Symonds aber sagt: Magie »funktioniert« nicht. Nicht wie ein Automat. Nicht so, daß man von einem kausalen Zusammenhang zwischen einer Ursache und einer Wirkung sprechen könnte. Demnach hätte die Magie nichts, aber auch rein gar nichts mit Kausalität zu tun.

Die Kausalität ist ein bewährtes Interpretationsmuster. Im Alltag versagt es fast nie, denn es ist unseren Wahrnehmungsgewohnheiten optimal angepaßt. (Oder umgekehrt: Wir haben unsere Wahrnehmungsgewohnheiten den Gesetzen der Logik, mithin auch denen der Kausalität, angepaßt). Wenn wir beobachten, daß auf eine bestimmte Art von Ereignissen immer dieselbe Art zweiter Ereignisse folgt, sind wir geneigt, einen gesetzmäßigen, ursächlichen Zusammenhang zwischen beiden Arten von Ereignissen wahrzunehmen.

Beispiel: Wenn man im Badezimmer den Wasserhahn aufdreht, fließt Wasser ins Waschbecken. Auf das Ereignis der ersten Art (Aufdrehen des Wasserhahns) folgt (außer bei Wasserrohrbruch oder anderen Katastrophen) immer das Ereignis der zweiten Art (es fließt Wasser). Diese Beobachtung ließe sich folgendermaßen deuten: Weil ich den Wasserhahn aufgedreht habe, fließt Wasser. Die Ursache zieht die Wirkung nach sich. Oder auch: Wenn ich den Wasserhahn aufdrehe, dann fließt Wasser. Die Ursache muß die Wirkung notwendig nach sich ziehen. Keine Beobachtung im Alltag spricht gegen die Richtigkeit dieser kausalen Interpretation.

Dagegen läßt sich aber einwenden: Schön und gut, es sieht ganz danach aus, als sei diese kausale Interpretation, diese Deutung der Ereignisse nach dem Ursache-Wirkung-Muster, korrekt. Aber es handelt sich trotzdem nur um eine Deutung. Und diese Deutung könnte auch vollkommen falsch sein, obwohl der Augenschein sie zu bestätigen scheint.

Vergegenwärtigen wir uns folgendes: Seit es den Menschen gibt, kann er beobachten, daß jeden Morgen am östlichen Horizont die Sonne zu sehen ist. Daß die Sonne mittags im Süden und abends im Westen steht. Diese Beobachtungen nun deutete der Mensch folgendermaßen: »Die Sonne wandert um die Erde. Sie beginnt ihre Wanderung im Osten, erreicht im Süden ihren höchsten Stand, und der halbkreisförmige Bogen, den ihr Lauf beschreibt, endet im Westen.« Diese Interpretation deckt sich vollkommen mit den Beobachtungen. Aber sie ist nicht korrekt, wie wir mittlerweile wissen. Die Sonne wandert nicht um die Erde. Es sieht zwar so aus. Aber es ist nicht so.

Analog gilt: Den Zusammenhang zwischen zwei Ereignissen als kausal, also als ursächlich zu beschreiben, ist eine Interpretation, eine Deutung. Diese Deutung kann sich absolut widerspruchslos mit dem Augenschein in Einklang bringen lassen und trotzdem völlig falsch sein.

Nehmen wir also einmal an, daß Magie tatsächlich nichts mit Kausalität zu tun hätte. Auch wenn der Verstand massiv gegen diese Annahme rebelliert. Was wäre daraus abzuleiten? Beispielsweise folgendes: Es regnet nicht, WEIL eine alte Dame unter der Dusche lebhaft und detailliert die Folgen eines Wolkenbruchs imaginiert hat. Sondern? Sondern: Eine alte Dame visualisiert. UND es regnet. (Achten Sie bitte genau auf den Unterschied – er ist klein, aber bedeutsam!) Entsprechend müßte man sagen: Es ereignen sich keine glücklichen Schicksalswendungen im Leben verzweifelter Menschen, WEIL der Erzbischof William Temple für sie gebetet hat. Sondern? Sondern: Der Erzbischof betet. UND es treten positive Veränderungen im Leben unglücklicher Menschen ein. Dies geschieht nicht, WEIL der Gottesmann gebetet hat. Sondern, noch einmal: Er hat gebetet. UND günstige Veränderungen fanden statt.

Intensive Visualisierung und Gebet stehen in Zusammenhang mit Regenguß und Verbesserung der Lebensumstände trauriger Menschen. Es sind also jeweils zwei Ereignisse miteinander verknüpft. Sie stehen miteinander in Zusammenhang. Verleitet durch unserer alltäglichen Denk- und Deutungsgewohnheiten, würden wir spontan dazu neigen, diese Zusammenhänge zwischen den Ereignissen als ursächlich zu bezeichnen. Wir würden davon ausgehen, daß aufgrund einer Ursache (Visualisierung bzw. Gebet) jeweils die gewünschte Wirkung eintrat. Wäre nun diese kausale Interpretation der Ereignisse korrekt, dann würde Magie »funktionieren«. Wie ein Automat. Aber John Symonds weiß, wovon er spricht. Magie »funktioniert« nicht. Sie hat mit Kausalität nichts zu tun. Sie gehorcht nicht den Gesetzen unseres Denkens.

Sondern – welchen? Wenn wir von der (zumindest potentiellen) Existenz magischer Fähigkeiten im Menschen ausgehen und zugleich eine Kausalverbindung zwischen magischer Aktivität und dem Eintreffen konkreter Resultate dieser magischen Aktivität verneinen, dann folgt daraus trotz allem: Hätte die alte Dame keine Regengüsse visualisiert, dann wäre sie weder durchnäßt worden, noch hätte sie einen Schnupfen bekommen. Und: Hätte der Erzbischof nicht für seine Schützlinge gebetet, dann wären sicherlich keine erfreulichen Veränderungen im Leben dieser verzweifelten Menschen eingetreten. Daraus folgt: Es gibt reale Zusammenhänge zwischen dem magischen Experiment bzw. dem intensiven Gebet auf der einen Seite und dem Eintreffen der gewünschten Resultate auf der anderen Seite. Es gibt Zusammenhänge. Aber: Es sind keine ursächlichen Zusammenhänge.

Synchronizität und Zwillings-Ereignisse

Welcher Art sind die Zusammenhänge denn dann? Eine akausale, aber nichtsdestoweniger vorhandene Verbindung zwischen zwei Ereignissen? Wie soll man sich so etwas vorstellen? Diese Frage ist eine harte Nuß. Sie ist bereits geknackt worden. Und zwar von C. G. Jung. Seine Antwort liefert einen interessanten Schlüssel zum Verständnis der Magie. Das Zauberwort lautet: Synchronizität. Was ist das? C. G. Jung antwortet: »Ich gebrauche hier also den allgemeinen Begriff der Synchronizität in dem speziellen Sinne von zeitlicher Koinzidenz zweier oder mehrerer nicht kausal aufeinander bezogener Ereignisse, welche vom gleichen oder ähnlichen Sinngehalt sind. Dies im Gegensatz zu Synchronismus, welcher die bloße Gleichzeitigkeit zweier Ereignisse darstellt.«

Das heißt: Synchronizität liegt in solchen Fällen vor, in denen ein klarer Sinn- und Bedeutungszusammenhang zwischen zwei Ereignissen erkennbar ist und eine Verbindung der beiden Ereignisse durch das Prinzip von Ursache und Wirkung nicht festgestellt werden kann. Strenggenommen kann von Synchronizität nur dann gesprochen werden, wenn eines der beiden nicht kausal verknüpften Ereignisse ein psychisches ist (Traum, Imagination usw.), das andere dagegen ein sichtbares Ereignis innerhalb unserer psychischen Realität.

Wie stieß Jung auf das Prinzip der Synchronizität? Folgendermaßen: »Ich fand nämlich zuerst, daß es psychologische Parallelerscheinungen gibt, die sich kausal schlechterdings nicht aufeinander beziehen lassen, sondern in einem anderen Geschehenszusammenhang stehen müssen. Dieser Zusammenhang erschien mir wesentlich in der Tatsache der relativen Gleichzeitigkeit gegeben, daher der Ausdruck ›synchronistisch‹. Es scheint nämlich, als ob die Zeit nichts weniger als ein Abstraktum, sondern vielmehr ein konkretes Kontinuum sei, welches Qualitäten oder Grundbedingungen enthält, die sich in relativer Gleichzeitigkeit an verschiedenen Orten in kausal nicht zu erklärendem Parallelismus manifestieren können, wie z. B. in Fällen von gleichzeitigem Erscheinen von identischen Gedanken, Symbolen oder psychischen Zuständen.«

C. G. Jung lehrt, daß unserer wahrgenommenen Realität strukturbildende Kräfte zugrunde liegen. Er nennt sie Archetypen. Die Archetypen gestalten, formen, prägen, und sie verursachen wahrgenommene Wirklichkeit. Ist ein bestimmter Archetypus wirksam, dann verursacht er verschiedene Phänomene, die durch denselben Sinnzusammenhang miteinander verbunden sind. Diese Theorie kann herangezogen werden zur Erklärung der Tatsache, daß es möglich ist, mit Hilfe der Astrologie zutreffende Prognosen zu erstellen. Die Planeten werden dann nicht als Verursacher menschlichen Schicksals angesehen, von denen wie auch immer geartete Einflüsse ausgehen, sondern als Indikatoren einer bestimmten (archetypisch bedingten) Zeitqualität. Das bedeutet: Am Stand der Gestirne läßt sich ablesen, welcher Archetypus zu welchem Zeitpunkt in welcher Weise wirksam ist, und welche durch Bedeutungszusammenhang damit verbundenen irdischen Ereignisse (bzw. psychischen Ereignisse im Individuum, das in Affinität zu diesem Archetypus steht) infolgedessen zu erwarten sind. Die Planetenkonstellationen wären, unter diesem Aspekt betrachtet, also nicht durch das Prinzip der Kausalität mit bestimmten Ereignissen auf der Erde (oder im Menschen) verbunden, sondern durch einen gemeinsamen Sinnzusammenhang. Stand der Sterne und menschliches Schicksal wären also gewissermaßen parallele Wirkungen derselben Ursache. Oder präziser: An beiden wird dasselbe sichtbar, wenn auch jeweils auf unterschiedliche Weise, nämlich die Wirksamkeit eines bestimmten Archetypus zu einem bestimmten Zeitpunkt. Man kann die Astrologie als eine angewandte synchronizistische Wissenschaft bezeichnen.

Und die Magie? Kann man sie als eine synchronistische Kunst ansehen? James H. Brennan, der Verfasser eines ausgezeichneten Buches über die Magie, würde diese Frage rundheraus bejahen. Er schreibt: »Ich glaube, es wäre an der Zeit, den Namen ›Magier‹ durch einen anderen zu ersetzen. ›Synchronizitist‹ wäre eindrucksvoller, zeitgemäßer und, konsequentermaßen, akzeptabler. Obwohl sich an der Tatsache, daß Synchronizitisten Magie bewirken, nichts ändert.« Aus diesen Überlegungen könnten wir eine neue (und zugegebenermaßen recht kühne) Definition ableiten: Ein Magier ist ein Mensch, der sich vorübergehend in eine Art Archetypus verwandelt und auf diese Weise Synchronizität bewirkt. Genau wie die Archetypen wirkt auch der Magier aus den tiefsten Tiefen des Unterbewußten heraus. Er tut dies jedoch nicht »mechanisch«, wie die Archetypen, sondern bewußt und im Vollbesitz seines größten menschlichen Privilegs: der Willensfreiheit. Der Verstand rebelliert angesichts solcher Gedanken, die sich auf die Bereiche jenseits der menschlichen Logik beziehen. Er bäumt sich auf. Er produziert Zweifel und Einwände. Zur Klärung einiger scheinbarer Widersprüche innerhalb der Theorie, daß Magie etwas mit Synchronizität zu tun habe, ein fiktives Streitgespräch.

A.: »Wie um alles in der Welt kann Brennan behaupten, ein Synchronizitist könne Magie BEWIRKEN, wenn doch der Begriff Synchronizität besagt, daß ein ursächlicher Zusammenhang zwischen zwei Ereignissen gerade NICHT vorliegt? Wer davon ausgeht, daß Magie etwas mit Synchronizität zu tun hat, der kann nicht im selben Atemzug verkünden, ein Magier sei imstande, überhaupt irgend etwas zu bewirken. Denn wenn das, was der Magier im Ritual tut, in keinem kausalen Zusammenhang steht zum magischen Erfolg, dann kann man nicht sagen, daß der Magier etwas bewirkt. Trifft es aber zu, daß der Magier rein gar nichts bewirken kann, dann ist jedes weitere Nachdenken über die Magie vollkommen gegenstandslos, überflüssig, absurd.«

B.: »Wenn im Kontext der Magie von Synchronizität die Rede ist, wird nicht der ursächliche Zusammenhang zwischen der Absicht des Magiers und dem Eintreten eines durch Magie erzielten Resultates geleugnet.«

A.: »Sondern?«

B.: »Der Magier schafft die Voraussetzungen für das Eintreten von Synchronizität. Er versucht zu bewirken, daß ein Ereignis, das durch das Prinzip der Synchronizität mit seinem magischen Ritual verbunden ist, geschehen muß. Der Magier handelt frei nach dem alten Motto: Gleiches zieht Gleiches an. Nachdem er sich also entschlossen hat, mittels Magie eine Veränderung innerhalb unserer Realität zu bewirken, konstruiert er ein geeignetes Ritual. Bis hierhin herrscht noch das Gesetz der Kausalität. Eine Ursache (der Entschluß des Magiers) führt eine Wirkung herbei (ein Ritual bzw. eine magische Handlung wird vollzogen). Erst jetzt kommt das Prinzip der Synchronizität ins Spiel. Das heißt: Der konkrete Vollzug des magischen Rituals ist NICHT die Ursache dafür, daß der Magier das gewünschte Resultat erzielen kann. Sondern: Das Ritual schafft die Notwendigkeit für das Eintreten einer synchronistischen Situation, die durch den Sinnzusammenhang mit der Bedeutung des Rituals verbunden ist.«

A.: »Aber dann ist ja das zentrale Element der Magie gar nicht die Synchronizität, sondern der freie Wille des Magiers. Und dann könnte man sagen, daß ja in Wirklichkeit der freie Wille des Magiers, etwas zu bewirken, die Ursache seines Erfolges ist.«

B.: »Hat irgend jemand etwas anderes behauptet?«

A.: »Meiner Meinung nach ja. Denn es wurde doch die These aufgestellt, daß der Vollzug des magischen Rituals und der magische Erfolg in keiner kausalen Beziehung zueinander stehen. Nun aber stellt sich plötzlich heraus, daß es ja sehr wohl eine Ursache für den magischen Erfolg gibt. Und diese Ursache ist der Wille des Magiers.«

B.: »Das ist richtig. Ritual und Erfolg stehen in keinem Ursache-Wirkung-Verhältnis zueinander. Sie können gewissermaßen beide als parallele Wirkungen ein und derselben Ursache angesehen werden. Der Wille des Magiers ist die Ursache des Rituals. Aber das Ritual ist NICHT die Ursache des Erfolges, sondern eine Art geistiger Magnet, der das entsprechende Ereignis herbeizieht, das durch Synchronizität mit dem Ritual verbunden ist.

Stell dir ein eineiiges Zwillingspärchen vor, zwei kleine Mädchen, die sich aufs Haar gleichen. Das eine kleine Mädchen kann nicht die Mutter ihrer Zwillingsschwester sein. Genauso kann ein Ereignis, das durch Synchronizität mit einem zweiten Ereignis verbunden ist (hier kann man vielleicht von ›Zwillings-Ereignissen‹ sprechen), nicht die Ursache des zweiten Ereignisses sein. Aber genauso, wie das Zwillingspärchen notwendigerweise dieselbe Mutter haben muß, haben die synchronistischen (›Zwillings‹-)Ereignisse durchaus so etwas wie eine gemeinsame Ursache.«

A.: »Das Wort ›Synchronizität‹ beschreibt also lediglich die Verbindung zwischen dem Vollzug des magischen Rituals und dem Eintreten des Resultats? Es wird aber nicht in Abrede gestellt, daß Synchronizität als akausales Verbindungsprinzip auf eine kausale Weise herbeigeführt werden kann?«

B.: »So ist es.«

A.: »Der Magier schafft also die Ursache dafür, daß zwei Ereignisse, die nicht durch das Prinzip von Ursache und Wirkung miteinander verbunden sind, eintreten? Und er tut dies, indem er beispielsweise durch das magische Ritual die erste Hälfte des ›Zwillings-Ereignisses‹ geschehen läßt, so daß auch das zweite ›Zwillings-Ereignis‹ Wirklichkeit werden muß?«

B.: »Exakt. Das ist es. Durch Magie werden gewissermaßen ›Zwillings-Ereignisse‹ produziert. Das erste ›Zwillings-Ereignis‹ ist die magische Handlung. Und durch das Prinzip der Synchronizität wird dann auch das zweite ›Zwillings-Ereignis‹ in unsere Wirklichkeit hineingezogen.«

A.: »Weil Gleiches Gleiches anzieht.«

B.: »Richtig.«

A.: »Und weil Gleiches Gleiches bewirkt?«

B.: »Falsch. Hier bist du wieder in das kausale Denkmuster zurückgefallen. Die Verbindung zwischen Gleichem und Gleichem ist keine kausale. Statt zu sagen: ›Gleiches zieht Gleiches an‹, wäre es vielleicht besser, die Formulierung ›Gleiches ist mit Gleichem verbunden‹ zu benutzen.«

A.: »Ein Ereignis, das durch Magie herbeigeführt wurde, hat doch gewissermaßen seinen Ursprung in der Kausalität, weil es ja durch Synchronizität eingetreten ist. Richtig?«

B.: »Richtig.«

A.: »Dieses durch Magie herbeigeführte Ereignis aber stellt so etwas wie den Beginn einer neuen Kausalkette dar, denn nun herrscht ja wieder das Gesetz von Ursache und Wirkung. Das heißt: Der magische Erfolg ist die Ursache weiterer Ereignisse. Wenn zum Beispiel jemand durch Magie geheilt worden ist, ändert sich sein Leben grundlegend. Die Heilung ist dann die Ursache für andere weitreichende Konsequenzen. Richtig?«

B.: »Ja.«

A.: »Wenn man eine lange Kausalkette, also eine lange Kette von Ursachen und Wirkungen, die einander wechselseitig bedingen, als ›Karma‹ bezeichnet (und das ist ja durchaus legitim), und wenn andererseits ein magischer Erfolg den Beginn einer Kausalkette darstellt, dann folgt daraus: Magie schafft neues Karma.«

B.: »Genau. Mit jedem erfolgreich verlaufenen magischen Experiment beginnt eine völlig neue Kette von Ursachen und Wirkungen.«

A.: »Aber ist es nicht so, daß der Mensch inkarniert, um sich von seinem Karma zu befreien? Wenn das der Fall ist, lädt der Magier dann nicht ständig neues Karma, zumindest aber eine große Verantwortung für das von ihm neugeschaffene Karma auf sich?«

B.: »Ja. Und dieser Verantwortung muß er sich jederzeit in vollem Umfang bewußt sein. Denn sein eigenes Karma wird ja auch durch seine magische Karma-Produktion beeinflußt.«

A.: »Dann würde ja, auf lange Sicht gesehen, der Schwarzmagier nur sich selbst schaden, weil er das schlechte Karma, das durch ihn in die Welt kam, abzutragen hat?«

B.: »So ist es.«

A.: »Und könnte ein Weißmagier sein eigenes schlechtes Karma durch Magie abtragen?«

B.: »Sicher!«

A.: »Und wenn er sein Karma durch Magie abgetragen hat, dann besteht für ihn keine Notwendigkeit mehr, Magie zu praktizieren?«

B.: »Nein. Er hat dann seine nächste Entwicklungsstufe erreicht.«

A.: »Magie ist also unter anderem auch eine Möglichkeit, durch Produktion von Karma Karma abzutragen? Das klingt doch reichlich paradox.«

A.: »Viele Wahrheiten sind paradox.«

Kreative Astral-Gestaltung

Es gibt noch eine andere, ältere Antwort auf die Frage, mit der wir uns in diesem Kapitel beschäftigen, auf die Frage also: »Wie kann es sein, daß eine magische Handlung, ein Gebet, ein Ritual oder eine Imagination, zum gewünschten Erfolg innerhalb unserer physischen Realität führt? Was passiert da eigentlich? Was geht da auf welche Weise vor sich?« Auf den ersten flüchtigen Blick scheint die ältere Theorie dem neueren Denkansatz, daß nämlich Magie etwas mit dem Prinzip der Synchronizität zu tun haben müsse, zu widersprechen. Bei genauerem Hinsehen aber wird deutlich, daß beide Erklärungen im Kern exakt dasselbe besagen. Man darf sich nur durch terminologische Scheinunterschiede nicht den Blick auf das Wesentliche versperren lassen.

Die Kernaussage der älteren Magietheorie läßt sich folgendermaßen wiedergeben: »Magie ist ein gestalterisch-formendes Handeln in den Astralen mit nachfolgender Materialisation des geistig Geschaffenen innerhalb unserer physischen Welt.«

Was heißt das? Und zunächst einmal: Was versteht man unter den »Astralen«? Die Astrale (oder auch: Astralwelten bzw. Astralebenen) sind Bereiche nichtphysischer Realität außerhalb unserer als materiell wahrgenommenen Alltagswirklichkeit. Da sie nicht aus physischer Substanz bestehen, können sie auch nicht von unseren körperlichen Sinnesorganen wahrgenommen werden. Denn unsere Sinnesorgane sind im Laufe der Evolution auf die Wahrnehmung desjenigen Teilausschnittes der multidimensionalen Realität geeicht worden, die wir als physische, stoffliche, materielle Wirklichkeit bezeichnen. Woher weiß man dann überhaupt von der Existenz der Astralen, wenn uns doch unsere Sinnesorgane keine Informationen über sie liefern? Wie findet man Zugang zu den Astralen? Nun, es gibt verschiedene Möglichkeiten. Die einfachste ist: Sterben. Die uneleganteste und gefährlichste ist: Drogenkonsum. Die am weitesten verbreitete ist: der Traum. Zugang zu den Astralen findet man auch im Zustand intensiver Meditation sowie während eines außerkörperlichen Erlebnisses. Das Tor zu diesen anderen Welten ist uns. Es gibt unzählige verschiedene astrale Welten. Ihnen allen ist eines gemeinsam: Innerhalb dieser nichtphysischen Welten haben unsere Gedanken und Gefühle die Tendenz, sich unmittelbar in Gestalt sichtbarer Realität zu materialisieren. Man kann also sagen: Was in unserer physischen Realität die Innenwelt eines Menschen ist, bestehend aus Gedanken, Erfahrungen und Erwartungshaltungen, das manifestiert sich in den Astralen in Gestalt der wahrgenommenen »Außenwelt«. So stellt also das

Szenario einer Astralebene das exakt nach »außen« projizierte Abbild der Innenwelt (bzw. des karmischen Entwicklungsstandes oder auch der geistig-seelischen Befindlichkeit) eines Menschen oder einer Gruppe von Menschen dar.

Die Astrale sind der Aufenthaltsort (oder sollte man besser sagen: der Bewußtseinszustand?) der Seelen zwischen zwei Inkarnationen. Entsprechend den Erfahrungen der vorangegangenen Inkarnationen und dem karmisch bedingten Entwicklungsniveau der Seele, können die Astrale als »Himmel« oder »Höllen« gestaltet und wahrgenommen werden. Denn in den Astralen gilt: Du bist, was du siehst. Wer voller Angst und Haß ist, projiziert seine psychische Befindlichkeit nach außen und findet sich in einer Art (selbstgeschaffenen!) »Hölle« wieder. Umgekehrt gilt: Eine liebevolle Seele erfährt den Aufenthalt in den Astralen zwischen zwei Inkarnationen als unbeschreiblich schön und paradiesisch, was kein Wunder ist – denn was sie sieht und erlebt, das ist ja in Wahrheit nichts anderes als sich selbst. Die Introspektion in den Astralen, die Selbstbetrachtung der Seele im Spiegel der Projektion, kann himmlisch oder höllisch, beglückend oder abscheulich sein. Die Seele spiegelt sich in den Astralen. Und lernt daraus. Und bereitet sich dadurch auf ihre nächste Inkarnation vor.

Es ist sogar von einigen Eingeweihten gesagt worden, daß sich nicht nur das Entwicklungsniveau der Seelen zwischen zwei Inkarnationen in den Astralen widerspiegelt, sondern daß jeder Gedanke und jede Gefühlsregung auch eines Inkarnierten in den Astralen eine Spur hinterlassen. Und daß die Träume im Grunde genommen nichts anderes als außerkörperliche Spaziergänge sind, die die Seele unternimmt, während der Körper schläft – Spaziergänge durch die astralen Szenarien, die während des Tages durch Gedanken und Gefühle erschaffen wurden und nun eingehend studiert, vielleicht auch korrigiert werden.

Wenn nun gesagt wird, Magie sei bewußtes Gestalten in den Astralen mit nachfolgender Materialisation des geistig Geschaffenen in unserer physischen Welt, so wird damit implizit ein synchronistischer Zusammenhang zwischen den Astralen und unserer als physisch wahrgenommenen Welt postuliert. Das heißt: Es wird davon ausgegangen, daß etwas, was in den Astralen entstanden ist, die immanente Tendenz hat, sich innerhalb unserer physischen Realität konkret und sinnlich wahrnehmbar zu materialisieren. Wie das? Nun, wir kennen schon die Antwort. Sie lautet: »Quod est inferius, est sicud id quod est superius, et quod est superius, est sicut quod est inferius«. Kurz: Wie oben, so unten. Wie im Himmel, also auch auf Erden. Was in unserer Realität geschieht, spiegelt sich in den Astralen wider. Umgekehrt gilt daher genauso: Was in den Astralen geschaffen wurde, muß auch innerhalb unserer Wirklichkeit manifestiert werden. Diese Überlegungen besagen nichts anderes als: Es besteht ein synchronistischer Zusammenhang zwischen Ereignissen in den Astralen und Ereignissen in unserer materiellen, sinnlich wahrgenommenen Welt.

Nach der älteren Theorie ist der Magier also ein Mensch, der sich Zugang zu den Astralen verschaffen kann, um dort ein Szenario zu kreieren, von dem er wünscht, daß es sich im Bereich unserer physischen Wirklichkeit materialisieren soll. Veranschaulichen wir uns diese Konzeption anhand eines Beispiels. Da ist also ein Magier. Nach sorgfältig abwägenden Überlegungen, die die möglichen Konsequenzen eines magischen Eingriffs in den Gang der Dinge betreffen, hat er einen Entschluß gefaßt. Er hat sich dafür entschieden, im Rahmen seiner (magischen) Möglichkeiten einem Mann zu helfen. Dieser Mann ist Vater dreier Kinder und allem Anschein nach auf dem besten Wege, ein Alkoholiker zu werden, der sich und seine Familie zugrunde richtet, denn er ist arbeitslos und voller Selbstzweifel. Nehmen wir an, unser Magier definiert seine Kunst als »gestaltendes Handeln in den Astralen mit nachfolgender Materialisation des geistig Geschaffenen in unserer physischen Welt.« Auf Rituale kann er also weitgehend verzichten, denn seine Konzentrationskraft, seine Imaginationsfähigkeit sowie seine Begabung zur gezielten Bündelung seiner geistigen Energien sind bereits so stark entwickelt, daß er auf äußere Handlungen nicht mehr angewiesen ist. Nun muß er zunächst eine Art »Drehbuch« derjenigen Ereignisse erstellen, die er in den Astralen geschehen lassen möchte. Das »Drehbuch« könnte ungefähr folgendermaßen aussehen: Der arbeitslose Mann erhält ein interessantes Angebot. Die angebotene Stellung ist gut bezahlt und entspricht genau den Fähigkeiten und Wünschen des Mannes. Der Mann ist froh und erleichtert. Die Familie jubelt. Der Mann gewinnt sein Selbstvertrauen zurück und entwickelt im Rahmen seiner neuen Tätigkeit seine Talente optimal weiter. Er trinkt keinen Alkohol mehr.

Nachdem er seine »Arbeit am Drehbuch« abgeschlossen hat, verschafft sich der Magier Zugang zu den Astralen, indem er sein Bewußtsein erweitert. In diesem veränderten Bewußtseinszustand imaginiert er (im Prinzip genauso wie die alte Dame unter der Dusche) lebhaft und detailgetreu, wie der zur Zeit noch arbeitslose Vater das Angebot erhält, die neue Stel-

lung antritt und sein psychisches Gleichgewicht zurückgewinnt.

Nach Abschluß seiner magischen »Astral-Inszenierung« kehrt
der Magier in seinen gewohnten Alltags-Bewußtseinszustand
zurück. Er hat nun in den Astralen ein Ereignis geschaffen:
kraftvoll, intensiv, lebendig und mit vielen Details. Mehr kann
er jetzt nicht tun. Er weiß: Die in den Astralen gestaltete
Realität muß sich früher oder später innerhalb unserer materiellen Wirklichkeit manifestieren. Daran führt gar kein Weg
vorbei. Am besten vergißt der Magier jetzt die ganze Angelegenheit. Sie ist für ihn erledigt. Jedes weitere Nachdenken
könnte nur unnötige Verzögerungen mit sich bringen. Die Zeit
arbeitet jetzt für ihn, und das Ereignis muß zur Realität heran-
reifen wie Most zu gutem Wein.

Was hat der Magier nun genau getan? Er hat gewissermaßen
eine Hälfte eines »Zwillings-Ereignisses« gestaltet und damit
die Voraussetzung für das Eintreten einer synchronistischen
Situation geschaffen. Die astrale Realität wird ein »Zwillings-
Ereignis« innerhalb unserer Wirklichkeit nach sich ziehen.
Und wieso sollte das geschehen? Weil eine synchronistische
Beziehung besteht zwischen astralen und irdischen Ereignissen. (»Wie oben, so unten«.) Der magische Erfolg wird also
nicht allzu lange auf sich warten lassen. Durch eine Aneinan-
derkettung »glücklicher Zufälle« wird dem arbeitslosen Familienvater tatsächlich ein attraktives berufliches Angebot unterbreitet werden.

Angenommen aber, der arbeitslose Familienvater hat sich
konsequent gegen positive äußere Einflüsse abgeschirmt
(durch seine Aura; wie das möglich ist, darauf werden wir
später näher eingehen). Dann verhindert er, daß sich die astrale

Realität in seinem Leben materialisieren kann. Dennoch wird sie sich materialisieren. Sie muß es. Entweder, indem eine andere Familie, die sich in einer ähnlich verzweifelten Situation befindet, »durch glückliche Zufälle« Hilfe erhält. Oder, indem die gute Absicht des Magiers auf ihn selbst zurückprallt.

Wenn sich das astrale Ereignis irgendwo materialisieren kann, verhält es sich wie ein unzustellbarer Brief, frei nach dem Motto: Return to sender. Die freundlichen Bemühungen des Magiers sind jetzt zwar gescheitert. Diesmal ist es ihm nicht gelungen, einem verzweifelten Menschen im Rahmen seiner magischen Fähigkeiten anonym zu helfen. Nun gut, auch Fehlschläge muß ein Magier verkraften können. Aber der Rückprall der wohlmeinenden Absichten auf den »Absender« hat durchaus auch sein Gutes. Was geschieht? Das in den Astralen gestaltete Ereignis materialisiert sich durch das Prinzip der Synchronizität jetzt im Alltagsleben des Magiers. Es wird ihm »zufällig« ein interessantes berufliches Angebot unterbreitet, er nimmt es an und profitiert zusammen mit seiner Familie von dieser unerwarteten Verbesserung seiner beruflichen und finanziellen Situation. Und, ironische »Nebenwirkung« des Rückpralls: Der Magier wird in den folgenden Monaten einen »unerklärlichen« Widerwillen gegen alkoholische Getränke an den Tag legen. Wie das wohl kommt? Sein Ekel vor dem Alkohol ist natürlich auch eine Folge des Rückpralls. Der Magier hatte verhindern wollen, daß der arbeitslose Mann zum Alkoholiker wird. Auch diese gute Absicht ist nun auf den Magier zurückgeprallt. Die Ära des Mineralwassers bricht für ihn an …

Der Rückprall einer magischen Absicht auf ihren Urheber

kann zahlreiche angenehme Überraschungen bringen – vorausgesetzt freilich, daß man ein verantwortungsbewußter, liebevoller Weißmagier ist.

Zaubermann auf Büffeljagd

Wer kommt mit in die Steinzeit? Wir besuchen unsere zauberkundigen Vorfahren. Sie bereiten sich gerade auf einen Jagdzug vor. Ein möglichst großes Tier muß erlegt werden. Der Clan hat Hunger; die vegetarische Wurzel-und-Beeren-Kost haben alle gründlich satt. Außerdem ist den Frauen das Nähgarn ausgegangen. Sie brauchen ein paar Meter Sehnen. Und der Schnitzer verlangt Horn und Knochen. Wer will neue Pfeilspitzen machen, vielleicht auch ein paar Ahnenfigürchen. Felle und Leder sind auch schon wieder knapp geworden. Es hilft also nichts – ein Tier muß sterben, damit der Clan lebt.

Das Jagdfieber hat alle ergriffen. In letzter Zeit sind zwar weder Büffel noch Hirsche in dieser Gegend gesichtet worden. Aber alle wissen: Wir werden Beute machen. Daran besteht gar kein Zweifel. Und sind momentan weder Büffel noch Hirsche in der Nähe, dann werden sie eben bald kommen. Dafür sorgt der Zaubermann. Auf ihn ist Verlaß. Also: Wir fliegen jetzt durch die Zeit.

Wo sind wir gelandet? Keine Ahnung. Länder gibt es ja noch nicht, denn diese Zeit ist prähistorisch. Vielleicht wird dieser Landstrich später einmal Südfrankreich oder Nordspanien heißen.

Ein wolkenloser Nachthimmel spannt sich über die schlafende

Erde. Silbriges Mondlicht läßt schemenhafte Umrisse erahnen. Wir stolpern auf den Eingang einer Höhle zu. Dumpfrhythmische Laute sind zu hören, Stampfen, Keuchen, hustendes Gestöhn und hallende Klänge wie von Hölzern, die im Takt des Herzschlags immer wieder gegeneinandergehauen werden. Im Inneren der Höhle brennt ein Feuer. Das flackernde Licht der tänzelnden Flammen dringt nach draußen. Diese undefinierbare, intensive Präsenz des Unheimlichen verdichtet sich, je näher wir der Höhle kommen. Die Atmosphäre dieses Ortes ist beängstigend. Jeder Busch, jeder Baum, jeder Stein scheint sich in einen stummen Wächter verwandelt zu haben, der schroff und abweisend zur Umkehr mahnt. Ein Nachtvogel ruft, und es klingt wie: »Geh weg! Geh weg!« Die Grenze zwischen Lebendigem und Totem ist aufgehoben. Alles atmet und pulsiert. Das Felsgestein ist lebendiges Fleisch mit Adern, Muskeln, Nerven und Sehnen. Die Höhle ist kein leerer Raum inmitten des Berges. Dies ist der Schoß der Großen Mutter. Ihre legitimen, leiblichen Kinder sind zu ihr zurückgekehrt. Die Große Mutter nimmt sie gerne auf. Denn ihre Kinder sind noch durch die unsichtbare Nabelschnur mit ihr verbunden. Kinder der Erde mit erdfarbenen Gesichtern, in Felle gekleidet und mit zerzausten Haaren. Und wir? Wir Abgetrennten, Abgenabelten? Wir sind nur Zaungäste. Wir gehören nicht mehr dazu, zu dieser großen Familie, die sich im Haus der Großen Mutter trifft.

Doch haben wir das Recht, die Höhle zu betreten? Wir wollen nicht stören. Aber selbst wenn wir es wollten – wir könnten es gar nicht. Als Zeitreisende sind wir für diese Kinder der Erde unsichtbar. Stumme Zuschauer sind wir, genau wie die Geister der Ahnen, die sich um die Lebenden in der Höhle herum versammelt haben. Der Zaubermann hat gerufen. Und alle sind gekommen – die aus der Vergangenheit genauso wie wir aus der Zukunft.

Die Ahnen der Jäger sind da. Sie bilden einen Kreis. Heiliger Irrsinn, gepaart mit kindlicher Unschuld, flackert in ihren Augen. Sie stoßen dumpfe Keuchlaute aus, wiegen ihre Oberkörper im Rhythmus der Sprechgesänge und schlagen mit Hölzern den Takt dazu. Die Spitzen ihrer Speere und Steinmesser weisen zur Mitte, zum Feuer. Der Zaubermann, an gewöhnlichen Tagen ihr Freund und Bruder, gehört nicht mehr zu ihnen. Er sitzt nicht mit im Kreis. Schwer atmend, tanzt er mit stampfenden Schritten um sie herum. Er taumelt wie im Rausch. Ungelenk zuckend vollführt er seinen Veitstanz. Seine Gebärden sind weit ausholend, als versuchte er, mit den Händen in die unsichtbare Welt zu greifen. Tatsächlich berührt er mit jeder Handbewegung einen Ahnengeist – jeder alte Jäger, der bereits auf der anderen Seite der Wirklichkeit wohnt, wird persönlich begrüßt. Wir stehen abseits. Wir gehören nicht dazu.

Auf der Brust des Zaubermannes tanzt eine Kette im Takt seiner Bewegungen. Es ist ein einfaches Lederband mit Zähnen, Klauen, Horn und Federn. In immer ekstatischeren Drehungen tanzt der Zaubermann um die Gruppe am Feuer herum, wobei er sich noch zusätzlich um die eigene Achse dreht. Der bellende Ruf seiner heiseren Stimme kehrt aus den entfernteren, dunklen Bereichen der Höhle als Echo zu ihm zurück. Die Finsternis scheint ihm zu antworten. Seine Beschwörungen wurden gehört.

Fast hat es den Anschein, als seien alle Kraft und alle Begeisterung der Gruppe auf den Zaubermann übergegangen. Je wilder und trunkener er wirbelt, desto ruhiger werden die Jäger im Kreis. Als sein taumelnder Rausch den Höhepunkt erreicht hat, sitzen die Jäger fast reglos da. Der Zaubermann ist voll mit Kraft. Jetzt ist er kein Mensch mehr. Er ist zum Träger der Kraft geworden. Er hat sich verwandelt. Er verkörpert den Willen der Gruppe. Er trägt in sich die Kraft der Großen Mutter. Er ist eins geworden mit der Macht der Ahnen.

Mitten im wilden Tanz hält er inne. Er verstummt. Er taumelt, ächzt und stolpert über seine eigenen Füße. Wie von einem tödlichen Keulenschlag niedergestreckt, fällt er zu Boden. Noch zucken seine Arme und Beine. Sie zucken wie die Beine eines geschlachteten Tieres, dessen Muskeln noch nichts vom Sterben wissen.

Bewegungslos liegt er jetzt da, starr wie ein Leichnam. Es herrscht vollkommene Stille in der Höhle. Nur das knackende Prasseln des Feuers und der leise, schnelle Atem der Jäger sind noch zu hören. Gespannte Erwartung liegt in der Luft. Alle haben eine ungefähre Vorstellung von dem, was jetzt passieren wird. Der Zaubermann ist hinübergegangen ins Reich der Geister. Sein Körper liegt noch da im Sand. Er atmet. Aber jeder weiß: Der Zaubermann ist nicht mehr hier bei uns. Er ist auf die Jagd gegangen. Im Land der Geister, drüben, auf der anderen Seite der Wirklichkeit, fängt er die Seele eines Büffels ein. Er wird, wenn die Große Mutter ihm gnädig ist und die Ahnen ihm helfen, die eingefangene Seele mitbringen und sie an die Wand der Höhle bannen. Dort muß die Seele des Büffels so lange bleiben, bis die Jäger den dazugehörigen Körper gefunden und getötet haben. Stirbt der Körper des Büffels, dann ist seine Seele wieder frei. Dann ist der Bann gebrochen. Dann kann die Seele des Büffels die Höhle verlassen und im

Körper eines Büffelkalbes zurückkehren zu seiner Herde. Das ist das Gesetz der Großen Mutter, wie es der Zaubermann verkündet hat.

Die Zeit steht still. Nichts geschieht. Das Feuer brennt nieder. Hier und da züngelt noch ein Flämmchen aus der rotglühenden Asche empor. Die knisternde Atmosphäre aufgeregter Anspannung ist längst einer allgemeinen Schläfrigkeit gewichen. Die ersten Jäger beginnen ungeniert zu gähnen. Ihr Gähnen ist ansteckend, es wandert von Jäger zu Jäger. Der Zaubermann hat einen Teil ihrer Kraft mit sich genommen. Jetzt sind sie ausgelaugt und müde. Sie möchten schlafen gehen. Aber jeder bleibt an seinem Platz. Alle wissen, was auf dem Spiel steht. Es gibt wichtigere Dinge als den Schlaf. Da – der Körper des Zaubermannes regt sich wieder. Ein Ruck geht durch die müden Jäger. Der Zaubermann ist zurückgekehrt in seinen Körper, zurück in die Höhle, zurück zu den Jägern auf dieser Seite der Wirklichkeit. Alle Augen sind auf ihn gerichtet. Hat er eine Seele mitgebracht? Oder kommt er mit leeren Händen zurück? Von seinem Erfolg hängt das Jagdglück ab. Die Jäger können keine Beute machen, wenn der Zaubermann keine Tierseele von der anderen Seite der Wirklichkeit mitbringt. Das weiß jeder. Und alle sind aufgeregt. Die Müden sind schlagartig wieder munter geworden. Etwas benommen noch, steht der Zaubermann auf. Er klopft sich den Sand von Armen und Beinen. Dann greift er mit zitternder Hand nach der bereitstehenden Farbe. Er zeichnet den Umriß eines Büffels an die Höhlenwand – was für ein mächtiges, muskulöses Tier! Alle jubeln, springen empor, führen Freudentänze auf und klopfen einander auf die Schulter. Wir haben es geschafft! Es ist gelungen! Der Zaubermann hat die Seele eines großen

Büffels mitgebracht. Jeder kann sie sehen – dort an der Wand, da ist die Stelle, wo der Zaubermann sie gefangengesetzt hat. Die Jäger sind begeistert. Der Jagdzug wird ein voller Erfolg werden. In einigen Tagen werden sie den Büffel finden. Er wird leibhaftig vor ihnen stehen. In seinen Augen wird stummes Einverständnis zu lesen sein, so als wollte er sagen: »Ich bin gekommen, um meine Seele freizukaufen. Ich zahle mit meinem Körper.« Und dann wird er brüllend in die Speere der Jäger laufen. So ist es bisher immer gewesen. So wird es auch dieses Mal sein.

Der Zaubermann murmelt noch ein paar Dankesworte an die Geister der Ahnen. Der Jagdzauber ist beendet. Alle, die dem Ruf des Zaubermannes gefolgt sind und in diese Höhle kamen, sind jetzt entlassen. Jeder geht in seine Wirklichkeit zurück. Auch wir können gehen.

Wenn wir auf der Rückreise in unsere Gegenwart noch einen kurzen Zwischenstopp einlegen und die Jäger ein paar Tage nach ihrem Höhlenritual erneut besuchen, dann werden wir Zeugen einer gigantischen Schlemmerorgie. Es gibt Büffelsteak für alle, reichlich und zum Sattessen. Die Jäger sind mächtig stolz auf sich, denn sie haben die Seele des Büffels erlöst. Alle haben Grund zur Freude: Die Menschen genießen das gute Essen, und im Reich der Geister, drüben auf der anderen Seite der Wirklichkeit, springt die Seele des Büffels vergnügt durch die ewigen Jagdgründe.

Der Jagdzauber war also wirksam. Würden wir den Zaubermann, der sich mittlerweile wieder in einen ganz gewöhnlichen Jäger zurückverwandelt hat, um eine Erklärung bitten, dann wäre seine Antwort vielleicht: »Wir haben die Große Mutter um einen Büffel gebeten. Sie war bereit, uns einen zu geben. Die Ahnen haben geholfen, die Seele eines Büffels zu fangen. Und die Jäger konnten den Büffel erlegen. Jetzt haben wir wieder alles, was wir brauchen.« Gesetzt den Fall, wir würden uns mit dieser Auskunft nicht zufriedengeben und weiterbohren: »Habt ihr den Büffel erlegt, weil ihr vorher seine Seele eingefangen habt?« – der Zaubermann würde uns verständnislos ansehen. Und in diesem gereizt-herablassenden Tonfall, den man übermütigen Kindern gegenüber anschlägt, wenn sie sich in provozierender Absicht bewußt dumm stellen, um durch das Wiederholen längst schon beantworteter Fragen die Strapazierfähigkeit des Geduldsfadens eines Erwachsenen zu prüfen, würde der Zaubermann, jede Silbe einzeln betonend, antworten: »Es wurde die Seele des Büffels eingefangen. Und die Jäger haben den Büffel erlegt. Ist das so schwer zu verstehen? Dann erkläre ich es noch einmal: Zuerst die Seele des Büffels, dann sein Körper. So wird gejagt. So will es die Große Mutter.«

Mit dem Zaubermann eine Diskussion über Kausalität und Synchronizität zu beginnen hätte wohl wenig Sinn. Der Zaubermann hat sich noch nicht im engmaschigen Netz differenzierter Abstraktionen verfangen. Erst der Zauber, dann die Jagd. Mehr hat er zum Thema Magie nicht zu sagen. Seine unsichtbare Nabelschnur, die ihn mit der Großen Mutter verbindet, ist noch nicht vom zweischneidigen Schwert des Intellekts durchtrennt worden. (Vielleicht liegt darin das Geheimnis seines Erfolges?)

Analysieren wir seine Aussage: »Es wurde die Seele des Büffels eingefangen. Und die Jäger haben den Büffel erlegt.« Wir haben es augenscheinlich mit einem Zwillings-Ereignis zu tun. Dem erfolgreichen Jagdzug im Geisterreich folgt das konkrete Jagdglück innerhalb der physischen Realität. Zwei Ereignisse sind durch einen gemeinsamen Bedeutungszusammenhang miteinander verknüpft. Hat der Zaubermann wirklich eine Büffelseele eingefangen und sie durch die Umrißzeichnung an die Höhlenwand gebannt? Ist er tatsächlich in Begleitung seiner Jägerahnen auf die Geisterpirsch gegangen? Ist seine Lehre, die er dem Stamm als das »Gesetz der Großen Mutter« verkündet hat, tatsächlich wahr? Vielleicht ja. Vielleicht auch nicht. Letztlich sind diese Fragen von untergeordneter Bedeutung. Wichtig für uns ist in diesem Zusammenhang nur eines, nämlich: Auch der erfolgreiche Jagdzauber der Steinzeitjäger kann mit Hilfe der Synchronizitäts-Konzeption erklärt werden. Nicht die individuellen religiösen oder philosophischen Vorstellungen des Magiers entscheiden über Erfolg oder Mißerfolg seiner Arbeit. Machtvoller als jeder überlieferte Zauberspruch, wirksamer als jede rituelle Handlung und von maßgeblicherer Bedeutung als alle Tänze, Gesänge und Beschwörungsformeln ist die Fähigkeit des Magiers, sich in veränderte Bewußtseinszustände zu versetzen. Ist er dazu in der Lage, dann kann er sich das Prinzip der Synchronizität zunutze machen und die erste Hälfte eines Zwillings-Ereignisses geschehen lassen. Es spielt keine große Rolle, wie er sich den Erfolg seiner magischen Praktiken erklärt. Ob er nun meint, mit dem Geisterreich und den Seelen seiner Ahnen in Kontakt getreten zu sein oder ob er von der Verbundenheit aller Dinge des Universums mit Gott, der Ersten Ursache, ausgeht; ob er sich strikt an tradierte Rituale hält und unverdrossen improvisiert im Vertrauen darauf, daß seine Mühe sich lohnen wird – letztlich ist es eine Frage des persönlichen Geschmacks, für welche Variante der Magier sich entscheidet.

Welche Wahl er auch treffen mag – es kommt in erster Linie darauf an, ob der Magier sich in den veränderten Bewußtseinszustand versetzen kann oder nicht. Unser Steinzeitzaubermann konnte es. Und weil er es konnte, war er imstande, die erste Hälfte des Büffeljagd-Zwillings-Ereignisses zu gestalten: präzise, detailliert und intensiv. Damit schaffte er die Ursache für das Eintreten eines synchronistischen Ereignisses. Und das synchronistische Ereignis trat ein. Der Jagdzauber hatte Erfolg.

Die akupunktierte Wachspuppe

Der Erfolg, so heißt es, habe viele Väter. Überzeugende Resultate magischer Arbeit können, je nach Geschmack und Weltbild, auf die verschiedensten Ursachen und Mechanismen zurückgeführt werden. Wir komplettieren jetzt unsere kleine Sammlung unterschiedlicher Konzeptionen, die den Erfolg eines Magiers zu erklären versuchen. Wir unternehmen noch eine Bildungsreise durch Raum und Zeit, um einem weiteren Magier bei der Arbeit zuzuschauen.

Wo sind wir gelandet? Es ist ein naßkalter, herbstlicher Abend. Die Sonne ist schon hinter den Dächern der mittelalterlichen Stadt verschwunden. Graue Nebelschwaden sind aus dem Fluß gestiegen und ziehen durch die Gassen wie eine Geisterarmee. Der Schrei eines Säuglings gellt durch die Straße. Irgendwo zetert ein altes Weib. An der Hauswand hinter uns lehnt ein Betrunkener und grölt begeistert das neueste Trinklied. Er singt falsch. Und er singt englisch. Wir sind in London.

Wir stehen vor einem verwahrlosten Haus und treten in einen engen, finstern Flur. Totenstille im ganzen Haus. Dort hinten irgendwo muß die Stiege zum Keller sein. Richtig, da ist sie ja schon. Die Luke steht offen. Von unten her dringt schwacher Kerzenschein herauf. Wir steigen in den Keller hinab. Es ist feucht und schmutzig hier unten. Über einen Tisch gebeugt, auf dem zwei brennende Kerzen stehen, hockt er, der Magier, den wir besuchen wollen. Er ist ganz vertieft in seine Beschäftigung, und es scheint, als habe er die Welt um sich her vergessen. Vor ihm auf dem Tisch liegen verschiedene Gegenstände: ein Messer, drei Nadeln, ein fast faustgroßer Klumpen Bienenwachs, ein aufgeschlagenes altes Buch sowie ein paar Locken, die er vielleicht beim Barbier um die Ecke gestohlen oder auf eine andere dubiose Art und Weise an sich gebracht hat.

Er sieht aus wie ein Mann von über vierzig Jahren. In Wahrheit wird er also noch nicht einmal die Dreißig erreicht haben, denn in dieser Epoche altern die Menschen früh. Seine Kleidung ist relativ sauber und nur an einigen wenigen Stellen zerschlissen oder geflickt. In seinen Mundwinkeln nistet säuerliche Verbitterung. Angst und Mißtrauen haben tiefe Furchen der Feindseligkeit in sein Gesicht gegraben. Er sieht aus wie einer, der das Hoffen verlernt hat; wie einer, der genau weiß: Wenn ich verschwinden würde – niemand würde mich vermissen. Wenn ich sterben würde – niemand würde um mich weinen.

Jetzt macht er sich ans Werk. Jetzt wird es spannend. Dies ist nicht das erste Mal, daß er sich mit Kerzen und dem alten Zauberbuch ins feuchte Kellerloch verkrochen hat. Trotzdem ist er aufgeregt. Seine Handflächen werden naß. Er wischt sie an den Hosenbeinen trocken. Wenn ihn jemand überraschen würde, jetzt und hier, dann wäre es um ihn geschehen. Dann würde er verbrannt werden. Öffentlich. Bei lebendigem Leib. Diese entsetzliche Gewißheit stimuliert ihn. Die potentielle Gefahr für Leib und Seele versetzt ihn in einen veränderten, intensiveren Bewußtseinszustand. Genau zu wissen, daß er im Begriff ist, etwas Verbotenes zu tun – das hat etwas Beflügelndes für ihn, und seinem Geist wachsen ledrige Fledermausflügel, mit denen er sich vom harten Boden der Alltagsrealität emporschwingen kann, hinein ins Dunkel einer Welt, in der es vor bösen Geistern, Dämonen und Ausgeburten der Hölle nur so wimmelt. Henry – so heißt er – greift nach dem Klumpen Bienenwachs und hält ihn über eine der Kerzenflammen. Das Wachs wird weicher. Es wird knetbar. Henry klopft das Wachs flach wie einen Pizzateig. Auf die flache, runde Wachsscheibe legt er die bereitliegenden menschlichen Haare. Er faltet die Wachsscheibe, drückt sie zusammen und knetet ein wurstförmiges Gebilde daraus – eine Wurst aus Wachs, die Haare enthält.

Mit dem Daumennagel preßt er eine Kerbe in den oberen Teil der Wachswurst. Den unteren Teil schneidet er mit dem Messer ein, so daß eine Gabelung entsteht, die aussieht wie ein umgedrehtes »Y«. Oben der Kopf, unten die Beine – jetzt fehlen nur noch die Arme. Henry ist kein großer Künstler, aber er modelliert, so gut er eben kann, um ein einigermaßen gelungenes, maßstabsgetreu verkleinertes Wachsabbild des menschlichen Körpers herzustellen.

Endlich ist er fertig. Vor ihm auf dem Tisch liegt jetzt eine Puppe aus Bienenwachs. Die Haare im Inneren der Puppe stammen von einem Mann namens William. William wohnt ein paar Straßen weiter. Er arbeitet in der Werkstatt des Hufschmieds und hat drei Dinge, die Henry nicht hat: breite Schultern, Glück beim Würfelspiel und gute Zukunftsaussichten. Er ist ein beliebter Bursche, der hart arbeiten kann und gerne lacht. Die Leute mögen ihn, und man erzählt sich, daß William im nächsten Jahr die Tochter des Hufschmieds heiraten wird. Wird er? Nein. Er wird nicht. Ganz und gar nicht wird er das tun: Weil Henry es verhindern wird. Mit seinen Mitteln. Mit schwarzmagischen Mitteln. Deshalb wird William nicht der nächste Besitzer der Hufschmiede werden.

Das Wachspüppchen auf dem Tisch symbolisiert den breitschultrigen, fröhlichen William. Henrys Augen verengen sich zu schmalen Schlitzen, hinter denen der Haß aufblitzt. Mit starrem Blick fixiert er die Puppe. Zunächst flüsternd, dann immer lauter werdend, beschimpft Henry die Puppe. Er stößt böse Flüche aus und steigert sich immer weiter hinein in eine Trance der unversöhnlichen Feindseligkeit. In Gedanken ist er schon tausendmal zum Mörder geworden. Henry wünscht sich nichts sehnlicher als Williams Tod. Mittlerweile hat er sich derart in Rage geredet, daß er die Wachspuppe am liebsten mit der geballten Faust zerschmettern würde. Aber er kann sich beherrschen. Er hat ja etwas anderes im Sinn mit dieser Puppe, mit diesem Miniatur-William. Henry schwelgt im Rausch des Hasses. Er greift nach den bereitliegenden Nadeln, drei an der Zahl. Er blickt noch einmal in sein altes Zauberbuch, um sich die Formeln einzuprägen, die er sprechen muß. Die erste Nadel sticht er in den Unterleib der Puppe. Die zweite in den Kopf, und die dritte in die Herzgegend. Damit sind die Punkte markiert, die von den bösen Höllengeistern, die Henry beschworen hat, attackiert werden sollen.

Henrys Werk ist fast vollbracht. Er löscht das Licht und klettert aus dem Kellerloch heraus. Wir folgen ihm. Mittlerweile ist es finster draußen auf den Gassen. Henry huscht wie ein Schatten durch die Nacht. Niemand darf ihn sehen. Bei sich trägt er den schwarzmagisch akupunktierten Miniatur-William. Um diese Zeit ist William gewöhnlich in der Schenke. Henry kann es also riskieren, sich in Williams Schlafkammer zu schleichen. Es gelingt ihm, unbemerkt in das fremde Haus einzudringen. Er schleicht sich in den Raum, in dem William zu schlafen pflegt. Der Fußboden hier besteht aus festgestampftem Lehm. Das kommt Henry sehr gelegen. Er gräbt mit dem Messer ein Loch in den Boden unter Williams Schlafstelle. In dieses Loch hinein legt er die Wachspuppe. Er deckt sie wieder mit Lehm zu. Aus ihrem Grab heraus wird die Puppe ihren bösen Zauber verströmen. Wenn William schläft, wird er dem Zauber schutzlos ausgeliefert sein.

Ein Schatten huscht durch die Nacht, leise und unerkannt. Es ist Henry. Er reibt sich die Hände und genießt die Vorfreude auf den Schaden, der über William hereinbrechen wird. Wenn alles stimmt, was in dem alten Buch steht, dann braucht Henry jetzt nur noch seelenruhig abzuwarten, daß die Höllengeister ihren vernichtenden Schabernack mit William treiben.

Drei Tage später: Vor der Werkstatt des Hufschmieds steht eine aufgeregte Menschenmenge. Es hat einen Unfall gegeben. Die Nachricht verbreitete sich wie ein Lauffeuer. Die Leute haben alles stehen- und liegengelassen, um am Ort des Geschehens nähere Einzelheiten zu erfahren. Was ist passiert? Der alte Gaul des Gemüsehändlers sollte neu beschlagen werden. Jeder weiß: Das Tier ist die Ruhe selbst. Niemand kann sich erklären, was plötzlich in den Gaul gefahren ist – er scheute, schlug aus, und seine Hinterhufe trafen William in der

Bauchgegend. William ist unglücklich gestürzt und schlug mit dem Kopf gegen den Amboß. Er soll fürchterlich geblutet und das Bewußtsein verloren haben. In diesem Moment kam die Tochter des Hufschmiedes gerade aus der Messe zurück. Sie soll ihrem Bräutigam sofort ihre Bibel aufs Herz gelegt haben. Die alten Weiber meinen, diese geistesgegenwärtige Maßnahme habe William das Leben gerettet. Die Männer schüttelten natürlich die Köpfe über solches Altweibergeschwätz. Aber alle sind froh, als der Hufschmied vor die Menge tritt und den Leuten sagt, daß William wieder bei Bewußtsein und einigermaßen wohlauf ist. Alle gehen erleichtert nach Hause. Nur einer nicht: Henry. Fröstelnd stolpert er zum Fluß. Was er dort will, weiß er selbst nicht. In der Hafengegend, wo ihn niemand kennt, bricht er mitten auf der Straße zusammen. Schaulustige bilden einen Kreis um ihn. Henry greift sich mit verkrampften Händen ans Herz und röchelt mit letzter Kraft: »Eine Bibel – das Herz!« Die Leute am Hafen glauben, der Fremde muß sehr fromm gewesen sein. Warum sonst hätte er vor seinem Tod eine Bibel verlangt?

Henrys Wachspüppchen-Magie war sehr erfolgreich – so erfolgreich, daß Henry in seiner nächsten Inkarnation vermutlich impotent sein und unter ständigen Kopfschmerzen leiden wird. Denn zwei Drittel seines schwarzen Zaubers sind noch nicht auf ihn zurückgeprallt ...

Sympathiezauber

Zurück in die Gegenwart, zurück auf die abstrakter Ebene
grauer Theorie. Henry hat Sympathie-Magie praktiziert. Was
ist das? Im Alltag benutzen wir das Wort »Sympathie« im
Sinne von: Zuneigung. Wenn wir jemanden sympathisch finden, dann bringen wir ihm freundschaftliche Gefühle entgegen. Wir können ihn gut leiden. Die wortwörtliche Übersetzung des aus dem Griechischen stammenden Begriffs
»Sympathie« lautet: Mit-Leiden (nicht im Sinne von: jemanden zutiefst bedauern, sondern im Sinne von: sich mit jemandem identifizieren, an jemandem interessiert sein, sich mit
jemandem verbunden fühlen, Anteil nehmen). Sympathie-
Zauber ist eine magische Technik, deren Wirksamkeit dem
Prinzip der Teilhabe, das heißt, des Mit-Erleidens aufgrund
einer subtilen Verbundenheit, zugeschrieben wird. Die Sympathie-Magie gründet sich auf die Annahme, daß alle Teile des
materiellen Universums miteinander in direkter oder indirek-
ter Beziehung stehen und einander auch über große räumliche
Distanzen hinweg wechselseitig beeinflussen können.
Der Sympathie-Magier ist mit dem System der Wechselwirkungen vertraut. Er weiß, zwischen welchen Dingen eine besonders intensive Verbindung besteht, und zieht daraus seine
praktischen Schlußfolgerungen: Wenn Gegenstand A mit Gegenstand B in einem Verhältnis intensiver wechselseitiger
Beeinflussung steht und wenn ich Gegenstand A beeinflusse
oder verändere, dann muß sich diese Veränderung des Gegenstandes A auch automatisch auf Gegenstand B übertragen.
Was bedeutet das nun konkret? Wir erinnern uns: Henry hatte
sich in den Besitz einiger Haarlocken von William gebracht.

Da die Haare einmal Teil von Williams Körper waren, besteht eine besonders intensive Verbindung zwischen den abgeschnittenen Locken und Williams Körper. Die Teile (Locken) sind zwar vom Ganzen (Williams Körper) getrennt, doch diese Trennung existiert nur auf der materiellen Ebene. Auf einer subtileren Realitätsebene besteht die Beziehung der Teile vom Ganzen unverändert fort.

Daraus leitet der Sympathie-Magier den Rückschluß ab: Was mit den Teilen geschieht, das überträgt sich auch zwangsläufig auf das Ganze. Das bedeutet: Henrys schwarzmagische Manipulationen mit Williams Haaren haben fatale Auswirkungen auf den Gesundheitszustand von Williams Körper. Henry kann mit William machen, was er will. Warum? Weil er Teile (Haare) des Ganzen (William) besitzt und damit ganz nach seinem Gut- bzw. Schlechtdünken verfahren kann. Selbstverständlich hätte er Williams Haare auch für die Durchführung eines weißmagischen Rituals verwenden können. Aber dazu war er ja leider, wie wir gesehen haben, zu dumm, und die Konsequenzen seiner Dummheit prallten auf ihn zurück. Und zwar mit voller Wucht. Sympathie-Zauber – obskurer Aberglaube aus dem finstersten Mittelalter, der sich im Lichte wissenschaftlicher Vernunft als Ausgeburt einer kranken Phantasie entlarven läßt? Zugegeben – dieser Gedanke hätte etwas Beruhigendes. Das Problem ist halt nur: Er stünde auf den tönernen Füßen naiven Wunschdenkens. Denn die Adepten der Sympathie-Magie können die »Königin der Wissenschaften« als Kronzeugin für sich auftreten lassen. Die Aussagen der Physik ließen sich durchaus als wissenschaftliche Untermauerung sympathischer Thesen interpretieren. Stellen wir uns eine fiktive Gerichtsverhandlung vor. Auf der Anklagebank sitzt die Sympathiemagie. Die Rolle des Staatsanwaltes wird vom gesunden Menschenverstand übernommen. Die Physik wird in den Zeugenstand berufen.

Staatsanwalt: Die Verteidigung hat Sie als Entlastungszeugin geladen. Was können Sie zugunsten der Angeklagten zu Protokoll geben?

Zeugin: Das EPR-Paradox.

Staatsanwalt: Würden Sie uns das bitte etwas näher erläutern?

Zeugin: Aber gern! Bei der Erforschung des subatomaren Bereiches stieß man auf ein Phänomen, das man als Einstein-Podolsky-Rosen-Paradox bezeichnete.

Staatsanwalt: Könnten Sie dem Gericht in einfachen Worten erklären, was man sich darunter vorzustellen hat?

Zeugin: Sicher. Stellen Sie sich zwei Elektronen vor, die innerhalb eines Moleküls miteinander in Verbindung getreten sind. Nun zerfällt das Molekül, und die beiden Elektronen werden voneinander getrennt. Angenommen, es liegt nun eine sehr große räumliche Distanz zwischen den beiden ehemals verbundenen Elektronen. Dann läßt sich ein bemerkenswertes Phänomen beobachten. Denn auch nach der Trennung noch zeigen die beiden Elektronen gleichartiges Verhalten. Wenn sich beispielsweise der Spin des ersten Elektrons verändert –

Staatsanwalt: Entschuldigen Sie die Unterbrechung. Aber was hat man sich unter einem Spin vorzustellen?

Zeugin: Unter dem Spin versteht man die Drehung des Elektrons. Darf ich fortfahren?

Staatsanwalt: Bitte sehr!

Zeugin: Verändert sich nun also der Spin des ersten Elektrons, so läßt sich auch eine Veränderung des Spins beim zweiten Elektron feststellen.

Verteidigung: Es findet also ein wie auch immer gearteter Informationsaustausch zwischen beiden Elektronen statt? Oder anders gefragt: Das, was dem ersten Elektron geschieht, geschieht dann auch dem zweiten?

Zeugin: So kann man es ausdrücken.

Angeklagte (springt erregt auf): Das habe ich doch schon immer gesagt, aber niemand hat mir geglaubt!

(Tumult im Saal)

Richter: Die Verhandlung wird vertagt!

Der Erfolg jeder angewandten magischen Technik kann auf das Prinzip der Synchronizität zurückgeführt werden. Henrys schwarzer Sympathie-Zauber macht da keine Ausnahme. Ohne die Physik in den Zeugenstand berufen zu müssen, könnte man auch folgendermaßen argumentieren: Die extreme Emotionalisierung, bedingt durch Angst und Haß, bewirkte bei Henry eine radikale Veränderung des Bewußtseinszustandes. Henry war buchstäblich nicht mehr »er selbst«; Schichten seines multidimensionalen Wesens wurden aktiviert, die gewöhnlich im Zustand der Latenz verharren, solange das Alltags-Ich dominiert. Henry aber war außer sich geraten. In rauschartiger Trance gestaltete er die erste Hälfte eines Zwillings-Ereignisses. Hierbei nun dienten ihm Williams Haare im Wachspüppchen sowie die in schwarzmagischer Absicht vorgenommene Akupunktierung des wächsernen Miniatur-William lediglich als Konzentrationshilfen bzw. zur forcierten Mobilisierung seiner latenten magischen Fähigkeiten. (Das würde bedeuten: Im Grunde genommen hätte Henry, um ein magisches Resultat zu erzielen, weder Williams Haar noch die Wachspuppe benötigt. Wäre er nämlich imstande gewesen, sich bewußt und willentlich in einen veränderten Bewußtseinszustand zu versetzen, dann hätte er auf alle Requisiten verzichten können.) Das Vergraben der Puppe unter Williams Bettstatt schließlich könnte Henrys Vertrauen in das Eintreten der gewünschten Ereignisse verstärkt und auf diese Weise verhindert haben, daß nachträgliche Zweifel den Erfolg seiner fragwürdigen Bemühungen hätten gefährden können. Denn Zweifel entzieht Energie, und ein nachträglicher Energieentzug könnte die Bemühungen eines Magiers zunichte machen. Unsere Erlebnisse auf der gemeinsam unternommenen London-Reise könnten wir also auch folgendermaßen auswerten: Die geistige, im Zustand veränderten Bewußtseins vorgenommene kriminelle Handlung, anschaulich symbolisiert durch die begleitenden Manipulationen an der Wachspuppe, zog ein konkretes physisches Ereignis desselben Sinngehalts innerhalb der materiellen Alltagsrealität nach sich. Das Prinzip der Synchronizität wurde also wirksam. (Wirksam auf eine Weise, daß man die makabre Bilanz ziehen kann: Durch den Rückprall der bösartigen Absichten auf ihren Urheber hat Henry, ohne überhaupt zu wissen, was er tat, während seines magischen Rituals seinen eigenen Selbstmord vorbereitet …)

»Funktioniert Magie?« – diese Frage richtete Gisela Graichen als Herausgeberin des Buches »Die neuen Hexen« an einen Magier. Dieser Mann ist offenbar kein Freund haarspalterischer Begriffsklauberei, denn er antwortete ebenso witzig wie intelligent: »Das Problem ist nicht, ob Magie funktioniert, sondern daß sie funktioniert.« In der Tat – für Henry ist das Resultat seiner magischen Rituale zu einem tödlichen Problem geworden. Aber: »funktioniert« Magie? Antwort: Im Prinzip nein, aber … In Anlehnung an John Symonds, könnte man sagen: Magie ist eine tolle Sache, aber sie »funktioniert« nicht.

Weshalb? Weil das Wort »funktionieren« nur innerhalb eines kausalen Kontextes Sinn macht. Ein Magier erzielt zwar konkrete Resultate, aber die »Ur-Sache« seiner Erfolge liegt vor dem Geltungsbereich des Gesetzes von Ursache und Wirkung. Magie basiert auf dem Prinzip der Synchronizität. Im Ritual erschafft der Magier die erste Hälfte eines Zwillings-Ereignisses. Ein Zwilling kommt selten allein. Bliebe er allein, wäre er kein Zwilling. Deshalb bewirkt der Wille des Magiers Resultate, obwohl Magie nicht »funktioniert«. – Kleinliche Haarspalterei, zugegeben. »Grau, teurer Freund, ist alle Theorie, und grün des Lebens goldener Baum.« Deshalb: »Der Worte sind genug gewechselt, laßt mich auch endlich Taten sehn!«

IV. Aura-Magie

Das »magische Organ« des Menschen

Wir sind schon mehrfach auf die Tatsache gestoßen, daß der Zustand der Aura eines Menschen darüber entscheidet, für welche äußeren Einflüsse der Betreffende offen ist. So kann es beispielsweise geschehen, daß ein verzweifelter Fatalist seine Aura unbewußt gegen alles Freundliche und Gute abschottet. In diesem Fall prallt die Hilfsaktion eines Magiers natürlich an seiner Aura ab. Die Folge: Das synchronistische Zwillings-Ereignis, das nach dem Willen des Magiers die Lebensumstände dieses bedauernswerten Menschen entscheidend verbessern sollte, hat nun keine Chance, sich in der beabsichtigten Weise konkret zu materialisieren. Ein Rückprall findet statt. Die freundlichen Bemühungen des Magiers sind gescheitert.

Die Aura – was ist das? Jeder Mensch wird von einer energetischen Schutzhülle umgeben. Man nennt sie Aura. Farbe und Beschaffenheit der Aura sind für untrainierte physische Augen nicht zu erkennen. Hellsichtige dagegen können die Aura eines Menschen optisch wahrnehmen. Darüber hinaus ist es möglich, Teile der Aura mit Hilfe der Kirlian-Fotografie sichtbar zu machen. Wer ein wenig sensibel ist, der kann den Zustand der Aura eines Menschen auch intuitiv erspüren. Er nimmt dann zwar keine optischen Sinneseindrücke wahr, wie es der Hellsichtige tut. Aber er hat »irgendwie so ein Gefühl«, das er sich nicht erklären kann – es ist einfach da. Man »weiß« in der Nähe eines Menschen über den Betreffenden Bescheid, ohne genau zu wissen, woher diese Informationen kommen. Man spürt instinktiv, mit wem man es zu tun hat. Das kann zu großen Überraschungen führen. Beispielsweise dann, wenn man einen Menschen »echt und leibhaftig« sieht, den man vorher nur aus dem Fernsehen kannte. Da ist vielleicht dieser Schauspieler, der in den Serienkrimis immer die hundsgemeinen, gewissenlosen Schurken spielt – und zwar so überzeugend, daß man daheim auf dem Sofa ganz sicher zu wissen glaubte: Der Mann ist ein Ekel. Das sieht man ihm sofort an. Und nun begegnet man ihm irgendwo. Er gebärdet sich zwar wie ein übler Finsterling, der nichts Gutes im Schilde führt. Ganz so, wie die Leute es von ihm erwarten. Aber ohne ein Wort mit ihm gesprochen zu haben, weiß man in seiner Nähe intuitiv: In Wahrheit ist dieser Mann ein liebenswerter Kerl, ein bißchen kauzig vielleicht, aber aufrichtig und gutmütig. Er könnte keiner Fliege etwas zuleide tun und würde sein letztes Hemd geben für einen Freund, der sich in Not befindet. Und dann trifft man im Eisenbahnabteil diesen Politiker, den man gewählt hat, diesen heldenhaften Kämpfer für das Gute und Vernünftige, der vor den Fernsehkameras immer genau das ausspricht, was man selbst auch gedacht hat. Man wagt natürlich nicht, ihn anzusprechen, weil er so entsetzlich berühmt ist. Und nach einer Weile, wenn die erste Aufregung abgeklungen ist, spürt man plötzlich: Auweia, ich habe mich ja verwählt! Dieser Mann hier im Abteil, der ist ja ganz anders als der auf dem Bildschirm. In Wirklichkeit interessiert er sich nur für seine Popularität. Alles andere ist ihm von Herzen gleichgültig. Was ist in diesen Fällen passiert? Man hat intuitiv den Zustand der Aura eines Menschen erspürt und auf diese Weise Informationen aufgenommen, die dem Verstand nicht zugänglich gewesen wären, ja die den eigenen Überzeugungen (oder sagen wir lieber: Vorurteilen) entschieden widersprechen und zum Umdenken zwingen.

Der Zustand der Aura gibt Auskunft über den betreffenden Menschen. Die Aura eines lebensbejahenden, freundlichen und intelligenten Menschen sieht vollkommen anders aus als die eines Menschen, der sich aus dem Teufelskreis geistiger Dumpfheit noch nicht befreit hat und außer Haß und Neid keine emotionalen Regungen zeigt. Neben der für Hellsichtige wahrnehmbaren indikatorischen, hat die Aura auch eine schützende Funktion. Ist sie in gutem Zustand, dann hält sie dem Menschen (buchstäblich!) negative Einflüsse vom Leibe. Wäre man vor diesen ubiquitären Negativenergien nicht geschützt, dann würde sich die Gefahr von Erkrankungen, die Unfallneigung sowie die Wahrscheinlichkeit von Depressionen und/oder scheinbar unmotivierten plötzlichen Stimmungsumschwüngen, ja sogar die Gefahr einer Besessenheit rapide erhöhen. (Man kann die Aura des Menschen in Analogie setzen zur schützenden Ozonschicht der Erde. Wer diesen Gedanken weiterdenkt – Stichworte: Ozonloch und Entsprechungen zwischen Mikrokosmos und Makrokosmos –, den überkommt das nackte Grausen. Wer allerdings noch weiter denkt, der muß sich irgendwann die Frage stellen: Wenn die Auren aller Menschen stark und gesund wären, könnte es dann überhaupt noch ein Ozonloch geben? Nein. Denn: Quod est inferius, est sicut id quod est superius. Wie unten, so oben. Wie im Kleinen, so im Großen. Niemand hat das Recht zu behaupten: Ach, ich als einzelner, ich kann ja eh nichts tun. Jeder kann. Jeder.)

Die Aura ist oft als das »magische Organ« des Menschen bezeichnet worden. Warum? Weil eine ihrer zahlreichen Funktionen darin besteht, dem kosmischen Gesetz »Gleiches zieht Gleiches an« auch im menschlichen Leben uneingeschränkte Geltung zu verschaffen. (Oder für Kabbalisten: Weil die Aura der magischen Sephira Jesod zugeordnet wird.) Der Zustand der Aura stellt durchaus so etwas dar wie die erste Hälfte eines Zwillings-Ereignisses, das weitgehend unbewußt gestaltet wurde und Synchronizität bewirken muß. Es besteht nämlich eine Beziehung wechselseitiger Beeinflussung zwischen der psychischen Befindlichkeit eines Menschen und dem Zustand seiner Aura. Das bedeutet: Jeder Gedanke, jedes Gefühl wirkt gestalterisch-verändernd auf die Aura ein. Vor den Gefahren negativen Denkens kann gar nicht eindringlich genug gewarnt werden – es ruiniert die Aura! Und das hat katastrophale Folgen. Beispiel: Jemand hegt unentwegt negative Erwartungshaltungen. Er mißtraut den Menschen, blickt pessimistisch in die Zukunft und ist ganz und gar durchdrungen von der Überzeugung, daß es ihm niemals gelingen wird, irgendeine Idee erfolgreich in die Tat umzusetzen. Seine Aura wird schwach und schmutzig wirken. Da nun der Zustand der Aura als die erste Hälfte eines Zwillings-Ereignisses bezeichnet werden kann, werden die entsprechenden synchronistischen Ereignisse nicht lange auf sich warten lassen. Denn Gleiches zieht Gleiches an. Eine schwächliche, schmutzige Aura wirkt wie ein Magnet auf Menschen, desinkarnierte Wesenheiten und Ereignisse, die einen negativ denkenden

Menschen in seinen trostlosen Erwartungshaltungen bestätigen. Er zieht das Unglück magisch an und gerät in einen Teufelskreis der Ohn-Machts-Gefühle, Demütigungen und Depressionen. Immer tiefer versinkt er im Morast der Trübseligkeit. Wenn jetzt kein Wunder geschieht – und der desolate Zustand seiner Aura ist ja ein zuverlässiger Garant dafür, daß ihm gar keine wunderbaren Erfahrungen zuteil werden können –, dann bleiben ihm noch zwei Möglichkeiten. Entweder er geht unter. Oder er zieht sich, wie Baron von Münchhausen, am eigenen Schopf wieder aus dem Morast heraus. Wie das? Durch gezielte, konsequente Arbeit an seiner Aura. Wenn Selbstmitleid, Fatalismus und Resignation ihn nicht von vornherein daran hindern, diese Arbeit zu beginnen, dann wird er schon sehr bald feststellen, daß die Mühe sich wirklich lohnt. Der Zustand der Aura kann durch Gedankenkraft beeinflußt werden. Magie beginnt mit dem Erwerb der Fähigkeit, die eigene Aura kreativ zu gestalten. Oder, was im Kern dasselbe besagt: Magie beginnt mit bewußter Gedankenkontrolle. Wer ein Spielball seiner Gedanken und Gefühle ist oder sich den Launen des Augenblicks ausgeliefert fühlt, der kann keine Kontrolle über den Zustand seiner Aura ausüben. Er kann vielleicht ein »Zauberlehrling« werden, wie Goethe ihn in seinem gleichnamigen Gedicht beschrieben hat: Jemand, der sich in Situationen hineinmanövriert, denen er sich nicht gewachsen fühlt, so daß er schließlich um Hilfe schreien muß: »Herr, die Not ist groß! Die ich rief, die Geister, werd' ich nun nicht los.« Aber ein Magier wird er nie.

Aurakontrolle

Wie macht man das: Den Zustand der eigenen Aura kontrollieren? Zunächst einmal muß man sich in vollem Umfang und mit allen Konsequenzen der Tatsache bewußt werden, daß man überhaupt eine Aura hat! – Das klingt simpel. Ist es aber nicht. Sich darüber klarzuwerden, daß man ja wahr und wahrhaftig eine echte, richtige, wirkliche Aura hat, jetzt und hier, von Geburt an – das erscheint auf den ersten flüchtigen Blick einfacher, als es ist. Worin besteht die Schwierigkeit? Darin, daß es verschiedene Intensitätsgrade des Verstehens gibt. Den ersten könnet man als ein indifferentes Akzeptieren von Informationen bezeichnen. Den zweiten als lebendiges, konkretes Begreifen. Und den dritten als totales, absolutes Einswerden mit dem Wissen.

Was es bedeutet, können wir uns an einem Beispiel anschaulich machen. Angenommen, Sie sind in Deutschland aufgewachsen und haben sich noch niemals weiter als zweitausend Kilometer von Ihrem Geburtsort entfernt. Selbstverständlich wissen Sie, daß es Australien gibt. Sie haben die Information: »Es gibt einen Kontinent auf der anderen Seite der Erde, den man Australien nennt«, akzeptiert. Widerspruchslos. Auf den Landkarten ist Australien eingezeichnet, Sie sind schon einmal einem Australier begegnet, Ihr Onkel hat im Rahmen einer Diavorführung in erschöpfender Ausführlichkeit von seiner Australienreise berichtet, und Sie wüßten beim besten Willen nicht, weshalb Sie die Existenz des Kontinents Australien in Abrede stellen sollten. Sie wissen, daß es Australien gibt. Alle wissen es. Es ist halt eine nachprüfbare Tatsache, die man hinnehmen muß. Wenn Sie nun tief in sich hineinhorchen, stellen Sie fest, daß es Schichten Ihres Wesens gibt, die nichts von der Existenz Australiens wissen. Australien ist Ihnen im Grunde genommen recht von Herzen gleichgültig. Es gibt den Kontinent. Na und? Von mir aus – ich habe nichts dagegen. Die Information hat Sie nicht wirklich berührt. Sie können vielleicht alle Fragen über die Geschichte und die Bodenschätze Australiens beantworten, ja sogar aus dem Stegreif einen kleinen Vortrag über die Besonderheiten der australischen Tierwelt halten. Aber Ihr Wesenskern weiß nichts von Australien. Für ihn ist Australien nur ein Wort, dem sich andere Worte sinnvoll zuordnen lassen. Nichts weiter. Das ist die erste (man könnte bissig hinzufügen: die intellektuelle) Stufe des Verstehens – ein indifferentes Akzeptieren von Informationen.

Angenommen, Sie haben Ihr Sparschwein geschlachtet und sich ein Flugticket nach Australien gekauft. Müde von der langen Reise, schauen Sie irgendwann aus dem Fenster und sehen unter sich einen Küstenstrich. Plötzlich beginnt »etwas in Ihnen« zu staunen und wortlos zu stammeln: »Wahnsinn! Australien gibt's ja wirklich!« Auf dem Flugplatz und schließlich im Hotel ist Australien kein Wort mehr für Sie, sondern greifbare Realität. Die zweite Stufe des Verstehens ist erreicht: Das lebendige, konkrete Begreifen.

Ein paar Tage nach Ihrer Ankunft: Sonnenuntergang in einer Wüstenlandschaft. Sie sind der einzige Europäer weit und breit und sitzen zusammen mit einer Gruppe Aborigines am Feuer. Ein Greis summt alte Lieder vor sich hin. Ihr Blick verliert sich in der Ferne, und Ihre Gedanken wandern über die Grenzlinie des Horizonts hinaus. Auf einmal wird Ihnen das Herz so seltsam weit. Eine innere Erfahrung »von jenseits der Worte«

ist zu Ihnen gekommen. Für einen Augenblick waren Sie Australien. Sie waren durchdrungen von einer abstrakten Essenz des Wissens, das sich nicht in Worte fassen läßt. In Sekundenbruchteilen haben Sie intuitiv mehr erfahren, als Sie aus tausend Büchern und Gesprächen hätten lernen können. – Keine Fakten, keine Jahreszahlen, sondern das Wesentliche, das Eigentliche, das, was immer war und immer bleibt. Die dritte Ebene des Verstehens ist erreicht – das absolute, totale Einssein mit dem Wissen.

Um die Fähigkeit zu bewußter Aura-Kontrolle zu erlangen, genügt es, die zweite Stufe des Verstehens zu erreichen. Schon das ist mühselig genug. Es sind gerade die aufgeschlossensten und intelligentesten Menschen, die große Schwierigkeiten mit dieser Problematik haben. Sie wissen unendlich viel. Sie haben überwältigende innere Erfahrungen gemacht. Und trotzdem gelingt es ihnen nicht, die zweite Stufe zu erklimmen. Gelingt es ihnen doch, dann fallen sie nach einiger Zeit wieder auf die erste Stufe zurück und leiden unter dem Gefühl, kläglich versagt zu haben. Vergegenwärtigen Sie sich nur einmal, wie viele Ihrer Freunde sich vielleicht in Diskussionen als überzeugte Verfechter der Reinkarnationslehren zu erkennen geben und an trüben Novembertagen, wenn alles trist und sinnlos erscheint, ihr Unbehagen trotzdem auf den Tod projizieren. Oder wie viele genau wissen, daß jeder Mensch sein Leben lang von freundlichen desinkarnierten Wesenheiten begleitet wird, die man Hilfsgeister oder Schutzengel nennt und mit denen man in seinen lichtesten Momenten in Kontakt treten kann. Und trotz dieser intellektuellen Erkenntnis, die argumentativ optimal untermauert ist, haben diese Menschen Angst – vor Arbeitslosigkeit, vor der Zukunft, vor dem Alleinsein, finanziellen Engpässen, Krankheiten oder böswilligen Zeitgenossen. Wie kann das sein? Sind diese Leute Heuchler? Nein. Nichts weniger als das. Und wie kommen dann diese offensichtlichen Widersprüchlichkeiten zustande? Die Antwort liegt auf der Hand: Diese Menschen, die hart und ehrlich an sich arbeiten, sind noch nicht imstande, die intellektuelle Ebene des Verstehens zu überschreiten. Rein gedanklich ist ihnen alles sonnenklar. Aber daß ihre Gedanken tatsächlich der Wahrheit entsprechen und mehr sind als ein reizvolles intellektuelles Spielchen – das haben Sie noch nicht elementar genug erfahren. Analoges gilt für das Wissen über die menschliche Aura. Daß der Mensch eine Aura hat, haben sie sicherlich nicht erst aus diesem Buch hier erfahren. Sie wußten auch schon vorher: Ich habe eine Aura, jeder hat eine. Die erste Stufe des Verstehens ist also längst schon erreicht. (Stichwort: Es gibt Australien. Nachweislich. Na gut. Von mir aus.) Um die Intensität des Verstehens zu steigern und die zweite Stufe zu erreichen, müssen wir tief im Innersten begreifen, daß jeder, ausnahmslos jeder von uns eine Aura hat, die den physischen Körper umgibt wie ein feiner energetischer Mantel. Wie sollen wir vorgehen? Es gibt mehrere Möglichkeiten. Hier einige Vorschläge:

Sie können eine Kirlian-Fotografie der Aura Ihrer Hände und/ oder Füße bei Ihrem Heilpraktiker anfertigen lassen. Erfahrungsgemäß läßt die Überzeugungskraft solcher Dinge, die man schwarz auf weiß nach Hause tragen kann, auch die tieferen Schichten des Wesens nicht unberührt. Etwas »echt und wirklich« auf einem Foto zu sehen – das ist schon etwas Handfesteres, als all das Secondhandwissen, das man im Laufe der Jahre so in den »kleinen grauen Zellen« abgespeichert hat.

Eine kostenneutrale Alternative: Sie legen ihre rechte (oder linke) Hand auf ein weißes Blatt Papier. Sie konzentrieren sich und fixieren den Zwischenraum zwischen Ihren Fingern so, als blickten sie auf einen weit entfernten Gegenstand. Nach einer Weile werden Sie ein feines, flirrendes Flimmern wahrnehmen. Das ist der dichtere, körpernächste Bereich Ihrer Aura. – Und weil es so schön funktioniert hat, machen Sie dasselbe Experiment noch einmal mit einer Nuß, einem Edelstein, einer Kartoffel oder einer frischen Schnittblume. Ergebnis: Nicht nur der Mensch hat eine Aura! (Das ist der Schlüssel zum Phänomen der Psychometrie! Die Aura eines Gegenstandes gibt Informationen an die Aura eines Mediums weiter, und die Informationen werden von der Aura an das Bewußtsein weitergeleitet.)

Eine weitere Möglichkeit: Gemeinsam mit einem netten Menschen unternehmen Sie den Versuch, die Aura zu fühlen. Das geht folgendermaßen: Zunächst sensibilisieren Sie die Innenflächen Ihrer Hände durch fleißiges Gegeneinanderreiben. Dann halten sie Ihren Handteller im Abstand von einige Millimetern über den Arm Ihres Partners. (Oder über den Kopf Ihrer Katze. Oder über den Rücken Ihres Hundes.) Jetzt vergrößern Sie den Abstand zwischen Ihrem Handteller und dem Arm (bzw. Kopf oder Rücken) ganz langsam, millimeterweise, im Zeitlupentempo. Irgendwann nehmen Sie eine Art Grenze oder Übergang wahr. Sie spüren etwas. Diese Empfindung ähnelt einem sanften, irgendwie ziehenden Kribbeln und erinnert entfernt an einen leichten Luftzug. Es hat den Anschein, als grenzten in diesem Bereich zwei unterschiedlich dichte Schichten der Aura aneinander. Eventuell gelingt es Ihnen sogar, noch eine zweite Grenze, die jenseits der ersten liegt, aufzuspüren. Sie können dieses Experiment natürlich auch als Selbstversuch an sich vornehmen.

Sie haben jetzt also die zweite Stufe des Verstehens erreicht. (Stichwort: Wahnsinn! Australien gibt's ja wirklich!) Aura – das ist von nun an mehr für Sie als nur ein Wort, dem sich andere Worte sinnvoll zuordnen lassen. Die Tatsache, daß Sie im Besitz einer echten, lebendigen, im Zustand gesteigerter Sensibilität sogar sicht- und fühlbaren Aura sind, ist konkrete Realität geworden. Wir können jetzt also mit der praktischen Arbeit beginnen.

Das magische Weiß

Safety first. Aus verschiedenen Gründen ist es klug, zunächst einmal die Schutzfunktion der Aura zu verstärken. Es wäre zwar anmaßend, sich einzubilden, man sei als Anfänger auf dem Gebiet der weißmagischen Kunst schon bedeutsam genug, um den Zorn eines Schwarzmagiers zu erregen, und man müsse sich daher gegen bösartigen Schadenszauber wappnen. Niemand schießt mit Kanonen auf Spatzen. Aber es gibt eine Sache, die man wissen muß. Viele Menschen praktizieren unbewußt Schwarzmagie, indem sie ihre destruktiven Gedanken und Gefühle wie einen Torpedo auf andere losschießen. Wer im Beruf erfolgreich ist oder von den meisten Menschen spontan ins Herz geschlossen wird oder irgend etwas besitzt, was ein mieser kleiner Neidling ihm mißgönnen könnte, der ist natürlich eine ideale Zielscheibe für die negativen Gedankenenergien »junger Seelen«. An einer starken, reinen Aura prallen solche giftigen Geschosse selbstverständlich sofort ab.

Das ist der Idealfall. Aber machen wir uns nichts vor: Wir sind auf dem Weg und noch nicht am Ziel. Unsere Gedanken sind durchaus nicht rund um die Uhr rein und stark. Entsprechend ist es unsere Aura auch nicht. Es kann also durchaus der Fall eintreten, daß sich negative Gedankengeschosse an der Aura festsetzen. Diese »Parasiten«, die sich in der Aura einnisten, sind von sich aus nicht lebensfähig. Sie brauchen regelmäßige Energiezufuhr. Sie »ernähren« sich von negativen Gedanken-energien, z. B. Angst, Zorn, Neid. Wie alles Lebendige sind natürlich auch diese »Parasiten« mit einem gesunden Selbst-erhaltungstrieb ausgestattet. Folglich haben sie ein vitales Interesse daran, daß ihnen immer genügend »Nahrung« zur Verfügung steht. Daraus läßt sich zweierlei ableiten. Erstens: Die »Aura-Parasiten« müssen sukzessive die Vitalität, das Selbstvertrauen und die Zuversicht ihres »Wirtes« untergra-ben, damit durch das Aufkeimen kleinlicher Ängste eine aus-reichende Negativenergie-Versorgung gewährleistet ist. Und zweitens: Man kann dieses Natterngezücht eiskalt aushun-gern, indem man es sich selbst schlicht und ergreifend verbie-tet, negative Gedanken zu produzieren. Konsequente Gedan-kenkontrolle imprägniert darüber hinaus Ihre Aura und läßt alle weiteren Gedankengeschosse umgehend abprallen.

Zielscheibe negativer Gedankenenergien kann ausnahmslos jeder werden, mag seine Grundeinstellung nun agnostizistisch, materialistisch und atheistisch sein oder das genaue Gegenteil. Wir müssen aber noch einen weiteren Punkt bedenken. Be-kanntlich führt die Beschäftigung mit metaphysischen, magi-schen oder ganz allgemein esoterischen Themen zu einer erweiterten Wahrnehmungsfähigkeit, die auf einer Intensivie-rung der Sensibilität basiert. Positive Begleiterscheinungen dieser Tatsache: Das Leben wird reicher, in vielen Bereichen auch leichter, Sie entwickeln eine gute Intuition, erhalten freundliche Hilfestellungen aus unerwarteten Richtungen und stellen irgendwann vielleicht sogar erste Anzeichen der Fähigkeit zu außersinnlicher Wahrnehmung bei sich fest. Das ist die eine Seite. Die andere: Sie nehmen auch unerfreuliche, bisweilen beängstigende Dinge stärker wahr, denn Ihre Aura ist empfänglicher geworden. Es treten Informationen über Ihre Bewußtseinsschwelle, mit denen Sie früher nicht konfrontiert worden wären.

Beispiel: Sie stellen fest, daß es Menschen gibt, die anderen Menschen Kraft aus der Aura entziehen. Diese Menschen haben eine vampiristische Aura, und in ihrer Nähe fühlen Sie sich immer unerklärlich matt, ausgelaugt und niedergeschlagen. Früher sind Sie diesen Menschen instinktiv aus dem Weg gegangen und konnten sich Ihr Unbehagen gar nicht erklären. Jetzt können Sie es. Sobald Sie in der Lage sind, den Zustand Ihrer Aura bewußt zu kontrollieren, brauchen Sie die Begegnungen mit »Vampiren« nicht mehr zu fürchten, denn jetzt kann niemand Sie mehr »aussaugen«, wenn Sie es nicht wollen.

Wir haben gehört, daß eine schwache Aura von Hellsichtigen als schmuddelig oder bräunlich wahrgenommen wird. Am besten beginnen wir also damit, unsere Aura mit einer reinen, gesunden kraftvollen Farbe auszustatten. Wie das? Folgendermaßen: Sie ziehen sich in einen ruhigen Raum zurück, entspannen sich (sitzend oder liegend) und machen sich Ihre Aura bewußt. Sie vergegenwärtigen sich, daß sich Ihr physischer Körper in einem energetischen Ei befindet. Wie ein Kirschkern im Fruchtfleisch. Wie der Stein im Pfirsich. Wie der

Docht in der Kerzenflamme. Darauf konzentrieren Sie sich so stark, daß alle anderen Gedanken nebensächlich werden, in den Hintergrund treten und schließlich ganz verblassen. Nächster Schritt: Sie lassen vor Ihrem inneren Auge ein leuchtendes, strahlendes Weiß aufschimmern: das Weiß der Schäfchenwolken, die an heißen Tagen gemächlich über den Sonnenhimmel ziehen. Das glitzernde Weiß der endlosen Schneeflächen im Himalaja. Das Weiß der frischgewaschenen Bettlaken an der Wäscheleine im alten Obstgarten. Das Weiß der Milch im Krug. Das Weiß des Vollmondes um Mitternacht. Das Weiß der Zähne eines lachenden Eingeborenenkindes in Afrika. Sie sehen dieses vollkommene Weiß nicht nur vor Ihrem inneren Auge – Sie empfinden auch intensive Freude bei diesem Anblick. Sie sind überwältigt, begeistert, glücklich. Denn sie wissen: Weiß ist die magische Farbe. Weiß ist die Mutter aller Farben. Weißes Licht trägt alle Farben in sich. Dieses magische Weiß ballt sich jetzt über Ihrem Kopf zu einer kugelförmigen Wolke zusammen und ergießt sich in Ihre Aura, fließt ganz hinab bis in die Aura unter Ihren Fußsohlen. Sie sind ganz und gar umgeben und zugleich innerlich durchflutet von dieser guten Weißen Kraft. Ihre Aura verwandelt und erneuert sich. Im Inneren Ihres Körpers zirkuliert sie in den Blutbahnen – vom Herzen weg und zum Herzen hin, rund und rund, immer wieder.

Während das vollkommene magische Weiß in Ihre Aura einströmt, können sie sich noch zusätzlich auf eine Suggestionsformel konzentrieren, beispielsweise: Meine Aura ist stark und rein. Sie zieht alles Gute und Schöne magnetisch an.

Wenn sie diese Übung einige Male im stillen Kämmerlein absolviert haben, werden Sie feststellen, daß es genügt, sich im Geiste auf die Farbe Weiß zu konzentrieren und an die Suggestionsformel zu denken, um eine Kräftigung der Aura zu bewirken. Diese Tatsache bringt Ihnen handfeste Vorteile im Alltag: beispielsweise, wenn Sie einem »Aura-Vampir« begegnen oder wenn Sie bemerken, daß Sie kurz davor sind, sich ganz entsetzlich zu ärgern oder eine unfreundliche Nachricht zu schwernehmen.

Reinigung der Aura

Angenommen aber, Sie haben diese Übung mehrfach gemacht und keine nennenswerten Wirkungen bemerkt. Oder die kräftigende Wirkung ist gleich nach Beendigung der Übung wieder verflogen. Woran könnte das liegen? Und was wäre in einem solchen Fall zu tun?

Eventuell ist Ihre Aura derart verschmutzt und/oder mit »Parasiten« übersät, daß sie noch zu schwach war, um das magische Weiß über einen längeren Zeitraum hinweg festzuhalten. Dann ist eine gründliche Aura-Reinigung notwendig. Man kann seine Aura selbst reinigen oder sie von einem »Fachmann« reinigen lassen. Es gibt solche Menschen, die dazu in der Lage sind, die Aura eines anderen Menschen zu reinigen. Es hat sie immer gegeben. Einer der bedeutendsten Aura-Reiniger war (oder präziser: ist) Johannes der Täufer. Wer sich, wie Erzbischof William Temple, auf die große Kunst des wirkungsvollen Betens versteht, der kann sich – in eigener Sache oder stellvertretend für jemand anderen – mit der Bitte um eine gründliche Aura-Reinigung an Johannes den Täufer wenden. Denn der versteht sein Handwerk. Noch immer. Gelernt ist halt gelernt. Und dazugelernt ist dazugelernt – er braucht jetzt kein Jordanwasser mehr für seine Arbeit.

Im Regelfall jedoch gilt: Zur Reinigung einer stark verschmutzten Aura benötigt man fließendes Wasser. Deshalb arbeitete Johannes zu Lebzeiten am Jordan. Er wollte gründliche Vorarbeit leisten, damit der, der nach ihm kommen würde, genügend einigermaßen saubere Auren vorfände, die empfänglich genug wären, um auch feinere geistige Schwingungen aufzunehmen. O-Ton Johannes: »Ich taufe euch mit Wasser; er aber wird euch mit dem Heiligen Geist taufen.« (Matthäus 1,8).

Wie kommt es, daß ein Bad in fließendem Wasser die Aura reinigen kann? Ein Verfechter sympathiemagischer Lehrmeinungen würde diese Frage vielleicht folgendermaßen beantworten: »Aura und physischer Körper stehen in einer extrem engen Beziehung wechselseitiger Beeinflussung. Wie eng diese Beziehung ist, wird deutlich, wenn man sich vergegenwärtigt, daß Krankheiten zunächst die Aura befallen und sich erst danach im Bereich des physischen Körpers materialisieren. Diese alte Erkenntnis hat ja mittlerweile sogar – versehen mit dem akademisch klingenden Etikett Psychosomatik – die höheren wissenschaftlichen Weihen empfangen. Weil ein so enges Verhältnis wechselseitiger Beeinflussung zwischen dem Zustand der Aura und dem des physischen Körpers besteht, zieht eine Reinigung des Körpers zugleich auch eine Reinigung der Aura nach sich.« Zugegeben – das klingt plausibel. Aber nun stellen wir uns einmal folgendes Szenario vor: Benares, irgendwo in der Nähe der Ghats, wo die verweslichen Überreste derjenigen verbrannt werden, die auf die andere

Seite der Wirklichkeit übergewechselt sind. Da kommt ein frommer Hindu, eine gepflegte, aristokratisch wirkende Persönlichkeit, allem Anschein nach reich und gebildet. Er nimmt ein Bad im Ganges. Der Ganges gilt als Heiliger Fluß, dem die Kraft zur Aura-Reinigung innewohnt. Ein Bad in diesem schmutzigen Fluß wird ganz gewiß nicht den Körper dieses reinlichen Mannes säubern. Im Gegenteil, man kann fast sagen: Die Tatsache, daß sich die badenden Menschen hier keine schlimmen Infektionen holen, ist geradezu ein Beweis für die Heiligkeit dieses Flusses. Vulgo: Ein Bad in einem dreckigen Fluß kann den Körper nicht reinigen. Wer sauber in die Fluten steigt, ist nach dem Bad mit an Sicherheit grenzender Wahrscheinlichkeit (physisch!) schmutziger als vorher. Also: Irgend etwas kann an der sympathiemagischen Erklärung nicht so ganz stimmen. Denn ein Hellsichtiger am Gangesufer könnte beobachten, daß die Aura eines Menschen, der aus dem Fluß steigt, reiner und stärker ist als vor dem Bad. Auf der Suche nach einem alternativen Erklärungsvorschlag für die Tatsache, daß fließendes Wasser die Aura reinigt, sollten wir uns zunächst einmal die Frage stellen: Was ist das – ein Fluß? Unter den tausend möglichen Antworten ist eine besonders interessant für uns, nämlich diese: Ein Fluß ist die gemeinsame Wanderung einer unvorstellbar großen Anzahl einzelner Wassertropfen zum Ozean. Wir wissen nun, daß nicht nur Menschen, Tiere und Pflanzen, sondern auch die als »unbelebt« geltende Materie, beispielsweise ein Edelstein, eine Aura hat. Entsprechend hat natürlich auch jeder Wassertropfen eine eigene Aura. (Genau wie die Aura eines Menschen, kann auch die Aura des Wassers stärker oder schwächer sein. Hellsichtige werden bestätigen können, daß die Aura des Weihwassers zum Beispiel eine ganz andere ist als die des gewöhnlichen Leitungswassers. Daß manche Flüsse als heilig gelten, mag daran liegen, daß ihre Auren stärker und von größerer Reinigungskraft sind als die anderer Gewässer.) Da auch das Wasser eine Aura hat, kann man sagen: Jeder Fluß ist im Grunde genommen zwei Flüsse. Nämlich zum einen die gemeinsame Wanderung der einzelnen Wassertropfen, die sich zu einer Art gigantischen Reisegruppe zusammengeschlossen haben. Zum anderen das Dahinströmen der Auren aller Tropfen. Ein Bad im Ganges beispielsweise ist also mehr als ein bloßes Eintauchen des physischen Körpers in das fließende Wasser. Es ist zugleich das Eintauchen der menschlichen Aura in den Aurastrom des Wassers. Angenommen nun, die strömende Aura des Ganges prallt auf die Aura eines Menschen. Was geschieht? Die Aura des Wassers spült »Parasiten« und unsichtbare Verschmutzungen aus der Aura des Menschen heraus. Deshalb ist es möglich, daß ein Bad im Ganges die Aura reinigt, obwohl auf der physischen Ebene eher eine Verunreinigung des materiellen Körpers im schmutzigen Wasser stattfindet.

Momentan wäre ein Bad in unseren Flüssen nur einem masochistisch veranlagten Selbstmordkandidaten zu empfehlen. Wenn wir uns trotzdem die aurareinigende Kraft des fließenden Wassers zunutze machen wollen, müssen wir uns schon etwas Besseres einfallen lassen. Ideal wäre es natürlich, in eine Gegend zu reisen, in der es noch reine Flüsse gibt, in denen man unbesorgt baden kann. Es gibt aber auch Behelfslösungen, die zwar nicht viel mehr als faule Kompromisse, aber dafür im Alltag konkret praktikabel sind. Hier zwei Vorschläge:

1. Sie füllen Wasser in eine flache Schale und versuchen, die Aura des Wassers optisch wahrzunehmen. Dies läßt sich am leichtesten ausführen, wenn Sie eine durchsichtige Glasschale randvoll gießen und sie auf eine weiße Tischdecke stellen. Danach betrachten Sie noch einmal die Aura Ihrer Hand. Nach dieser mentalen Vorbereitungsphase stellen Sie sich schlicht und ergreifend unter die Dusche und lassen das klare Wasser auf sich herabprasseln. Nun vergegenwärtigen Sie sich, daß jeder einzelne Tropfen, der auf Ihre Kopfhaut trifft, von einer strahlenden Aura umgeben ist. Darüber hinaus können Sie, um sich den Vorgang der Aura-Reinigung anschaulich zu machen, imaginieren, daß die Aura eines jeden Wassertropfens mit winzigen Rezeptoren ausgestattet ist. Diese Rezeptoren reißen die immateriellen Verunreinigungen aus Ihrer Aura heraus und transportieren sie durch den gurgelnden Abfluß auf Nimmerwiedersehen fort. Um die reinigende Wirkung des Aurabades zu intensivieren, können Sie anschließend noch eine Edelsteinmeditation mit klaren Bergkristallen machen. Sie legen die Steine auf Ihre Chakren oder verteilen sie intuitiv so über Ihren Körper, wie es Ihnen richtig und notwendig erscheint. Sie bleiben eine Viertelstunde lang (im Bedarfsfall auch etwas länger) entspannt liegen und lassen die Steine an Ihrer Aura arbeiten. Jeder Stein ist von einer eigenen Aura umgeben. Die Auren der Steine sind jetzt in Ihre Aura eingetaucht und arbeiten dort als Katalysatoren. Sie binden immaterielle Verunreinigungen. (Die Steine müssen nach jeder Meditation sorgfältig gereinigt werden, denn Ihre Auren können »nach getaner Arbeit« stark ver-

schmutzt sein. Man reinigt die Steine unter fließendem handwarmem Wasser und gönnt ihnen anschließend ein Sonnenbad auf der Fensterbank. Gute Steine brauchen, um ihre Kraft nicht zu verlieren, mindestens soviel Pflege und Aufmerksamkeit wie Zimmerpflanzen. Wer seine Steine lieblos behandelt, der soll sich nicht wundern, wenn sie ihren Dienst quittieren.)

Nach dem Aurabad mit anschließender Edelsteinmeditation können sie dann einen weiteren Versuch unternehmen, das magische Weiß in Ihre Aura zu integrieren. Falls Sie zuvor Probleme damit hatten, dürfte es Ihnen jetzt spürbar leichter fallen.

2. Eine andere, etwas aufwendigere Art, die Aura zu reinigen: Sie gehen im Prinzip genauso vor wie eben beschrieben. Mit einem Unterschied aber. Sie verwenden für Ihr Aurabad kein ordinäres Leitungswasser, sondern »veredeltes« Wasser, nämlich Kristallwasser. Wie geht das? So: Einige Tage vor Vollmond füllen Sie eine möglichst große Gießkanne (die nicht aus Metall sein darf) mit Wasser. In das Wasser legen Sie Ihren schönsten, klarsten und größten Bergkristall hinein. Um das Wasser brauchen Sie sich jetzt nicht weiter zu kümmern. Der Stein erledigt alle diesbezüglich anfallenden Arbeiten für Sie. Sie müssen sich jetzt über andere Dinge den Kopf zerbrechen. Nämlich darüber: Wie konstruiere ich im Garten oder im Badezimmer ein Gerüst, an dem sich die gefüllte Gießkanne so befestigen läßt, daß ein Ziehen am Bindfaden, der oberhalb der Tülle am Hals der Gießkanne befestigt worden ist, eine Abwärtsneigung der Kanne um ein paar Grad bewirkt, so daß das Kristallwasser auf mich herab-

regnet, als stünde ich unter einer Dusche? Im Prinzip dürfte dieses komplizierte technische Problem lösbar sein. Falls Ihnen aber keine praktikable Lösung einfällt, müssen sie irgendeinen lieben Menschen bitten, die Kanne Kristallwasser über Ihren Kopf zu entleeren.

Es wäre sinnvoll, den Stein bei Vollmond aus dem Wasser herauszunehmen und erst bei abnehmendem Mond die Kristallwasser-Duschung zu zelebrieren. Wieso? Weil generell die Faustregel gilt: Magische Handlungen, die dazu dienen, daß etwas mehr, größer oder stärker wird, müssen bei zunehmendem Mond begonnen werden. Soll das Gegenteil bezweckt werden, dann beginnt man bei abnehmendem Mond. Der Stein wird bei zunehmendem Mond ins Wasser gelegt, weil die reinigende Kraft der Wasseraura intensiviert, also mehr und stärker werden soll. Bei Vollmond ist das Maximum erreicht, und der Stein muß aus dem Wasser herausgenommen werden. Das Aurabad findet bei abnehmendem Mond statt, weil ja etwas schwächer und weniger werden soll, nämlich der Grad der Verschmutzung der Aura.

Jetzt wissen Sie, wie man seine Aura reinigen und in ein schützendes magisches Weiß tauchen kann. Wenn Sie diese beiden Techniken perfekt beherrschen, sind Sie nicht nur abgeschirmt von negativen Einflüssen. Darüber hinaus minimieren Sie die Gefahr, auf den »linken Pfad« der Schwarzmagie abzuirren. Und drittens: Die Qualität Ihrer alltäglichen Erlebnisse verbessert sich, denn die Aura als »magisches Organ« des Menschen sorgt dafür, daß Gleiches Gleiches anzieht. Eine reine, kraftvolle Aura hält Ihnen buchstäblich alle unnötigen, das heißt: nicht karmisch bedingten Ärgernisse vom Leib und zieht solche Menschen und Ereignisse an, die einen konstruktiven Einfluß auf Ihre Entwicklung nehmen können.

Anwendungsmöglichkeiten

Sobald Sie gelernt haben, den Zustand Ihrer Aura bewußt und willentlich zu gestalten, stehen Ihnen eine ganze Reihe nützlicher und amüsanter Möglichkeiten offen, ganz konkret im Alltag Magie zu praktizieren und die vielfältigen Anwendungsbereiche der Auramagie experimentell zu erforschen. Ein auramagisches Experiment für Fortgeschrittene ist das vielzitierte »Unsichtbarmachen«. Wir werden später darauf zurückkommen. Nicht nur Farbe und Struktur, sondern auch die Größe der Aura kann vom Magier frei bestimmt werden. Ein wunderbares Mittel gegen unerwartet aufkeimende Ohn-Machts-Gefühle und kleinliche Ängstlichkeit ist die Fähigkeit, die eigene Aura gewaltig auszudehnen. Sie können das »aurische Ei«, das Ihren physischen Körper umschließt, zu einer riesigen Kugel von einigen Metern Durchmesser aufblähen. Dies zu tun empfiehlt sich immer in solchen Situationen, in denen es elementar darauf ankommt, Autorität zu demonstrieren und mögliche Aggressoren, die mit tätlicher Gewaltanwendung drohen, in ihre Schranken zu verweisen. Beispiel: Angenommen, Sie sind weder besonders stark (physisch, versteht sich!), noch haben sie eine asiatische Kampfsportart erlernt, die Sie in die Lage versetzt, sich selbst und andere Menschen wirksam vor gewalttätigen Übergriffen zu schützen. Weiterhin angenommen, Sie sind kein Märtyrer, dem es Freude bereitet, sich für einen guten Zweck zusammenschlagen zu lassen. Sie gehen mutterseelenallein spazieren und bemerken eine Gruppe stark alkoholisierter Burschen, die im Begriff sind, übermütigen Schabernack mit einem Passanten zu treiben, um sich selbst zu bestätigen, was für verwegene Kerle sie sind. Einfach wegzusehen und sich einzureden, das alles ginge Sie ja gar nichts an und vielleicht sei es ja das Karma des Passanten, jetzt und hier herumgeschubst und verhauen zu werden – das halten Sie für keine zweckmäßige Problemlösung. Sie möchten helfen und in den Gang der Dinge korrigierend eingreifen. Wäre das Spektrum Ihrer Handlungsmöglichkeiten in diesem Augenblick lediglich auf den physischen Bereich begrenzt, dann wäre es ein Kamikaze-Unternehmen, den Zorn der rauflustigen Burschen auf sich zu lenken. Auch überlegene Intelligenz, einhergehend mit brillanter Rhetorik, würde Ihnen nicht weiterhelfen, da Sie klar erkennen, daß es momentan wenig Sinn hat, an Vernunft und Einsicht der Zechbrüder zu appellieren. Sind Sie aber imstande, Größe und Form Ihrer Aura bewußt und willentlich zu bestimmen, dann können Sie jetzt, ohne ein allzu großes Risiko einzugehen, in die Rolle des Schutzengels schlüpfen. Was ist zu tun? Zunächst wird der Durchmesser der Aura rapide vergrößert. Eventuell reicht das schon aus, um einschüchternd zu wirken. Wenn Sie aber vorsichtshalber auf Nummer Sicher gehen wollen, können Sie noch zusätzlich die Form Ihrer ausgedehnten Aura verändern. Hier sind Ihrer Phantasie und Kreativität keine Grenzen gesetzt. Den Bereichen Ihrer Riesenaura vor, neben und hinter sich können Sie die Gestalt muskulöser Bodyguards, dänischer Doggen, räuberischer Wikinger oder häßlicher Zombies geben. Bewußt optisch wahrnehmen werden die Raufbrüder Ihre Aura natürlich nicht. Dennoch werden Form und Größe Ihrer Aura Wirkung zeigen, und zwar auf dem indirekten Weg. Die Auren der alkoholisierten Burschen werden die Information aufnehmen: »Aha, da kommt ein Riese in Begleitung zähnefletschender Doggen« (oder Bodyguards etc.). Der Impuls des Erschrekkens wird an das Bewußtsein weitergeleitet, und aus »unerklärlichen« Gründen werden die Randalierer plötzlich das Bedürfnis verspüren, sich an einen anderen Ort zurückzuziehen. Es ist allerdings hoffentlich überflüssig, zu erwähnen, daß Sie sich erst dann auf solche Abenteuer einlassen dürfen, wenn Sie sich Ihrer Sache hundertprozentig sicher sind und Ihre Fähigkeit zur Vergrößerung und kreativen Formung der Aura zuvor in weniger verfänglichen Situationen erprobt und vervollkommnet haben. Sehr schön üben können Sie im Gedränge der Fußgängerzone in der Innenstadt zu Beginn des Sommer- oder Winterschlußverkaufs. Dann nämlich ist es nach menschlichem Ermessen unmöglich, sich ohne Anwendung auramagischer Techniken einen schnurgeraden Weg durch die Menschenmenge zu bahnen. Sobald es Ihnen gelingt, ohne Kollisionen, Zwischenstopps und Ausweichmanöver auf geradem Weg durch das Gedränge zu kommen, können Sie davon ausgehen, daß Sie kein blutiger Anfänger mehr sind. Wie geht man vor? Zunächst wird das Volumen der Aura ausgedehnt. Ihrer Riesenaura können Sie jetzt beispielsweise die Form dreier finster dreinblickender Polizisten geben, die vor und neben Ihnen gehen. Sie können aber auch genausogut eine beliebige Gestalt wählen, von der Sie annehmen, daß die meisten Menschen ihr ausweichen würden, und sie vor sich hergehen lassen (King Kong, der Glöckner von Notre-Dame, Graf Dracula oder der Hund von Baskerville). Diese Gestalten müssen natürlich nach dem Experiment wieder aufgelöst werden. Andernfalls könnten Sie später ernsthafte Kontaktschwierigkeiten bekommen und müßten sich darüber wundern, warum im Bus oder im Restaurant trotz Überfüllung niemand Lust hat, neben Ihnen zu sitzen …

Es lassen sich viele nützliche Anwendungsmöglichkeiten für die Kunst der Auraausdehnung denken. Angenommen, Sie befinden sich als Teil einer entsetzlich inhomogenen Gruppe in einem geschlossenen Raum. Um eine regionale Umweltkatastrophe zu verhindern, soll eine Bürgerinitiative gegründet werden. Die anwesenden Menschen sind grundverschieden, zum Teil sogar untereinander verfeindet. Es muß aber unbedingt ein Minimalkonsens gefunden und von allen begriffen werden, daß das gemeinsame Anliegen bei weitem wichtiger ist als die Fortsetzung alter Nachbarschaftsfehden. An manchen Stellen im Raum ist die Atmosphäre explosiv. Latente Feindseligkeit liegt in der Luft. Sie können jetzt im Interesse aller Anwesenden versuchen, auf auramagischem Wege ein Gemeinschaftsgefühl unter den Menschen herzustellen. Die Voraussetzungen dafür sind günstig. Denn alle bringen ja schon die Bereitschaft mit, alte Konflikte zugunsten einer übergeordneten gemeinsamen Zielsetzung beizulegen. Anderenfalls wären nicht so viele Menschen zu dieser Versammlung gekommen. In den Auren der Anwesenden muß es also Zonen des guten Willens und der Kompromißbereitschaft geben. Diesen subdominanten Impulsen soll nun also eine Vorrangstellung im Bewußtsein der Menschen eingeräumt werden. Das ist Ihre Aufgabenstellung. Was ist konkret zu tun?

Sie dehnen Ihre Aura aus und schließen alle darin ein wie in einen riesengroßen, lebendigen warmen Mantel, in dessen Fasern Freundschaftlichkeit pulsiert. Wenn Sie Ihre Sache gut gemacht haben, dann fühlen sich die Menschen jetzt miteinander verbunden und entwickeln ein »Wirgefühl«, das stark genug ist, um alle für die gemeinsame Sache zu begeistern. Versöhnliche Gedanken treten ins Bewußtsein selbst der verbohrtesten Streithähne: »Na gut, es gibt hier zwar gewisse Leute, die ich nicht ausstehen kann. Aber wir brauchen einander jetzt und können uns Auseinandersetzungen nicht leisten. Denn wenn wir untereinander zerstritten sind, erreichen wir gar nichts.« Diese Technik ist übrigens auch gut geeignet zur Verhütung der üblichen Meinungsverschiedenheiten auf Familienfeiern, wenn Stammtischpolitiker unterschiedlicher Parteizugehörigkeit einige Stunden miteinander verbringen müssen und man der Omi den Kummer ersparen möchte, mit anzusehen, wie ihre Lieben einander wechselseitig als Chaoten und Faschisten beschimpfen. Eine ausgedehnte und kreativ gestaltete Aura kann, wie wir gesehen haben, abschreckend wirken. Was den technischen Aspekt der Auramagie betrifft, macht es keinen Unterschied, ob Sie die äußeren Bereiche Ihrer expandierten Aura nun abstoßend oder anziehend formen. Sie können mit Hilfe Ihrer Aura auch eine magnetisch anziehende Wirkung auf andere Menschen ausüben. Ob Sie schon die Fähigkeit besitzen, Ihre direkte Umgebung durch das gekonnte »Styling« Ihrer Aura so anziehend zu machen, daß sie einladend auf andere Menschen wirkt, das können Sie beispielsweise auf dem Flohmarkt herauszufinden versuchen. Sie dehnen Ihre Aura über Ihren Stand und Ihre Waren aus. Dann versehen Sie Ihre Aura mit Symbolen, von denen Sie annehmen, daß viele Menschen emotional positiv darauf reagieren (z. B. vierblättriger Klee, Blumen, Herzen, Marienkäfer etc.) Auf diese Weise geben Sie Ihrem Stand eine freundliche Atmosphäre. Ob Sie Ihre Sache gut gemacht haben, oder ob Sie daheim im stillen Kämmerlein noch fleißig weiterüben müssen, darüber werden Ihnen dann Ihre Tageseinnahmen Auskunft geben. Ist das schon Schwarzmagie? Weil Geld im Spiel ist? Nein. Sie wenden hier lediglich bewußt und willentlich eine Methode an, die jeder erfolgreiche Händler auf die eine oder andere Art unbewußt zu praktizieren pflegt.

Für die »normale«, also weder willentlich ausgedehnte noch bewußt zusammengezogene Aura gilt: Je höher der spirituelle Entwicklungsgrad eines Menschen, desto größer ist seine Aura. Menschen mit einer großen Aura können sich noch so unauffällig kleiden und sich noch so bescheiden im Hintergrund halten – sie werden von ihrer Umgebung intuitiv wahrgenommen als etwas ganz Besonderes.

Vielleicht haben sie es selbst schon einmal erlebt: Sie betreten einen Raum, in dem sich viele Menschen befinden. Es wird gelacht, interessante Gespräche werden geführt, und alle Anwesenden wirken sympathisch. Sie könnten sich jetzt unter die Leute mischen und an einer Unterhaltung teilnehmen. Aber das reizt Sie nicht. Instinktiv spüren Sie, daß irgend jemand im Raum ist, den kennenzulernen sich wirklich lohnt. Jemand, der – ja, was eigentlich? Sie können sich Ihr Gefühl nicht erklären, es ist einfach da. Suchend blicken Sie sich um. Immer wieder trifft Ihr Blick auf eine unscheinbare Gestalt, und eine innere Stimme sagt Ihnen: »Da! Dieser Mensch dort ist das insgeheime Zentrum dieses Raumes!« Dabei zieht diese Person weder durch lautes Gelächter noch durch besonders geistreiche Konversation die Aufmerksamkeit anderer auf sich. Dieser Mensch trägt weder einen Brillanten am Ohr, noch ist er braungebrannt. Er steht einfach nur da, hört den anderen zu und »hat so was«. Irgend etwas. Und alle scheinen es mehr oder minder stark wahrzunehmen. Wer das Wort ergreift, der sieht fragend in die Richtung dieses Menschen und wirkt erleichtert, wenn ein zustimmendes Nicken kommt. Sonderbar! Was hat er, das andere nicht haben? Und warum suchen fast alle bewußt oder unbewußt seine Nähe?

Wenn wir die Lösung dieses Rätsels mit negativen Vorzeichen versehen, dann sind wir dem Geheimnis des »Unsichtbarmachens« auf der Spur. Denn: Wer eine große Aura hat, der fällt auf. Umgekehrt gilt: Eine kleine Aura wirkt wie eine Tarnkappe. Wenn es Ihnen gelingt, das Volumen Ihrer Aura auf ein Minimum zu reduzieren, dann werden andere Menschen Sie zwar sehen, aber nicht bewußt wahrnehmen. Nicht hellwach registrieren. Nicht interessiert sein an Ihnen. Nicht imstande sein, sich bei späterer Gelegenheit daran zu erinnern, daß sie Ihnen ja schon einmal irgendwo begegnet sind. Es gibt eine Art Filter im menschlichen Hirn. Seine Aufgabe besteht darin, sorgfältig auszuwählen, welche Signale und Informationen aus der Umgebung wichtig genug sind, um dem Bewußtsein zugeleitet zu werden, und welche nicht. Diese Filter-Instanz im Hirn anderer Menschen filtert Sie aus der Summe einströmender Sinneswahrnehmungen kurzerhand heraus. Wie den alltäglichen Verkehrslärm draußen auf der Straße, an den man sich so sehr gewöhnt hat, daß man ihn »schon gar nicht mehr hört«. Das heißt: Natürlich nimmt man den Verkehrslärm akustisch wahr. Er ist ja schließlich laut genug. Und man ist ja auch nicht taub. Aber der Lärm dringt nicht mehr bis ins

Bewußtsein vor. Man hört den Krach. Aber man nimmt ihn nicht mehr bewußt wahr. Er wird ausgeblendet. Analoges geschieht auf der optischen Ebene, wenn Sie Ihre Aura zusammenziehen. Dann sind Sie im wahrsten Wortsinn nicht mehr bemerkens-wert. Die Filter-Instanz im Hirn anderer Menschen entscheidet, daß Sie es nicht wert sind, bewußt wahrgenommen zu werden. Sie fallen durch das Raster. Sie werden ausgeblendet wie ein gewohntes Nebengeräusch. Sie werden nicht bemerkt. Gesehen – ja, das werden Sie zwar. Aber nicht mehr bewußt zur Kenntnis genommen. Sie sind dann wie ein einzelnes Sandkörnchen in der Wüste. Klar, man kann es sehen. Aber wozu sollte man sich die Mühe machen, es eingehend zu betrachten? Es lohnt sich einfach nicht. Man richtet seine Aufmerksamkeit lieber auf spannendere Dinge. Was erlebt ein Mensch, der imstande ist, seine Aura zusammenzuziehen? Sie können es ja selbst einmal ausprobieren. Die Erfahrungen, die Sie dann machen, werden einerseits erheiternd, andererseits aber auch deprimierend sein. Was geschieht? Der Ober im Restaurant vergißt »aus unerklärlichen Gründen«, Sie nach Ihrer Bestellung zu fragen. Die Verkäuferin im Bäckerladen bedient die Leute, die erst nach Ihnen das Geschäft betreten haben. Obwohl doch eigentlich Sie zuerst an der Reihe gewesen wären. Oder der Mann von der Bürgerinitiative, der in der Fußgängerzone seine Flugblätter verteilt: Allen Leuten drückt er seine Zettel in die Hand. Nur Ihnen nicht. Auf der Straße nicken Sie flüchtigen Bekannten grüßend zu. Ihr Gruß wird nicht erwidert. Niemand scheint Sie zu bemerken. Es ist, als wären Sie Luft. Das kann eine niederschmetternde Erfahrung sein. Insbesondere dann, wenn Sie sich vor Augen führen, daß es ja Menschen gibt, die ihr ganzes

Leben lang ignoriert werden (und, boshaft gesprochen, in ihrer Verzweiflung auf Prominente schießen müssen, wenn sie auf die Tatsache ihrer Existenz aufmerksam machen wollen). Ständig eine winzige Aura zu haben muß schrecklich sein. Die Aura aber eine Zeitlang bewußt und willentlich verkleinern zu können kann auch Vorteile mit sich bringen. Beispiel: Sie sitzen im Zug oder auf einer Parkbank und wollen nichts weiter als in Ruhe Ihre Zeitung lesen. Die Sache ist halt nur die: Sie sind einer von diesen Menschen, denen wildfremde Menschen immer so gern ihre komplette Lebensgeschichte erzählen. Sie haben schon tausend Geschichten über den Krieg, ungetreue Gatten und bösartige Schwiegertöchter gehört. Da ist ja auch sehr lehrreich. Nur: Jetzt, in dieser konkreten Situation, wollen Sie halt Zeitung lesen. Was ist zu tun? Die Aura muß zusammengezogen werden. Anderes Beispiel: Aufgrund Ihrer beruflichen Tätigkeit werden Sie in Ihrer Freizeit immer wieder von Menschen angesprochen, die »nur mal schnell eben« irgendeine Auskunft von Ihnen haben wollen. Und das nervt Sie auf Dauer. Was können Sie tun, ohne unhöflich reagieren zu müssen? Sie können beispielsweise Ihre Aura zusammenziehen.

Oder: Ein Gartenfest. Die Getränke sind ausgegangen. Und dabei ist es gerade in diesem Augenblick so lustig. Aber es hilft nichts: Irgend jemand muß jetzt ins Haus und in den Keller gehen, um neue Flaschen zu holen. Auf wen wird die Wahl treffen? Nun, sicherlich nicht auf jemanden, der plötzlich eine winzige Aura hat. Es lassen sich aber auch Fälle denken, in denen die Fähigkeit zur bewußten und willentlichen Kontrolle der Aura lebensrettend sein kann. Obwohl die Kunst des »Unsichtbarmachens« im Alltag eigentlich nur höchst selten von nennenswertem Nutzen ist, sollte man diese aura-magische Technik dennoch beherrschen. Denn: Man weiß ja nie, wozu es einmal gut sein kann ...

Spätestens an dieser Stelle wird sicherlich eine Frage auftau-chen, auf die wir in den nächsten Kapiteln noch näher eingehen müssen. Nämlich: »Wie macht man denn das alles nun ge-nau?« Auf diese Frage gibt es im Grunde genommen nur eine Antwort. Sie lautet: Man macht es, indem man es tut. Leider gibt es noch immer viel zu viele Menschen, die durch Erzie-hung, Schule oder andere Einschüchterungs- und Gleichschal-tungsmechanismen den gesunden Glauben daran verloren ha-ben, daß ihnen etwas gelingen kann – »einfach so«. Sie fühlen sich nicht sicher, wenn sie nicht genau das tun können, was man ihnen gesagt hat. Also: Um Magie im allgemeinen und Auramagie im besonderen praktizieren zu können, braucht man zunächst dreierlei: Energie, Imaginationsfähigkeit und Willenskraft. Beginnen wir also mit dem Themenkomplex der magischen Energetisierung.

V. Magische Energetisierung

Mondatmung

Magische Energetisierung beginnt mit der richtigen, das heißt tiefen, rhythmischen und bewußten Atmung. Bekanntlich gibt es klare Zusammenhänge zwischen der Gemütsverfassung bzw. dem Bewußtseinszustand eines Menschen und seiner Atmung. Jeder hat es schon einmal beobachtet: Ein aufgeregtes Kind, das seine neuesten Erlebnisse berichten will, atmet ganz anders als ein zufriedener alter Herr, der sich nach einem ausgezeichneten Essen eine gute Zigarre anzündet.

Der Volksmund sagt, daß es Dinge gibt, die uns glatt den Atem verschlagen können. Und daß Leute, die üble Nachrede betreiben, ihre Mitmenschen durchhecheln. Ein tyrannischer Ehemann kann seiner Frau die Luft zum Atmen wegnehmen; wo intolerante Menschen versammelt sind, da herrscht eine erstickende Atmosphäre; lebhafte Kinder können die Familie in Atem halten; bei abenteuerlichen Erzählungen bleibt den Zuhörern glatt die Luft weg, und es herrscht atemlose Stille. Die Ausführungen eines umständlichen, geistlosen Menschen dagegen sind langatmig, und man gähnt, wenn man einem Langweiler zuhören muß.

Nach einer schweren körperlichen Anstrengung atmet man ganz anders, als wenn man gemütlich auf dem Sofa liegt und

Musik hört. Ob der Mensch, mit dem Sie Tisch und Bett teilen, noch wach oder schon eingeschlafen ist, können Sie im dunklen Schlafzimmer leicht an seiner Atmung erkennen.

Bewußtseinszustand und Gemütsverfassung beeinflussen die Atmung. Im Alltag dominiert die flache Brustatmung (– und, so möchte man hinzufügen, das ebenso flache Alltagsbewußtsein). Aber die Beziehung zwischen Bewußtsein und Atmung ist keine Einbahnstraße. Man kann auch über die Atmung Einfluß nehmen auf die Gemütsverfassung. Auch davon weiß der Volksmund, wenn er einem aufgeregten Menschen rät: Nun halt doch erst einmal die Luft an! Normalerweise atmen wir unbewußt. (Denn normalerweise SIND wir mehr oder minder unbewußt ...) Bei der magischen Energetisierung machen wir uns die Tatsache zunutze, daß man durch die Atmung den Bewußtseinszustand verändern kann.

Sie entspannen sich – sitzend, stehend oder liegend –, wobei Sie darauf achten, daß Ihre Wirbelsäule einigermaßen gerade ist. Auf diese Weise sorgen Sie dafür, daß ein störungsfreier Energiefluß in Ihren Körper ermöglicht wird. Jetzt konzentrieren Sie sich auf die Rhythmik Ihrer Atmung. Um Ihr Wahrnehmungsvermögen zu sensibilisieren und den Grad der Bewußtheit während des Atmens zu steigern, meditieren Sie zunächst ein paar Minuten lang über das Thema: »Ich atme – was passiert da?« (Sie können Ihre Meditation auch vor Beginn der Übung auf Tonband sprechen – langsam und mit vielen Pausen – und das Band dann während Ihrer Übung hören.)

Beispiel: Ich atme ein ... aus ... ein ... aus. Es ist wie Kommen und Gehen. Wie Flut und Ebbe. Wie Nehmen und Geben. Wie Berg und Tal. Wie Sommer und Winter. Luft erhält uns am

Leben. Ich lasse die Luft und das Leben in mich hinein. Ich habe etwas genommen, und ich gebe auch wieder etwas zurück. Sie vermischt sich mit dem Luftozean, der uns alle umgibt. Sie hat sich verändert. Sie hat mich verändert. Sie hat in mir gearbeitet und meine Lebensprozesse in Gang gehalten. Ich danke ihr und lasse sie wieder gehen. Der Sauerstoff ist von den Algen im Ozean zu mir gekommen. Von den Bäumen, den Blumen, den Kornfeldern. Er kommt vom Gras und von den Kräutern. Meine Atemluft kehrt zurück zu den Pflanzen. Was ich ausatme, das atmen die Pflanzen ein. Was die Pflanzen ausatmen, das atme ich ein. Mein Atem verbindet mich mit dem Pflanzenreich. Wir sind Teile einer großen Atemkette. Wenn ich einatme, wird die Luft zu einem Teil meines Körpers. Von den Lungen wandert der Sauerstoff ins Blut. Mein Blut transportiert den Sauerstoff überall dorthin, wo er im Körper gebraucht wird. Ich atme. Meine Lungen atmen. Jede Zelle meines Körpers atmet. Ich nehme das Leben und die Kraft in mich auf. Ich wandele die Kraft um und gebe sie wieder ab.

Während Sie über das Thema »Ich atme« meditieren, stellen Sie Ihre Atmung auf Bauchatmung um. Sie atmen tief und ruhig mit dem Bauch, indem Sie das Zwerchfell nach unten ziehen. Beim Einatmen wird Ihr Bauch dick und rund. Beim Ausatmen wird er wieder flach. Ein, aus, ein, aus – die Atmung scheint sich in zwei Phasen zu untergliedern, in eine »weibliche« (das Einatmen) und eine »männliche« (das Ausatmen). Polarität? Yin und Yang? Es sieht so aus. Aber es scheint nur so. Denn wenn sie jetzt einmal ganz aufmerksam auf die Rhythmik Ihrer Atmung achten, dann stellen sie fest, daß Atmung in Wahrheit ein Vier-Phasen-Zyklus ist. Dem Einatmen (Phase eins) folgt ein Festhalten der Luft in den Lungen (Phase zwei), und zwischen dem Ausatmen (Phase drei) und dem erneuten Luftholen liegt eine kurze Pause, in der die Atmung für einen Augenblick zum Erliegen kommt (Phase vier). Die Phasen der Atmung kann man in Analogie setzen zu den Mondphasen. Der Mond ist das magische Gestirn schlechthin. Deshalb nennen wir die bewußte Vier-Phasen-Atmung zu Beginn der magischen Energetisierung Mondatmung. Die Mondatmung verbindet uns mit dem magischen Gestirn. Und zwar folgendermaßen:

Sie atmen, in Gedanken bis vier zählend, ein und assoziieren: Zunehmender Mond. Während Sie in Gedanken bis zwei zählen, halten Sie die Luft in den Lungen fest. Und zwar, indem Sie das Zwerchfell nach unten ziehen und nicht etwa, indem Sie den Nasen- und Rachenraum krampfhaft verschließen. Vor Ihrem inneren Auge erscheint jetzt der Vollmond, der dick und rund ist wie Ihr Bauch. Dann zählen Sie während des Ausatmens in Gedanken bis vier und stellen sich dabei den abnehmenden Mond vor. Es folgt die Phase des Neumondes. Dem Neumond wird bei der Mondatmung die Pause vor dem neuerlichen Einatmen zugeordnet. Diese Phase umfaßt zwei Zähleinheiten. Auf das Zählen in Gedanken können Sie nach einer gewissen Übungszeit verzichten, nämlich dann, wenn Ihnen die Rhythmik 4–2–4–2 in Fleisch und Blut übergegangen ist.

Wer mag, der kann, sobald er die Zählung nicht mehr braucht, während der Mondatmung in Gedanken einen selbstverfaßten kleinen »Zauberspruch« rezitieren (oder ihn in Gedanken sogar singen, falls ihm eine Melodie dazu einfällt). Beispiel:

Die Mondin schwillt, es wächst ihr Leib
(Einatmen. Zunehmender Mond)
Ist rund und prall, ein starkes Weib
(Luft festhalten in den Lungen. Vollmond)
Wird alt, verfällt, verliert die Macht
(Ausatmen. Abnehmender Mond)
Gebiert sich neu in schwarzer Nacht
(Nicht atmen. Neumond)

Sobald Sie die Mondatmung perfekt beherrschen, können Sie diese Übung experimentell variieren, beispielsweise in Form einer Jahreszyklen-Atmung. Hierbei wird dem Einatmen der Frühling (bzw. die Frühlings-Tagundnachtgleiche), dem Festhalten der Luft in den Lungen der Sommer (bzw. die Sommersonnenwende), dem Ausatmen der Herbst (bzw. die Herbst-Tagundnachtgleiche) und dem Nichtatmen der Winter (bzw. die Wintersonnenwende) zugeordnet. Analog können Sie den Phasen der Atmung die vier Elemente oder die Himmelsrichtungen zuordnen.

Für die magische Energetisierung allerdings sollten Sie immer wieder auf die Mondatmung zurückgreifen, um sich mit den Energien des magischen Gestirns zu verbinden.

Mit Hilfe der Mondatmung können Sie Ihr Bewußtsein magisch erweitern und es vorbereiten auf Rituale bzw. auf Erfahrungen, die dem Alltagsbewußtsein nicht zugänglich sind. Die Mondatmung hilft Ihnen, Ihre schlummernden magischen Fähigkeiten aus langem Dämmerschlaf wachzurütteln. Ungenutzte Fähigkeiten bilden sich bekanntlich zurück. Das weiß jeder, der in der Schule vielleicht gut war in den Fächern Englisch und Französisch und mittlerweile soviel vergessen hat, daß er sich mit einem Engländer oder Franzosen nur noch stammelnd und unter pantomimischen Verrenkungen unterhalten kann – in der verzweifelten Hoffnung, daß eine weit ausholende Geste die vergessene Vokabel ersetzen könne … Es ist entsetzlich. Man hat's doch mal gekonnt! Ganz wunderbar hat man es einmal gekonnt. Und jetzt geht plötzlich gar nichts mehr. Ähnlich kann es Ihnen ergehen, wenn Sie die Mondatmung perfekt beherrschen. Sie spüren: Da ist etwas in mir, eine Kraft, eine Fähigkeit, ganz eindeutig ist sie da, aber sie ist zu schwach, als daß ich konkret etwas damit anfangen könnte.

Nun, wenn etwas zu schwach ist, dann muß es gestärkt werden. Wie stärkt man seine latenten magischen Fähigkeiten? Durch die magische Energetisierung. Zur magischen Energetisierung stehen uns eine Reihe unterschiedlicher Möglichkeiten zur Auswahl.

Die Erdverwurzelung

Die einfachste und bekannteste Variante der magischen Energetisierung ist die Technik der Erdverwurzelung.

Es gibt Leute, die glauben, die Erde sei nichts weiter als ein toter Stein, der im Inneren glühend heiß und flüssig ist. Vermutlich sind es auch dieselben Leute, die ähnlichen Vorstellungen anhängen, wie beispielsweise der, daß auch Tiere und Pflanzen lediglich Dinge, Sachen, Gegenstände seien. Sie wissen es halt nicht besser, und man könnte sie bedauern, wenn sie in ihrer Dummheit nicht so verheerenden Schaden anrichten würden. Die Erde lebt. Sie hat Bewußtsein. Sie fühlt, denkt, entwickelt sich, nimmt wahr. Sie lernt. Sie empfindet. Sie kann sich freuen, und sie kann leiden. Wie jede bewußtseinstragende Lebensform innerhalb des Universums macht auch sie verschiedene Inkarnationen durch. Sie ist schon vor dieser Inkarnation Planet gewesen und wird es nach dieser Inkarnation vielleicht noch einmal werden. Zu inkarnieren bedeutet für sie etwas anderes als für uns. Ihr Bewußtsein ist ein vollkommen anderes als unseres – es ist um viele Stufen weiter entwickelt als das menschliche Bewußtsein. Es würde den engen Rahmen unserer eingeschränkten intellektuellen Möglichkeiten sprengen, den Versuch zu unternehmen, sich auch nur einen annähernden Begriff von ihrem wahren Wesen und ihrer bedingungslosen Liebe zu machen. Vielleicht würde uns die Wahrheit um den Verstand bringen. Wie viele tausend oder Millionen Inkarnationen werden wir noch brauchen, bis wir endlich das Privileg erhalten, als inkarnierter Planet den »jüngeren Geschwistern« Nahrung und Entwicklungsmöglichkeiten bieten zu dürfen? Wie oft muß das Universum vergehen und neu entstehen, bis auch wir einmal soweit sind? Wie sehr müssen wir lieben können, um in der Lage zu sein, eine so große Aufgabe zu erfüllen und eine derart gigantische Verantwortung auf uns zu nehmen? Angesichts solcher Fragen kapituliert der Verstand. Das Denken hört auf, und es überkommt uns ein großes, dankbares, ehrfürchtiges Staunen. Aber eines steht fest: Wenn wir die Erde als eine bedingungslos liebende große Mutter betrachten, kommen wir der unfaßbaren Wahrheit erheblich näher, als wenn wir dem dummerhaftigen Aberglauben anhängen, die Erde sei lediglich ein toter, runder Stein, der in immer gleichen Bahnen um das Zentralgestirn trudelt und den man buchstäblich mit Füßen treten dürfte. Es ist unendlich beschämend, sich vor Augen zu führen, wie bedingungslos, wie total und absolut diese Intelligenz, die wir Erde nennen, uns liebt, uns größenwahnsinnige Schnösel, die wir uns noch immer für die Krönung der Schöpfung halten und nichts, aber auch rein gar nichts begreifen. Wir, die wir offenbar außerstande sind, dieser gütigen Intelligenz, die uns immer nur gibt und gibt, auch nur einen minimalen Bruchteil der Dankbarkeit, Liebe und Ehrfurcht entgegenzubringen, die sie verdient.

Die magische Energetisierungsmethode der Erdverwurzelung hat einen sehr schönen Nebeneffekt. Nämlich den: Wenn wir diese Übung machen, signalisieren wir der Erde, daß wir zumindest eine ungefähre Ahnung davon haben, wer sie ist, und wie sie zu uns steht. Wir können davon ausgehen, daß solche kleinen Signale sie mit Freude erfüllen. Wir geben ihr etwas, indem wir ihre Geschenke bewußt annehmen und nicht wie etwas Selbstverständliches »konsumieren«. Eines ihrer kostbarsten Geschenke ist ihre (nach menschlichen Maßstäben) unerschöpfliche, nie versiegende Kraft, die sie uns in unbegrenzter Menge gern zur Verfügung stellt.

Erdverwurzelung – was passiert da eigentlich? Man könnte diese Frage folgendermaßen beantworten: Wenn wir die magische Technik der Erdverwurzelung praktizieren, dann erneuern wir (Achtung: Symbol!) die unsichtbare Nabelschnur, die uns mit der Erde verbindet.

Und wie macht man das? Folgendermaßen: Sie stellen sich aufrecht hin. Das Gewicht Ihres Körpers wird von beiden Beinen zu gleichen Teilen getragen. Bei dieser Übung geht es darum, die Kraft der Erde bewußt in uns einfließen zu lassen. Ob Ihre Wohnung nun im Erdgeschoß liegt oder ob Sie ein

Penthouse hoch über den Dächern der Stadt bewohnen, ob Sie die Übung mit gummibesohlten Schuhen auf einem Marmorfußboden machen oder barfuß in der freien Natur, spielt keine Rolle. Die Wirkung ist immer dieselbe. Sie stehen gerade und entspannt, schließen die Augen und konzentrieren sich auf folgende Imagination: Aus Ihren Fußsohlen sprießen unzählige feine, durchsichtig schimmernde Wurzelfäden hervor. In Gedankenschnelle erreichen diese Wurzelfäden das Energiezentrum der Erde. Socken, Schuhe, Teppich, zahlreiche Stockwerke, Keller, Fundamente und die verschiedenen Schichten der harten Erdkruste werden mühelos durchdrungen und bilden kein Hindernis für Ihr Wurzelwachstum. Am Kraftzentrum der Erde angelangt, verzweigen sich die Wurzelspitzen und nehmen die gute Kraft der Erde in sich auf. Blitzschnell schießt die Energie in den Wurzeln empor. Es dauert kaum einen Herzschlag lang, und schon spüren Sie, wie die Kraft in Ihre Füße hineinflutet, immer weiter emporsteigt in die Knöchel, Waden, Knie, Oberschenkel, immer weiter aufwärts bis zum Scheitelchakra. Sobald Sie spüren, daß Sie »vollgetankt« haben, benutzen Sie die Wurzelfäden als »direkten Draht«, durch den man kleine Mitteilungen an das lebendige, intelligente Wesen, das wir Erde nennen, hinabschicken kann. Sie können ein kleines Dankeschön durchgeben, einen lieben Gruß oder irgendeinen Gedanken, der ein Gefühl der Freude über die Erd-Verbundenheit ausdrückt. Danach bilden Sie Ihre Wurzelfäden imaginativ zurück und ziehen sie wieder in die Fußsohlen hinein. Ungefähr so, wie eine Schnecke ihre Fühler einzieht, wenn sie sich in ihr Haus verkriechen will.

Diese Übung können Sie auch dann machen, wenn es Ihnen nicht in erster Linie um magische Energetisierung geht, sondern wenn Sie sich schlapp, lustlos, müde und ausgelaugt fühlen. Sobald Sie diese Übung perfekt beherrschen, können sie experimentell versuchen, Ihre ganz persönliche Variante der Erdverwurzelung zu finden, beispielsweise, indem Sie sie an die Atmung koppeln und bei jedem Einatmen einen neuen Energieschub durch Ihre Füße in den Körper emporströmen lassen.

Der Baum, der in der Erde und im Himmel wurzelt

Eine besonders schöne, »total verschärfte« Variante der Erdverwurzelung, mit der Sie allerdings erst dann zu experimentieren beginnen sollten, wenn Sie mit der Grundübung vollkommen vertraut sind, heißt: »Der Baum, der in der Erde und im Himmel wurzelt«. Dieser Baum sind natürlich Sie. Oder besser gesagt: In diesen Baum verwandeln Sie sich im Verlauf dieser Übung: Sie stellen sich, wie gewohnt, gerade und aufrecht hin, verteilen Ihr Körpergewicht zu gleichen Teilen auf beide Beine, atmen tief durch und lassen Ihre Wurzelfäden wieder bis zum Energiezentrum der Erde vordringen. Allerdings achten Sie jetzt darauf, daß zu diesem Zeitpunkt noch keine Kraft durch die Wurzeln in Ihren Körper emporströmt. Sie stellen lediglich den Kontakt her für die spätere Nutzung. Als nächstes (»Wie unten, so oben«, könnte man sagen) lassen Sie ebensolche Wurzelfäden, wie sie von Ihren Fußsohlen erdwärts hinabgewachsen sind, vom Kopf aus himmelwärts emporwachsen. Sie fahren quasi »die Antennen aus«. Um sich diese Imaginationsarbeit zu erleichtern, können Sie sich auch vorstellen, Sie wären ein Hirsch mit einem gigantischen Geweih. Dieses Geweih durchdringt in Gedankenschnelle die Erdatmosphäre. Es verzweigt sich in die verschiedensten Richtungen. Einige Geweihenden berühren die Planeten unseres Sonnensystems. Andere berühren die Sterne fremder Galaxien. Wieder andere Spitzen Ihres verzweigten Geweihs enden im namenlosen Irgendwo, um die reinen Schwingungen des Universums aufzunehmen. Millionen und Milliarden Lichtjahre werden in Sekundenbruchteilen überbrückt. (Entfernungen spielen für einen Magier ja eh keine Rolle.)

Jetzt sind Sie optimal vorbereitet auf den Empfang sowohl der Erdenergien als auch der kosmischen Energien. Denn Sie haben ja Ihre »Fühler« in beide Richtungen ausgestreckt.

Als nächstes konzentrieren Sie sich auf den Viererrhythmus Ihrer Atmung, dem Schema 4-2-4-2 folgend. Erst jetzt darf der doppelte Energiefluß beginnen, Ihren Körper zu durchströmen. Und zwar folgendermaßen: Beim Einatmen ziehen Sie die Kraft der Erde hinauf in Ihren Körper. Während des Festhaltens der Luft in Ihren Lungen leiten Sie einen Teil der Erdenergie über Ihr »kosmisches Geweih« ins Universum weiter. Beim Ausatmen ziehen Sie die Kraft des Universums in Ihren Körper hinab. Und während des Nichtatmens vor dem neuerlichen Luftholen leiten Sie einen Teil der kosmischen Energie ins Zentrum der Erde weiter. Dasselbe der Deutlichkeit halber noch einmal in anderen Worten:

1. Einatmen – Kraft strömt durch die Wurzeln empor und in den Körper hinein.
2. Luft in den Lungen festhalten – ein Teil der Erdenergie wird durch die »Wurzeln«, die von Ihrem Kopf aus ins

Universum hineingewachsen sind (bzw. durch Ihr »Geweih«) in den Kosmos weitergeleitet.

3. Ausatmen – die Kraft des Universums fließt in Ihren
   Körper hinab.

4. Pause vor dem nächsten Einatmen – ein Teil der kosmischen Energie fließt durch Ihre Wurzelfäden in das Zentrum der Erde ab. Bei dieser Übung energetisieren Sie sich
   nicht nur. Darüber hinaus praktizieren Sie auch ganz
   konkret und buchstäblich das, was man »Himmel und
   Erde« verbinden nennt. In gewisser Weise verkörpern Sie
   in diesem Augenblick das Merkurprinzip. Sie agieren als
   vermittelnde, verbindende Kommunikationsinstanz. Der
   Austausch zwischen derjenigen Intelligenz, die wir Erde
   nennen, und ihren »Geschwistern« und »entfernten Verwandten« läuft jetzt für einen kurzen Moment über Sie.
   Sie haben einen »direkten Draht« zur Verfügung gestellt.

Nehmen und Geben sind bei dieser Energetisierungsmethode
optimal ausgewogen. Sie »schmarotzen« nämlich nicht bloß
die unterschiedlichen Energien. Sie leisten obendrein noch
produktive Arbeit. Insofern könnte man durchaus sagen, daß
Sie sich diejenige Energie, die Sie für den Eigenbedarf abzwei-
gen, redlich verdient haben. Diese Variante der magischen
Energetisierung lädt so gewaltig auf, daß man sie wirklich nur
dann praktizieren sollte, wenn abzusehen ist, daß für eine
magische Arbeit erheblich mehr Energie benötigt werden wird
als üblicherweise. Im Regelfall genügt es, die Methode der
Erdverwurzelung anzuwenden.
Nachdem Sie mit den »Doppelenergien« des Baumes, der in
der Erde und im Himmel wurzelt, gearbeitet haben, müssen

Sie sich besonders sorgfältig erden. Das sollten Sie sich unbedingt schon jetzt einprägen, auch wenn wir auf das Thema der Erdung überschüssiger Energien erst an späterer Stelle näher eingehen werden.

Das Exerzitium der Mittleren Säule

Eine andere bewährte magische Energetisierungsmethode ist das kabbalistische Exerzitium der Mittleren Säule. Das Exerzitium der Mittleren Säule kann man zwar auch praktizieren, ohne sich zuvor intensiv mit der Kabbala beschäftigt zu haben. Auf jeden Fall schadet es aber ganz gewiß nicht, wenn Sie zumindest minimale Grundkenntnisse der Kabbala mitbringen, damit Sie wenigstens eine ungefähre Ahnung haben, was während dieser Übung eigentlich mit Ihnen passiert. Wenn wir uns auf der physischen Ebene energetisieren (durch Nahrungsaufnahme), legen wir ja schließlich auch einigen Wert darauf, zu wissen, was wir eigentlich essen. Für viele von uns macht es sicherlich einen Unterschied, ob eine unbekannte Speise aus Makkaroni oder aus gekochten Regenwürmern zubereitet worden ist … Während des Exerzitiums der Mittleren Säule arbeiten sie mit den universalen, sowohl im Mikrokosmos (Mensch) als auch im Makrokosmos (Universum bzw. immanenter Aspekt der Ersten Ursache, die wir Gott oder Göttin nennen können) vorhandenen strukturbildenden Energien. Das Exerzitium der Mittleren Säule stellt eine Amplifikation der kryptischen Lehrsätze dar, die Hermes Trismegistos auf seiner magischen Tabula Smaragdina aufgezeichnet hat. Der

Text der Tabula Smaragdina gilt als DIE »magische Gebrauchsanweisung« schlechthin. Den vollständigen Text der Tabula Smaragdina finden Sie im Anhang. Es lohnt sich, intensiv darüber zu meditieren. Der zweite und vielleicht wichtigste Satz lautete, wir erinnern uns, in unserer interpretatorischen Übersetzung: »Das Untere gleicht dem Oberen, und das Obere gleicht dem Unteren; in der Vereinigung beider zu einer ungeteilten Einheit werden Wunderwerke vollbracht.« Genau diese Vereinigung des »Unteren« (Mikrokosmos) mit dem »Oberen« (Makrokosmos) findet während des Exerzitiums der Mittleren Säule statt.

Das Exerzitium der Mittleren Säule basiert auf den Lehren der Kabbala. Die Essenz kabbalistischen Wissens findet ihren Niederschlag in einer graphischen Darstellung, einer Glyphe. Man nennt sie den kabbalistischen Lebensbaum. Der kabbalistische Lebensbaum ist eine schematische Darstellung der gegenseitigen Wechselwirkungen, die die zehn verschiedenen Sphären der Schöpfung (Sephiroth) aufeinander ausüben. Er stellt sowohl die abstrakten Strukturen des Universums und den Verlauf der kosmischen Entwicklungsdynamik wie auch den energetischen Aufbau des Menschen und sein spirituelles Wachstum im Verlauf der verschiedenen Inkarnationen dar. (Und noch unendlich viel mehr.) Ziel der praktischen kabbalistischen Arbeit ist es, die zehn Sephiroth des Baumes innerhalb des Mikrokosmos' in einen Zustand des harmonischen Gleichgewichtes zu bringen. Im kabbalistischen Baum wird dieser Zustand energetischer Ausgewogenheit durch die Mittlere Säule dargestellt. Innerhalb des Baumes stehen sich jeweils drei Sephiroth-Paare als Polaritäten gegenüber. Diese drei Gegensatzpaare gilt es auf der Mittleren Säule miteinander zu harmonisieren. Die übrigen vier der insgesamt zehn Sephiroth befinden sich bereits auf der Mittleren Säule. Sie müssen lediglich aktiviert und bewußtgemacht werden.

Für unsere Zwecke genügt es, sich mit folgender Vorstellung vertraut zu machen: Die Sephirah Chockmah (die wir als schöpferisches Chaos bzw. als kreativen Anarchismus interpretieren können) muß mit der Sephira Binah (starre Ordnung, Beständigkeit, Disziplin) ebenso in ein Verhältnis produktiver Ausgeglichenheit gebracht werden wie Chesed (Güte, Kompromißbereitschaft) mit Geburah (Härte, Konsequenz, Konfliktfähigkeit) und Netzach (Intuition) mit Hod (Intellekt).

Das Exerzitium der Mittleren Säule versetzt Sie (bzw. Ihre eigenen mikrokosmischen sephirothischen Sphären) in einen Zustand energetischer Harmonie. Alle Kräfte sind miteinander in Einklang, keine blockiert mehr die andere. Optimaler Energiefluß ist gewährleistet. Zumindest während der Übung verschwenden Sie keine Energie mehr durch »Reibungsverluste«, die durch ungelöste Konflikte und innere Disharmonien bedingt sind. Darüber hinaus findet eine Art Ankoppelung Ihrer eigenen Sephiroth an die makrokosmischen sephirotischen Sphären statt. Dadurch haben Sie Teil an den kosmischen Energien der Sephiroth. Anders gesagt: Sie nehmen Energien auf, die Ihren eigenen (teils latenten) Energien gleichen, aber unendlich viel reiner und stärker sind.

– Soviel zumindest sollten Sie wissen, wenn Sie mit dem Exerzitium der Mittleren Säule zu arbeiten beginnen, um sich magisch zu energetisieren.

Was ist zu tun? Sie ziehen sich in einen möglichst ruhigen Raum zurück, legen sich auf den Rücken, entspannen sich und versuchen zunächst einmal, die geistige Zwangsjacke des Alltagsdenkens abzustreifen. Das ist manchmal gar nicht leicht. Plötzlich fällt Ihnen vielleicht ein, daß Sie ja unbedingt noch einen wichtigen Brief beantworten müssen, und am liebsten würde Sie sofort wieder aufspringen, um sich an den Schreibtisch zu setzen, oder Ihnen fällt ein, daß ja übermorgen Ihre Cousine aus Kanada zu Besuch kommt und daß Sie das Gästezimmer noch herrichten müssen. Und das Auto muß zur Inspektion gebracht werden. Und der Chef hat gestern nacht wohl wieder einmal Probleme mit seiner Frau gehabt, denn im Büro führte er sich auf wie ein von der Tarantel gestochener Berserker. Nun, das alles ist natürlich sehr wichtig und auch sehr interessant. Aber es hat für Sie jetzt keine Bedeutung mehr. Diese Gedanken gehören der Alltagsrealität an. Dort haben sie auch ihre Berechtigung, und dort muß man sich mit ihnen intensiv auseinandersetzen. Aber jetzt stellen Sie Ihren Bewußtseinsfokus auf eine andere Realität ein. Und dort haben die Dinge, die im Alltag wichtig sind, nicht die geringste Bedeutung.

Sie liegen da. Ganz entspannt. Sie denken gar nichts bzw. lassen die Gedanken einfach vorbeiziehen, ohne ihnen Aufmerksamkeit zu schenken. Die vorbeiziehenden Gedanken sind wie die Köder an einem Angelhaken. Wenn Sie anbeißen, dann werden Sie aus dem veränderten Bewußtseinszustand wieder auf die Ebene der Alltagsrealität zurückgezogen wie ein Fisch aus dem Wasser. Wenn Körper und Geist entspannt sind, beginnen Sie mit der Mondatmung. Nachdem Sie sich mit Hilfe der Mondatmung in einen leicht veränderten Bewußtseinszustand versetzt haben, beginnt das eigentliche Exerzitium der Mittleren Säule. Und zwar folgendermaßen: Zunächst imaginieren Sie eine strahlendweiße Kugel, die oberhalb Ihres Scheitelchakras um die eigene Achse rotiert wie ein Planet. Sobald Sie diese Kugel klar und deutlich visualisiert haben, vibrieren Sie den kabbalistischen Gottesnamen »Eheyeh«. Kurze Zwischenfrage: Vibrieren – was ist das? Es ist eine Art Sprechgesang. Sie senken die Tonlage Ihrer Stimme tiefstmöglich ab und singen die langgezogenen Silben des betreffenden »Macht-Wortes«. Und zwar mit einem Maximum innerer Beteiligung. Im Augenblick des Vibrierens werden Sie vollkommen eins mit Klang und Bedeutung. Sie SIND der Ton, den Sie singen. Sie SIND das Wort, das Sie sprechen. Sie SIND die Vibration. Ihre gesamte Existenz verwandelt sich für einen kurzen Moment ganz und gar in die klingenden Silben. Es gibt keinen Unterschied mehr zwischen Ihnen, den klingenden Worten und der geistigen Realität, die durch die vibrierten »Macht-Worte« repräsentiert wird. Wort und Wirklichkeit vereinigen sich mit der Essenz Ihrer Identität. Ihr Körper schwingt mit bei diesem Sprechgesang. Das Gefühl, das Sie beim Vibrieren eines Machtwortes durchströmt, läßt sich vermutlich nicht adäquat verbalisieren. Die physischen Begleiterscheinungen des Vibrierens können Sie sich aber auch beim nächsten Rockkonzert anschaulich machen. Sie kämpfen sich durch die johlende Menge, bis Sie fast ganz vorn an der Bühne sind. Dort, wo die großen Lautsprecher stehen. Wo einem fast die Ohren platzen. Wenn Sie einen Moment vor solch einem Lautsprecher stehen, ist es fast, als würden die Töne mit einer Urgewalt gegen Ihren Solarplexus geschleudert. Es scheint dann so, als würden die Bässe gegen Ihre Magenwände klopfen. Ein interessantes Erlebnis. Wenn man nur nicht fast taub davon werden würde …

Ähnlich fühlt es sich an, wenn Sie in gekonnter Weise ein

Machtwort vibrieren. Um ganz und gar eins mit dem vibrierten Wort werden zu können, müssen Sie eine präzise Vorstellung von der Bedeutung dieses Wortes haben. Es empfiehlt sich also, vor dem Vibrieren eine Zeitlang über die weiten Bedeutungsfelder der entsprechenden Worte zu meditieren.

Eheyeh bedeutet: »Ich bin der ›Ich bin‹«. Ich bin der, der ich immer war und der ich immer sein werde. Ich bin das totale, absolute Sein, außerhalb dessen nichts existiert. Ich bin allumfassend, ich umfasse das All, ich bin alles, Pan, die Summe alles Existierenden. Also: Sie visualisieren eine weiße Kugel, die oberhalb Ihres Kopfes um die eigene Achse rotiert. Und Sie vibrieren den kabbalistischen Gottesnamen Eheyeh (Eeee – heee – yeeeh). Ihre Stimme vibriert. Die Vibrationen fließen durch Ihren Körper. Ihre Gedanken verlieren sich in der unendlichen Weite des Bedeutungsfeldes des Wortes Eheyeh. In dieser Phase des Exerzitiums der Mittleren Säule kann ein sonderbares Gefühlsgemisch aus Schrecken und Freude spürbar werden. (Sobald Sie das Exerzitium der Mittleren Säule perfekt beherrschen, können Sie versuchen, ob es Ihnen gelingt, das Vibrieren in die weiße Kugel zu projizieren. Das zu schaffen erfordert viel Übung.)

Als nächstes imaginieren Sie eine zweite große weiße Kugel in Höhe Ihres Kehlkopfes. Die Rotationsachse dieser Kugel überlagert Ihre Nackenwirbel. Sie vibrieren den Gottesnamen Jehova Elohim. Dieser schwer zu übersetzende Gottesname hat die Bedeutung von: »Die Gottheit, die aus der Verbindung der einen Göttin mit den vielen männlichen Göttern besteht.« (Anregung für eigene Meditationen: Gott und Göttin. Die Hochzeit der männlichen und weiblichen Aspekte des Universums. Die Große Mutter mit ihren Söhnen, die in ewigem

Kreislauf aus ihr entstehen und in ihr vergehen, die sie verlassen und doch wieder zu ihr zurückkehren. Die neugewonnene Einheit, die nach vorangegangener Trennung wiederhergestellt wird.) Während Sie nun den zweiten Gottesnamen vibrieren (Jeee – hooo – vaaa – Eeee – looo – hiiim) und intuitiv den Inhalt dieser Worte zu verstehen versuchen, imaginieren Sie einen hellen, starken Lichtstrahl, der von der ersten weißen Kugel oberhalb Ihres Kopfes in die zweite Kugel einströmt und die zweite Kugel mit Kraft und Glanz erfüllt. (Fortgeschrittene versuchen, das Vibrieren jetzt in die zweite Kugel zu projizieren.) Nächster Schritt: Sie imaginieren eine große weiße Kugel in Höhe des Solarplexus und vibrieren den kabbalistischen Gottesnamen Jehova Aloha va Daath (Jeee – hooo – vaaa – Aaaa – looo – haaa – vaaa – Daaath). Während Sie nun, den Gottesnamen vibrierend, einen starken weißen Lichtstrahl imaginieren, der die zweite Kugel mit der dritten verbindet und auch sie in Rotation versetzt (Rotationsachse ist die Wirbelsäule), schwingen Sie sich geistig auf das Bedeutungsfeld des Gottesnamens ein. Diese dritte weiße Kugel, die Sie imaginativ auf Ihren Körper projiziert haben, entspricht der Sephirah Tiphereth auf dem kabbalistischen Lebensbaum. Tiphereth ist die Sephirah der berauschten und inkarnierten Götter. Die Sephirah des Gottesrausches, der mystischen Trunkenheit. Die Sphäre des Dionysos, des Grünen Mannes, der archaischen männlichen Vegetationsgottheiten. Die Sphäre des Gottes, der Mensch wurde, um Leben zu bringen, und dessen Tod eine Brücke darstellt zwischen Zeit und Ewigkeit. Die Sphäre auch des sterbenden Gottes, der die Herrschaft des Todes bricht. Der den Triumph des Lebens symbolisiert. Dessen Tod den Menschen Leben verheißt. Dessen unbändige

Urkraft alle bänglichen Ängste hinwegfegt. Der die Müden und Geschundenen in ekstatische Tänzer verwandelt. Er ist der Sohn der Großen Mutter, der Großen Göttin. Alle Kulturen kennen ihn. Er hat viele Namen. Osiris. Tammuz. Baldur. Krischna. Jesus. Der Gott, der tausend Tode stirbt und abertausendmal triumphierend ins Leben zurückkehrt. Er ist die Sonne, die lebensspendende Kraft, die sich verströmt bis zum eigenen Untergang. Deren Energie im Jahreszyklus zunimmt und wieder schwächer wird, um gestärkt aus der Dunkelheit zurückzukehren und das schlafende Leben zu neuem Wachstum zu wecken. Tiphereth ist die Sphäre viriler Kraft, die Sphäre ekstatischer Lebensbejahung.

Die dritte Kugel ist das Energiezentrum unvergänglicher göttlicher Lebenskraft. (Das Vibrieren in diese Kugel zu verlegen ist selbst für Anfänger kein Problem – sie vibriert fast von allein, so stark ist sie). Die dritte Kugel wird durch einen Lichtstrahl mit der vierten Kugel verbunden. Diese vierte weiße Kugel rotiert in Höhe des Basis-Chakras um die eigene Achse. Sie vibrieren den Gottesnamen Schaddai el Chai (Schaaa – daaai – eeel – Chaaai). Dieser kabbalistische Gottesname bedeutet: »Der allmächtige und lebendige Gott«. (Matthäus 22,23 ff. – wer erinnert sich? Jesus wird von einer Gruppe Sadduzäer um ein Interview gebeten. Die Leute kommen ihm mit sophistischen Haarspaltereien. Er verblüfft die Herren Erbsenzähler mit dem Hinweis darauf, Gott sei ein Gott der Lebendigen, ein lebendiger Gott, ein Schaddai el Chai.

Diese vierte weiße Kugel entspricht der Sephirah Jesod auf dem kabbalistischen Lebensbaum. Jesod ist die Sephirah der Magie, des Mondes, des Wassers, der Weiblichkeit, des Gebärens, der Materialisation des Geistigen sowie derjenigen

Bewußtseinsebenen, zu denen der gewöhnliche Alltagsverstand keinen Zutritt hat. (Fortgeschrittene können versuchen, das Vibrieren in diese Kugel zu projizieren.) Nachdem nun auch die dritte und vierte Kugel miteinander verbunden sind, imaginieren Sie die fünfte und letzte Kugel aus weißem Licht unterhalb Ihrer Fußsohlen. Sie vibrieren den kabbalistischen Gottesnamen Adonai ha-Aretz (Aaaa – dooo – naaai – haaa – Aaaa – reeetz) und verbinden auch die letzten beiden Kugeln durch einen imaginativen weißen Lichtstrahl miteinander, so daß jetzt eine gerade, ununterbrochene Säule aus Licht Ihren Körper vom Kopf bis zu den Füßen durchdringt. (Wer kann, verlegt auch hier das Vibrieren in die Kugel.) Diese fünfte Kugel entspricht der Sephirah Malkuth auf dem kabbalistischen Lebensbaum. Malkuth heißt: Braut. Malkuth ist die Sephirah der Erde. Die Erde ist eine Braut. Wessen Braut? Die Braut des Lebens. Sie trägt die Kinder des Lebens, uns und unsere »Geschwister«, die Tiere und Pflanzen und Mineralien. Alle fünf Kugeln der Mittleren Säule sind jetzt aktiviert. Ein Energiekanal ist bereitgestellt. Die Kraft kann fließen. Zunächst lassen Sie die Kraft zirkulieren. Und zwar folgendermaßen: Nachdem Sie alle Kugeln miteinander verbunden haben, zieht sich eine weiße Lichtachse vom Kopf bis zu den Füßen durch Ihren Körper. Auf diese Achse konzentrieren Sie sich, denn sie dient Ihnen jetzt als Kanal für die Energie. Beim Einatmen ziehen sie die Energie der ersten Kugel (Eheyeh) hinab in die fünfte (Adonai ha-Aretz). Während des Ausatmens lassen sie die Energie von der fünften in die erste Kugel zurückströmen. (Atmung und Energiezirkulation sind also aneinandergekoppelt.) Diese Variante der Energiezirkulation praktizieren Sie mehrmals hintereinander.

Als nächstes leiten Sie den Energiestrom an der Vorderseite Ihres Körpers während des Einatmens hinab in die fünfte Kugel. Wenn Sie wieder ausatmen, steigt die Energie an der Rückseite Ihres Körpers wieder auf in die erste Kugel. Auch diesen Vorgang wiederholen Sie einige Male.

Danach lassen Sie die weiße Kraft der ersten Kugel beim Einatmen an Ihrer linken Körperhälfte hinabströmen bis in die fünfte Kugel, und während des Ausatmens fließt die Energie von der fünften wieder zurück in die erste Kugel.

Und weil bis hierher alles so entsetzlich kompliziert klang (was es in Wahrheit gar nicht ist), fassen wir die einzelnen Schritte des Exerzitiums der Mittleren Säule noch einmal stichwortartig zusammen.

1. Hinlegen, entspannen, Mondatmung. Weiße Lichtkugel oberhalb des Scheitelchakras visualisieren. Den kabbalistischen Gottesnamen Eheyeh vibrieren. Lichtstrahl bis zur zweiten Kugel hinabfließen lassen. (Sephirah: Kether. Element: Geist.)

2. Zweite Kugel in Höhe des Kehlkopfes visualisieren. Gottesnamen Jehova Elohim vibrieren. Lichtstrahl zur dritten Kugel hinunterströmen lassen. (Sephirah: Daath. Element: Luft.)

3. Dritte Kugel in Höhe des Solarplexus visualisieren. Sie vibrieren den Gottesnamen Jehova Aloha va Daath. Der Lichtstrahl dringt bis zur vierten Kugel vor. (Sephirah: Tiphereth. Element: Feuer.)

4. Vierte Kugel in Höhe des Wurzelchakras visualisieren. Gottesname: Schaddai el Chai. Der Lichtstrahl fließt hinab zur fünften Kugel (Sephirah: Jesod. Element: Wasser.)

5. Fünfte Kugel unterhalb der Fußsohlen visualisieren. Den kabbalistischen Gottesnamen Adonai ha-Aretz vibrieren. (Sephirah: Malkuth. Element: Erde.)

6. Energiezirkulation im Körper

   6.1 Beim Einatmen fließt die Energie innerhalb der Lichtachse durch alle fünf Kugeln von Kether (erste Kugel) hinab zu Malkuth (fünfte Kugel). Beim Ausatmen fließt die Energie durch die Lichtachse von Malkuth zurück zu Kether. Diese Übung mehrfach wiederholen. Dann:

   6.2 Einatmen – die Energie fließt an der Vorderseite Ihres Körpers von der ersten Kugel hinab in die fünfte. Ausatmen – die Energie strömt an der Rückseite Ihres Körpers von der fünften Kugel zurück in die erste. Diese Übung mehrfach machen. Dann:

   6.3 Einatmen – die Energie fließt von der ersten Kugel an Ihrer linken Körperseite hinab in die fünfte Kugel. Beim Ausatmen steigt die Energie von der fünften Kugel aus an Ihrer rechten Körperseite entlang empor, zurück zur ersten.

Jetzt sind Sie optimal energetisiert. In diesem Zustand die erste Hälfte eines Zwillings-Ereignisses zu gestalten und die »Kunst des Wollens« (Magie) zu praktizieren dürfte einige Aussicht auf Erfolg haben.

Invokation

Mancher hat es vielleicht schon festgestellt, vermutet oder doch zumindest geahnt: Während des Exerzitiums der Mittleren Säule findet eine Art Invokation statt. Was ist Invokation? Die Invokation ist eine (nicht ganz ungefährliche) Technik aus dem Bereich der Hohen Magie. »Invokation« heißt auf deutsch: »Hineinrufung«. Hierbei handelt es sich um eine bewußt, absichtlich und freiwillig herbeigeführte, zeitlich exakt begrenzte mystische Variante der Besessenheit. Ramakrishna war ein Meister dieser Technik. Er konnte jede beliebige Gottheit so perfekt invozieren, daß sich sogar sein physischer Körper dem Bild der betreffenden Gottheit anzugleichen begann. (Vielleicht reicht Ihre Phantasie aus, um sich vorzustellen, wie Ramakrishna aussah, als er Hanuman, den Gott in Affengestalt, invozierte ...!) Invokation ist eine Vorstufe der unio mystica und stellt eine Brücke für diejenigen dar, denen die Magie, um mit Peuckert zu sprechen, fast schon ein »Dreck« geworden ist. Aber eben nur FAST. Als Jesus davon sprach, daß er den zerstörten Tempel binnen dreier Tage komplett wieder aufbauen könne, da dachten die Menschen, er meine das große steinerne Bauwerk im Herzen Jerusalems. Sie irrten. In Wahrheit sprach er über seinen physischen Körper. Für ihn war der menschliche Körper der Tempel des lebendigen Gottes. Während des Invokationsrituals wird der menschliche Körper ebenfalls zum Tempel; allerdings noch nicht zum Tempel der attributlosen Ersten Ursache (Gott/Göttin), sondern zu dem eines Teilaspektes, einer einzelnen Emanation der Ersten Ursache. Dieser Teilaspekt, dieses göttliche Prinzip, diese kosmische Energieform (die man im Bedarfsfall personifizieren und in Gestalt einer mit speziellen Attributen versehenen Gottheit verehren kann), wird in den Menschen hineingerufen, um in ihm oder durch ihn zu wirken. (Diesen Vorgang kann man, je nach Geschmack und Gutdünken, auch psychologisch deuten und sagen: Ein Archetypus aus dem Bereich des kollektiven Unbewußten tritt über die Bewußtseinsschwelle bzw. wird aus dem Stadium der Latenz emporgehoben und damit konkret erfahrbar, wahrnehmbar, nutzbar und fühlbar gemacht.) So oder so, die Interpretation ist Nebensache. Entscheidend ist: Es findet eine »atombombendetonationsartige« Bewußtseinserweiterung und Energetisierung statt.

Ein »Abfallprodukt« dieser »Psycho-Detonation« ist die Potenzierung des eigenen Wissens sowie der eigenen Fähigkeiten. Ein neugieriger Anfänger, den das Spiel mit dem Feuer reizt, oder ein psychisch und physisch labiler Mensch sollte sich davor hüten, mit den Techniken der Invokation herumzuexperimentieren. (Er wäre vermutlich eh nicht dazu in der Lage. Schließlich verfügen wir über innere Sicherungsinstanzen, die uns vor unseren gefährlichsten Dummheiten schützen.) Worin besteht die Gefahr? In der Bewußtseins-Inflation. Wer nach einer gelungenen Invokation nicht wieder mit beiden Beinen auf den harten Boden der Tatsachen unserer materiellen Realitätsebene zu stehen käme, dessen geistige und seelische Gesundheit hätte ernsthaften Schaden genommen. Auf deutsch: Er wäre dann ein größenwahnsinniger Spinner. Und das wäre auf Dauer weder für ihn selbst noch für seine Mitmenschen besonders erfreulich. (Viele Medien wenden – bewußt oder unbewußt – Techniken der Invokation an, indem sie ihren Körper einer unphysischen Wesenheit leihweise zur

Verfügung stellen, die durch sie sprechen oder handeln kann.) Falls Sie schon einige Bücher über Magie gelesen haben, dann kennen Sie die Tabellen im Anhang vieler dieser Veröffentlichungen. Da ist beispielsweise nachzulesen, welche Wirkungsbereiche, Farben, Zahlen, Töne, Wochentage, Edelsteine, Erzengel, Sephiroth und archaischen Gottheiten, welche Kräuter und Bäume, welche Düfte und welches Räucherwerk einem Planeten zugeordnet werden. Und vielleicht haben Sie sich gefragt: »Was soll das? Das alles ist ja recht interessant. Na schön. Aber was kann ich damit anfangen?« Ja, was könnten Sie damit anfangen? Sie könnten damit ein Invokationsritual aufbauen. Merkwürdigerweise belassen es die meisten Autoren dabei, die Zuordnungen und Entsprechungen zu liefern und darauf zu vertrauen, daß ein ernsthaft Suchender irgendwann ja eh ganz von allein darauf kommen wird, wie man, ausgehend von diesen Zuordnungstabellen, ein brauchbares Invokationsritual konstruiert. Das Verantwortungsbewußtsein wird ihnen die Feder geführt haben, denn zwischen den Zeilen schimmert bei ihnen die versteckte Botschaft durch: Wer etwas wirklich, wahr und wahrhaftig wissen will, der wird früher oder später buchstäblich mit der Nase auf das Gesuchte gestoßen werden; und wer hart und ausdauernd an sich selbst gearbeitet hat, der kann ja bekanntlich, sobald er nicht mehr weiterweiß, seinen »inneren Lehrer« um Auskunft bitten; umgekehrt gilt: Wer seinen »inneren Lehrer« noch nicht kontaktieren kann, der ist mit an Sicherheit grenzender Wahrscheinlichkeit auch noch gar nicht stark genug, um ein Invokationsritual erfolgreich und vor allem: gefahrlos durchzuführen.

Jedenfalls: Mit der Technik der Invokation zum Zwecke der

magischen Energetisierung sollte ein Anfänger (alle Menschen sind Anfänger, und wer das weiß, der ist zumindest kein blutiger Anfänger mehr) nicht herumexperimentieren. – Es sei denn, in der vereinfachten und völlig sicheren, weil optimal ausgewogenen (»apollinischen«) Form des Exerzitiums der Mittleren Säule, denn diese Invokationsübung ist ungefährlich und trotzdem wirkungsvoll. Belassen wir es also einstweilen dabei. Vielleicht bleibt uns dann das (von außen betrachtet) traurige Schicksal des großen Philosophen erspart, der sich selbst als einen Eingeweihten und Jünger des Dionysos bezeichnete und nach allzu vielen Invokationen dieser Gottheit – erwartungsgemäß – seine individuelle Identität verlor. Sprich: Hinfort in den Augen der Welt als wahnsinnig galt.

Der magische Kreis

Im Kontext der magischen Energetisierung tauchen zwei Aspekte auf, die angesprochen werden müssen. Da ist zum einen das Problem der eventuellen Verflüchtigung der durch magische Energetisierung erzeugten Kraft. – Ein Problem, das leicht unterschätzt werden kann. Jeder würde kopfschüttelnd lachen über einen Menschen, der bei klirrendem Winterfrost alle Fenster und Türen seines Hauses sperrangelweit aufreißt und sich dann darüber wundert, weshalb um alles in der Welt es ihm nicht gelingt, angenehm warme Zimmertemperaturen zu bekommen, obwohl doch die Heizung auf Hochtouren läuft. Ähnliche Energievergeudung aber betreibt jemand, der vor dem Beginn der magischen Energetisierung auf das Ziehen des magischen Kreises verzichten zu können glaubt. Was passiert dann? Die Kraft verpufft. Und alles ist für die Katz.

Der zweite wichtige Aspekt, auf den wir eingehen müssen, ist die Problematik der magischen Erdung. Wer nach der Energetisierung und nach dem Ritual bzw. der Gestaltung der ersten Hälfte eines Zwillings-Ereignisses sich zu erden vergißt, der taumelt für den Rest des Tages (oder sogar noch etwas länger) in einem zu gleichen Teilen umnebelt-dumpfen wie rastlos-hyperaktiven Zustand durch die Gegend. Das Bewußtsein ist dann »nicht mehr dort und noch nicht hier«. In diesem Zustand wichtige Entscheidungen zu treffen oder sich gar ins Auto zu setzen wäre nicht ratsam.

Die Symptome dieses sonderbaren Zwischenzustandes können unter anderem darin bestehen, daß Sie gegen gut sichtbare Hindernisse stoßen (Türpfosten, Tischkante, Stühle) oder Gegenstände Ihren Händen entgleiten und zu Bruch gehen (Geschirr, Gläser etc.), daß Sie ein übersteigertes Mitteilungsbedürfnis an den Tag legen, wobei Sie viel reden und wenig sagen, oder daß Sie ununterbrochen emsig mit verschiedenen Arbeiten beschäftigt sind, ohne daß Sie wirklich etwas schaffen. Dieser Zustand kann eventuell schwer zu diagnostizieren sein, weil ja jeder von uns genügend Menschen kennt, die sich ständig in diesem Zustand befinden, so daß man die auftretenden Symptome der halbtranceartigen Fahrigkeit ignorieren oder gar für »normal« halten könnte.

Die Bedeutung zweier scheinbarer Nebensächlichkeiten jedenfalls gilt es auf keinen Fall zu unterschätzen: Die Bedeutung des magischen Kreises und die der magischen Erdung. Beginnen wir mit dem magischen Kreis. Den magischen Kreis (wenn Sie allein arbeiten, genügt ein Durchmesser von zwei

Metern) können Sie imaginativ ziehen, indem Sie ihn intensiv als aus Licht bestehend visualisieren. Wer Spaß hat am Theatralisch-Melodramatischen, der kann den Kreis auch mit einem Messer, einem Dolch oder, falls vorhanden, einem schönen Schwert in die Luft zeichnen – und zwar mit der Spitze dem Uhrzeigersinn folgend; auch diese scheinbare »Nebensächlichkeit« ist wichtig. (Excalibur! Balmung! Was ein richtiges Schwert ist, das hat auch Anspruch auf einen zünftigen Namen. Denn ein richtiges Schwert ist mehr als ein veraltetes Kriegs-Handwerkszeug oder ein zweischneidiges Stück Stahl mit einem Griff unten und einer Spitze oben. Es ist bzw. repräsentiert eine kraftvolle Persönlichkeit. Stichworte: Merkur – Logos – Element – Luft – Geist.)

Banaler argumentiert: Da es zum einen gute alte magische Tradition ist, mit dem Dolch bzw. dem Schwert den magischen Kreis zu ziehen, und da es zum zweiten sowieso viel mehr Spaß macht als die anstrengendere Visualisierungsarbeit und darüber hinaus dem magischen Ritual dieses prickelnde Flair des Machtvoll-Archaischen gibt, sollte man sich dieses kleine dramatische Extra ruhig gönnen.

Der magische Kreis dient nicht, wie vielfach angenommen, dem Bannen störender Energien oder Wesenheiten, die den Erfolg einer magischen Arbeit vereiteln könnten, sondern er wirkt zum einen der Gefahr entgegen, daß sich die Energie, die durch die magische Energetisierung gewonnen wird, verflüchtigen könnte. Zum zweiten stellt er die (weitestgehende) Materialisierung des magisch erweiterten Bewußtseinszustandes dar. (Wer's nicht glaubt, der möge es selbst ausprobieren und die magische Energetisierung einmal innerhalb des Kreises und danach ohne den magischen Kreis praktizieren. Es dürfte wirklich immens schwerfallen, den Unterschied zu ignorieren.)

Nach Beendigung der magischen Arbeit und vor Beginn der magischen Erdung muß der Kreis wieder aufgehoben werden. Sie können den Kreis, was völlig ausreichend ist, imaginativ auflösen. Sie können aber auch ein paar selbstgewählte Worte sprechen, aus denen hervorgeht, daß der Kreis jetzt wieder geöffnet ist. Es heißt (wohl nicht von ungefähr), daß man sich im magischen Kreis »zwischen den Welten« befände. Wer im magischen Kreis (»zwischen den Welten«) war, der muß natürlich zusehen, wie er hinterher wieder mit beiden Beinen auf den Boden der Tatsachen unserer physischen Alltagsrealität zu stehen kommt. – Womit wir beim zweiten Thema angelangt wären, der magischen Erdung.

Die magische Erdung

Nach jedem magischen Ritual, ja strenggenommen sogar nach jeder Meditation, die etwas mehr war als ein dumpfsinniges Grübeln im Halbschlaf oder ein munter-anarchistischer Querfeldeinlauf der Gedanken über das weite Feld des nicht ganz Alltäglichen, müssen Sie sich erden. Sich erden, das bedeutet: Geeignete Maßnahmen ergreifen, die gewährleisten, daß unverbrauchte Energien wieder abfließen können. Verzichten Sie aus irgendwelchen Gründen auf die Erdung überschüssiger Energien, dann bringen Sie sich damit, wir erwähnten es schon, in die Gefahr, ein wenig »überdreht« und zugleich seltsam fahrig-schlapp in den Alltag zurückzukehren. Präziser: Es kann der Fall eintreten, daß sich physische Hyperaktivität mit einer unangenehmen Mischung aus Konzentrationsschwäche und herabgeminderter intellektueller Leistungsfähigkeit verbindet. Eine weitere ärgerliche Konsequenz des Verzichts auf sorgfältige Erdung kann darin bestehen, daß Sie nachts »vor Müdigkeit nicht einschlafen können«. Das ist besonders lästig: Sich stundenlang von einer Seite auf die andere zu wälzen, weil man nicht mehr wach sein und noch nicht schlafen kann, und zu begreifen, daß das Wort »Morgengrauen« noch eine zweite Bedeutungsebene hat, nämlich »das Grauen am Morgen« …

Es gibt verschiedene Möglichkeiten der magischen Erdung. Hier ein paar Vorschläge. Die unterschiedlichen Varianten lassen sich beliebig miteinander kombinieren. Es steht Ihnen also frei, ein eigenes, ganz individuelles Erdungsritual zu konstruieren. Um sich magisch zu erden, können Sie beispielsweise eine leicht abgewandelte Form der Erdverwurzelung praktizieren. Diese Methode unterscheidet sich in einem wichtigen Punkt von der magisch energetisierenden Variante der Erdverwurzelung. Sie benutzen Ihre »Wurzeln« jetzt nämlich nicht zum Aufsaugen der Kraft, sondern, genau im Gegenteil, als »Energie-Abfluß-Kanäle«, durch die hindurch die überschüssige magische Energie geradewegs zurück ins Energiezentrum der Erde fließen kann. Frei nach dem Motto: »Mit bestem Dank zurück!«

Das weiß auch der Volksmund, wenn er sagt: Essen und Trinken hält Leib und Seele zusammen. Wer sich also sehr oft erden muß und die Erdungsvariante des Essens bevorzugt, nun, der sieht vermutlich nach einer Weile aus wie Buddha. Das ist halt so. Und vermutlich ist es auch müßig, sich darüber graue Haare wachsen zu lassen. Gibt es auch kalorienärmere Möglichkeiten der magischen Erdung? Freilich! Man kann beispielsweise mit Händen und Füßen in der Erde wühlen. (Diese Methode eignet sich insbesondere für Hobbygärtner oder solche Leute, die gern ihre Zimmerpflanzen umtopfen.) Eine »total verschärfte« Variation dieser Erdungsmöglichkeit besteht darin, sich im Sommer am Strand von Freunden im warmen Sand eingraben zu lassen, so daß nur noch der Kopf zu sehen ist. Eine andere Methode: Hüpfen. einfach hüpfen, auf der Stelle hüpfen. Oder einige Bewegungsabläufe ausführen, von denen man annimmt, so ungefähr müsse ein indianischer Kriegstanz oder ein afrikanischer Furchtbarkeitstanz aussehen. Und wie sieht so etwas aus? Wild und urwüchsig. Nicht wie »sterbender Schwan«, sonder eher wie »fröhliches Büffelkalb« oder »wilder Eber im Unterholz, von einem Wespenschwarm verfolgt«.

Als flankierende Maßnahme zur magischen Erdung, also quasi zur »mentalen Erdung«, bieten sich unter anderem folgende Möglichkeiten an: Eine kurze Meditation über den kabbalistischen Baum, um die Erfahrungen, die man im magischen Kreis gemacht hat, durch Lokalisierung und Zuordnung dem Alltagsverstand zugänglich zu machen. Oder: Ein kurzes Protokoll für das »magische Tagebuch«, in das Sie auch Ihre Träume eintragen können, anfertigen. Oder: Eine kurze Geschichte bzw. ein kleines Gedicht schreiben. Sie können auch malen oder zeichnen, falls Ihnen die nonverbalen Ausdrucksmöglichkeiten eher liegen. Hier wird also nicht im Freudschen Sinne »Triebenergie sublimiert«, sondern magische Energie kreativ geerdet.

Es gibt, wie wir gesehen haben, physische und mentale Erdungsmethoden. Es gibt auch die spirituelle Erdung – Erdung vom Feinsten, die elegante Variante für Fortgeschrittene. Hierbei lassen Sie die überschüssige magische Energie nicht einfach ungenutzt abfließen. Sie projizieren die Energie in eine imaginativ hergestellte Kugel aus weißem Licht hinein. Sie imaginieren Ihre weiße Power-Kugel so lange und so intensiv, bis Sie intuitiv spüren, daß es Ihnen gelungen ist, alle ungenutzte magische Energie in die Kugel hineinzuverlegen. Einen sicheren Instinkt dafür zu bekommen, wann der »Energietransfer« gelungen und als abgeschlossen zu betrachten ist, erfordert eine gewisse Erfahrung. Und die erwirbt man nur durch fleißiges Üben. Übung macht den Meister. Es ist noch kein Meister vom Himmel gefallen. Und selbst wenn hin und wieder mal ein Meister vom Himmel fallen sollte, selbst dann kommt diese Sternschnuppe in Menschengestalt sicherlich zunächst nicht darum herum, zumindest ein paar Übungen »zum Aufwärmen« zu machen.

Befindet sich alle überschüssige magische Energie in der weißen Kugel, dann »geht die Post ab«. Sie schicken die Kugel jemandem, von dem Sie wissen, daß er/sie momentan krank oder deprimiert oder aus irgendwelchen Gründen unglücklich und kraftlos ist. (Richtig! Das ist angewandte Aura-Magie zum Zwecke der eigenen Erdung:) Die weiße Energiekugel setzt sich in der Aura des Empfängers fest und trägt – zumindest für eine Weile – zur Verbesserung der seelischen und körperlichen Befindlichkeit des/der Betreffenden bei.

Fassen wir zusammen. DIE optimale magische Erdung sähe also folgendermaßen aus (Vorsicht, Scherz!): Nachdem Sie den magischen Kreis aufgehoben und die unverbrauchten Reste der weißen Kraft einem Freund oder einer Freundin geschickt haben, essen Sie sich erst einmal ordentlich satt. Dann meditieren Sie über den kabbalistischen Baum (oder ein schönes Mandala), schreiben ein paar Notizen in Ihr magisches Tagebuch, verfassen ein hübsches kleines Gedicht und/oder eine schöne Zeichnung, um sich danach hüpfend in den Garten zu begeben, wo Sie nach der Aufführung einiger indianischer und afrikanischer Kulttänze damit beginnen umzugraben, um Hände und Füße in die Erde zu versenken. Über die »Wurzelfäden«, die Sie jetzt ausfahren, lassen Sie die letzten spärlichen Reste an magischer Energie – soweit überhaupt noch vorhanden … – ins Energiezentrum der Erde abfließen. Gründlicher geht es wirklich nicht! Aber im Ernst: Soviel Aufwand wäre natürlich maßlos übertrieben. Früher oder später werden Sie vermutlich ohnehin Ihr ganz individuelles Erdungsritual entwickeln, das optimal auf Ihre persönlichen Bedürfnisse zugeschnitten ist. Die hier zusammengestellten Methoden zur magischen Erdung verstehen sich als Vorschläge, Beispiele und Anregungen. Vielleicht fällt Ihnen ja etwas viel Besseres ein! Die praktisch Denkenden unter uns werden es vielleicht schon festgestellt haben: Man muß die Methoden der magischen Energetisierung gar nicht unbedingt anwenden, um die erste Hälfte eines Zwillings-Ereignisses zu gestalten. Man kann sich auch einzig und allein zu dem Zweck energetisieren, um in die Verlegenheit zu kommen, sich erden zu müssen. Alle, die einen Beruf (oder ein Hobby) haben, bei dem es elementar darauf ankommt, Kreativität zu entfalten (Graphiker, Architekten, Designer, Schneider, Kunsthandwerker, Dekorateure, Komponisten, Erfinder, Bildhauer, Fotografen, Filmemacher, Choreographen, Bühnenbildner, Lyriker usw., usw.), können sich die Techniken der magischen

Energetisierung zunutze machen, um ihren Beruf noch lustvoller und erfolgreicher auszuüben: Sie laden sich gewaltig
auf, um die Energie dann wieder in Form kreativer Arbeit zu
erden! – Ganz simpel eigentlich, aber wirkungsvoll. (Kunst
und Magie sind eh viel enger miteinander verwandt, als man
gemeinhin annimmt. In jedem Künstler schlummert ein Magier. In jedem Magier schlummert ein Künstler.)

So. Jetzt wissen wir, wie man sich energetisiert und wie man
sich erdet. Als nächstes bringen wir Autodidakten uns die
Kunst des Imaginierens bei. Magie steht und fällt mit der
Kunst des Imaginierens.

VI. Das Imaginieren

Die Kunst der Einbildung

Um gleich zu Beginn eventuelle Mißverständnisse auszuräu-
men: Die Worte »imaginieren« und »visualisieren« werden im
Bereich der Magie – obwohl die Bedeutungsfelder beider
Termini nicht exakt deckungsgleich sind und die Definitionen
beider Begriffe graduelle Abweichungen voneinander aufwei-
sen könnten – synonym verwendet. Synonym wie »tun« und
»machen« oder »sehen« und »blicken«. Bevorzugt verwendet
wird der Begriff »imaginieren«, und zwar deshalb, weil in
dieser Vokabel das Wort »Magie« enthalten ist. Wie dem auch
sei: »visualisieren« und »imaginieren« bezeichnen jedenfalls
im magischen Vokabular ein und dasselbe. Und was bezeichnen sie? Eine Fähigkeit, die wir in diesem Kapitel näher
untersuchen (und nach Möglichkeit auch ein wenig rehabili-
tieren) wollen. Worum also geht es konkret? Um die Fähigkeit
des Menschen, sich im wahrsten, elementarsten Wortsinn
etwas »einzubilden«.

In der Alltagssprache verwenden wir das Verb »sich etwas
einbilden« meist in mitleidig-herablassenden Kontexten. (Das
Wort hat im Laufe der Zeit eine Bedeutungsverengung erfahren.) Beispiel: Ihre kleine Tochter hat sich unsterblich in einen
wunderhübschen Popstar verliebt, weil dieser wohlgeformte

junge Mann so kunstvoll seine schmalen Hüften zu schwingen versteht. Das hat sie ihm dann auch schriftlich mitgeteilt mit der dringenden Bitte, ihr doch in seinem nächsten Videoclip zuzuzwinkern, damit sie sichergehen könne, daß ihr Brief ordnungsgemäß angekommen und nicht etwa von eifersüchtigen Büromäusen abgefangen und unterschlagen worden sei. So. Und nun passiert das Sonderbare: Einige Wochen später – die Kleine hat vergeblich auf einen leidenschaftlichen Liebesbrief des ohnehin der deutschen Sprache gar nicht mächtigen jungen amerikanischen Unterhaltungskünstlers gewartet – schaut sich das Kind die allwöchentliche Hit-Chart-Berichterstattung im Fernsehen an. Da! Ein neuer Videoclip. Ein junger Mann mit frisch gewaschenen und sorgfältig geföten Haaren bringt ein gefühlvolles Liebeslied zum Vortrag. Sehr hübsch soweit, sowohl das Lied als auch der Sänger. Aber wieso zwinkert und plinkert er ständig in die Kamera? Hat der arme Junge vielleicht irgendein schweres Augenleiden? Während Sie in Gedanken dieser medizinischen Fragestellung nachhängen, springt Ihre Tochter auf, kreischend und tobend, mit Freudentränen in den Augen, und jauchzt frohlockend: »Er liebt mich! Er liebt mich! Guck doch hin! Er hat mir zugeblinzelt!« Und was sagt nun in dieser peinlich-beklemmenden Situation ein verantwortungsvoller Erziehungsberechtigter, der seinen Zögling vor Irrtümern und herben Enttäuschungen bewahren möchte? Na klar, er sagt: »Ach Kind, bilde dir doch nichts ein!« Oder auch: »Du bildest dir doch wohl nicht ein, der Typ da hätte exklusiv für dich gezwinkert?« Also: »sich etwas einbilden« verwenden wir im Sinne von: sich einer Illusion hingeben, sich etwas vormachen. Ein eingebildeter Laffe ist jemand, der sich der Illusion hingibt, er sei schöner, gescheiter und überhaupt in jeder nur denkbaren Hinsicht großartiger und prachtvoller als alle anderen Menschen. Er ist also nicht nur arrogant, sondern darüber hinaus auch noch, was vielleicht viel schlimmer ist: fürchterlich dumm.

Niemand möchte als »eingebildet« gelten oder gar als ein Mensch, der sich ständig »etwas einbildet«, das heißt, der sich aus der kollektiven Konsensus-Realität ausgeklinkt und infolgedessen keinen rechtmäßigen Anspruch mehr darauf hat, von anderen Menschen ernst genommen zu werden.

Imagination ist die Kunst der Einbildung. Bevor wir diese Kunst erlernen, sollten wir zunächst einmal etwas für die längst überfällige Ehrenrettung des Wortes »Einbildung« tun. – Damit wir uns nicht länger einbilden müssen, Einbildung sei etwas Verwerfliches! Welche goldene Lebensregel hat uns der Lehrer in der Schule immer eingebleut? Na klar, diese: »Ein intelligenter Mensch braucht nicht alles zu wissen. Er muß nur wissen, wo er nachschlagen muß, wenn er einmal etwas nicht weiß.« Wir wissen noch nicht sehr viel über die Kunst der Einbildung. Also greifen wir erst einmal zum großen Wörterbuch der deutschen Sprache. Dort finden wir unter dem Stichwort »Einbildung« einen Verweis auf das mittelhochdeutsche Verb »inbilden«, worunter zu verstehen ist: Sich etwas (in die Seele) hineinprägen. Da das Wort »Seele« auftaucht, müssen wir davon ausgehen, daß »inbilden« ein Wort war, das häufig in spirituellen Kontexten auftrat. Sich etwas in die Seele hineinprägen. Hinein-bilden, hinein-formen, die Rohmasse der Seele so kunstvoll bearbeiten, daß sie Gestalt annimmt. Die menschliche Seele als Rohstoff, der erst geformt werden muß. – Dieser Hinweis ist wie der Kristallisationskern, um den herum sich massenweise Assoziationen gruppieren lassen.

Beispielsweise ein zentraler Begriff aus der mittelalterlichen Theologie: das »imago dei«, das Bild Gottes in der menschlichen Seele. (Mit »imago« sind wir schon fast wieder bei »imaginieren« – wir sehen: Alles paßt wunderbar zusammen. Wir sind offenbar auf der richtigen Spur.) Und weil der intellektuelle Sherlock Holmes jetzt in uns wach geworden ist und sein Recht verlangt, schlagen wir, wenn wir schon einmal dabei sind, auch gleich mal unter dem Stichwort »Bildung« nach. »Bildung« und »Einbildung« müssen ja auch etwas miteinander zu tun haben, denn der Volksmund spricht: »Einbildung ist auch eine Bildung.« Okay. Was steht da zu lesen? Da steht, daß unser Wort »Bildung« sich herleitet vom althochdeutschen »bildunga«, aus dem dann im Mittelhochdeutschen »bildunge« wurde. Beide Vokabeln haben dieselbe Bedeutung, nämlich: Schöpfung, Verfertigung. Der Schöpfer ist ein Bildner, denn er verfertigt etwas, indem er gestalterisch tätig wird. Ursprünglich bezeichnete das Wort bildunga-bildunge-Bildung also schlicht und ergreifend etwas »Gemachtes«. (Da steckt wieder das Wort »Macht«, etwas machen können, drin!) In dieser Bedeutung lebt das Wort noch heute, beispielsweise in: eine Regierung bilden. Oder: einen Kreis bilden. Oder: eine Pflanze bildet Knospen. Oder: eine gesättigte Salzlösung tendiert zur Kristallbildung. Oder: Ein Mann von Bildung, der etwas aus sich gemacht hat – er ist kein täppischer Tölpel mehr, der er vielleicht geblieben wäre, wenn er sich nicht weitergebildet, sprich: weitergeformt, also sich selbst nicht als einen Rohstoff angesehen hätte, den er durch Willenskraft und Zähigkeit in Form bringen kann. (In Form bringen – informieren). Lassen wir uns das Wort »Einbildung« doch einmal genüßlich auf der Zunge zergehen: »Ein-Bildung«. Das »Ein-« verweist auf den Akkusativ der Richtung, auf das »hinein«. Und »Bildung«, das wissen wir jetzt, hat nicht in erster Linie etwas mit der Akkumulation akademischen Wissens zu tun, sondern mit »Erschaffung«, »Herstellung«, »Verfertigung«, »entstehen lassen«. Die Bildung ist das Entstandene, das kreativ Geformte. Von einem Naturkind sagt der Volksmund, es sei »herzerfrischend unverbildet«, das heißt: noch nicht durch die Berührung mit den kulturellen Vorurteilen geistig-seelisch deformiert. Und von einem weisen, gütigen Menschen sagt der Volksmund: Der hat Herzensbildung. Das heißt? Dieser Mensch hat die Kräfte der Liebe und des Wohlwollens in sich ausge-bildet. Wer zu träge war, an sich zu arbeiten, der gilt als unge-bildet; er hat nichts aus sich gemacht und ist noch immer die amorphe Masse, die er zu Beginn seiner Inkarnation war. Das Gegenteil von »hinein« ist: »heraus«. Entsprechend ist das Gegenteil von »Einbildung«: »Ausbildung«, also »Heraus-Bildung«. Ausbildung bedeutet Ausprägung, Ausformung, Ausgestaltung. Eine solide Ausbildung gibt dem Schüler die Gelegenheit, seine Fähigkeiten und Talente optimal zu entfalten, zu entwickeln, sie also auszu-bilden.

Forschen wir weiter: Ein Talent oder eine Fähigkeit, die ausge-bildet werden kann, muß bereits vorhanden sein. Ganz klar, denn man kann nichts aus einem Menschen herausholen, was nicht schon wenigstens ansatzweise in ihm drinsteckt. Wenn nun Aus-bildung etwas ist, was sich auf zumindest latent bereits vorhandene Fähigkeiten und Talente bezieht, dann muß Ein-bildung das genaue Gegenteil sein. Nämlich? Ein-bilden ist: Etwas in der Seele entstehen lassen. Die Saat des vollkommen Neuen in die Seele werfen. Das Wort »Seminar« leitet sich vom lateinischen Begriff »seminarium« her. Das bedeutet: Saatbeet. In einem Seminar soll etwas in die Herzen und Hirne hinein-gebildet, ein-gebildet werden, um geistig-seelisches Wachstum zu ermöglichen. (Ein wirklich guter Lehrer ist also so etwas wie ein geistiger Gärtner, ein Ein-Bilder. Hat er gute Arbeit geleistet, dann genügt eine mittelmäßige Lehrkraft, um das Begonnene als Aus-Bilder fortzusetzen. Daraus folgt: In einem idealen Staat sollten die brillantesten Köpfe an den Vorschulen und nicht an den Universitäten unterrichten!) Also: Einbildungskraft ist die Fähigkeit des Menschen, etwas vollkommen Neues in der Seele entstehen zu lassen. Wer keine Ein-Bildungs-Kraft besitzt, der ist dumpf und stumpf. Sein Innenleben beschränkt sich auf die Verdauungsvorgänge im Magen-Darm-Trakt. Viel mehr findet in solch einem Menschen nicht statt. Ohne Ein-Bildungs-Kraft gäbe es keine Kunst, keine Kultur, keinen Fortschritt, nichts, was das Leben lebenswert macht. Imagination ist also die Kunst der Ein-Bildung. Wer über Imaginationsfähigkeit verfügt, der ist in der privilegierten Lage, sich bewußt und willentlich etwas ein-bilden zu können. Er betrachtet seine Seele als formbaren Rohstoff. Er ist sein eigener Lehrer geworden, denn ein wirklich guter Lehrer ist, wie wir gesehen haben, ein Ein-Bilder. Wer imaginiert, der bildet sich im wahrsten Wortsinn etwas ein. Das heißt: Er arbeitet auf geistigem Wege daran, daß sich etwas bilden kann, daß etwas entsteht, etwas, was es vorher noch nicht gegeben hat. Kreativität und Intellektualität gehen bei diesem Vorgang eine schöne und produktive Synthese ein. Die Imaginationsfähigkeit ist eine geistige Kraft, eine Art Muskel der Seele. Sie ist eine starke, welt- und realitätsverändernde, mithin: mächtige Kraft. Eine magische Kraft. Weder kann noch darf man sie aus Unwissenheit oder gar aus Borniertheit derart leichtfertig und undifferenziert mit Halluzinationen oder Geisteskrankheit gleichsetzen, wie es sich leider Gottes nun einmal bei uns eingebürgert hat. Trotzdem findet diese einfältige Gleichsetzung der Imagination mit der halluzinatorischen Traumtänzerei nach wie vor statt. Nun gut, jeder sieht genau das in den Dingen, was er selbst ist. Die Dinge, die wir betrachten, sind wie Spiegel. Letztlich sieht jeder überall nur das, was er selbst ist. Wer überall nur Dummheit, Bauernfängerei, Debilität oder Geisteskrankheit zu entdecken meint, mit dem muß irgend etwas nicht stimmen. Aber das ist nicht unser Problem. Jedenfalls: Wenn ein Halbgebildeter daherkommt und im Brustton der angemaßten Allwissenheit verkündet: »Ach, Imaginieren, das ist doch nichts anderes als reine Einbildung«, dann darf man ihn von Herzen zu seinem Scharfsinn beglückwünschen: »Lieber Freund! Es ist ja wahr: Imagination ist reine Einbildung. Schöner und zutreffender hätte man dieses Fremdwort gar nicht definieren können!« Schon wahr: Imagination ist reine Einbildung. Nur: Manche Leute bilden sich halt noch immer ein, sie wüßten überhaupt ansatzweise, was Einbildung eigentlich konkret ist. Und wissen in Wahrheit gar nichts. Und wissen nicht einmal, daß sie nichts wissen …

Das Wort »Imagination« leitet sich vom lateinischen Substantiv »imago« her. »Imago« heißt: Bild. »Imagination« könnte man also durchaus auch übersetzen als: Verbildlichung, Bilderschaffung (= Bilder-Schaffung und Bild-Erschaffung). Frühere Generationen müssen hervorragende Fähigkeiten auf dem Sektor der geistigen Bild-Erschaffung/Bilder-Schaffung besessen haben. Sonst hätte man ihnen ja nicht explizit verbieten müssen, von diesen Fähigkeiten auch Gebrauch zu machen. Worauf spielen wir an? Auf das Erste Gebot, in dem es ja unter anderem auch heißt, man solle sich gefälligst kein Bild von Gott machen (= nicht ständig neue Teilaspekte der allumfassenden Ersten Ursache personifizieren, sondern zumindest einmal versuchen, Gott/Göttin in Seiner/Ihrer allumfassenden Totalität zu begreifen oder im Falle des Nicht-Begreifens zumindest demütig zur Kenntnis nehmen, daß man es nicht schafft. Und nicht aus Trotz wieder auf die Stufe der Produktion goldener Kälber zurückfallen. Klar, Gott/Göttin ist alles, mithin natürlich AUCH ein goldenes Kalb. Aber eben nicht NUR ein goldenes Kalb.)

Imaginationsfähigkeit ist also die Begabung, sich ein Bild zu machen. Sich ein Bild von einer Sache zu machen. Von einer Sache, die es vielleicht noch gar nicht gibt. Sich etwas vorzustellen, das heißt: Sich eine Sache konkret vor die geistigen Augen zu stellen, um sie näher zu betrachten. Im Sinne des englischen »imagine«, wie es beispielsweise John Lennon in seinem gleichnamigen Lied verwendet hat: »Mann, stell dir doch wenigstens EINMAL vor, daß alles auch volkommen anders sein könnte, als es derzeit ist. Führ dir vor Augen, daß du die Welt verändern kannst, wenn du im eigenen Kopf beginnst und gedanklich neue Wege zu gehen lernst! Begreif doch endlich, daß es sehr wohl möglich wäre, in einer Welt zu leben, in der es keine Grenzen gibt und in der all der Reichtum, den die Erde uns schenkt, gerecht unter alle Menschen verteilt wird!« Ja, sicher, wer solche Lieder schreibt, wird irgendwann erschossen. Daran hat sich noch nichts geändert. Trotzdem: IMAGINE IF YOU CAN! Sie können nicht alle erschießen. Irgendwann gehen ihnen die Patronen aus … Wer über eine gut trainierte Imaginationskraft verfügt, der kann sich im wahrsten Wortsinn von allem »ein Bild machen«. Wie Immanuel Kant, der, obwohl er niemals weite Reisen unternommen hat, so faszinierend, anschaulich und so detailliert von fernen Ländern zu erzählen wußte, daß jeder ihn für einen Weltumsegler halten mußte. Dabei hat er seine Studierstube nur höchst ungern verlassen. Er war ein Bücherwurm mit herkuleischer Imaginationskraft. (Karl May, nebenbei bemerkt, hatte dieselbe Fähigkeit wie Kant. Die meiste Zeit seines Lebens hat er in geschlossenen Räumen verbracht ... und »gesiebte Luft« geatmet ... – trotzdem oder genau deshalb konnte er sich lebhaft vorstellen, wie herrlich das Gefühl der Freiheit sein muß, wenn man auf einem Indianerpony durch die endlosen Weiten der Prärie galoppiert. Es dürfte überhaupt immens schwerfallen, den Namen irgendeines bedeutenden Menschen zu nennen, der NICHT über eine überdurchschnittliche Imaginationsgabe verfügte!)

Wer eine starke Imaginationsfähigkeit besitzt und beispielsweise das Wort »Erdbeere« hört, der kann die rote, pralle Frucht plastisch vor seinem inneren Auge sehen, ihr Aroma auf der Zunge schmecken und den Genuß auskosten, den der Verzehr dieser süßen Frucht bietet. Er kann das Wort »Erdbeere«, das ja strenggenommen nichts weiter als eine Aneinanderreihung von acht Buchstaben ist, im Geiste in ein sinnliches Erlebnis zurückverwandeln. Man könnte also durchaus die These zur Diskussion stellen, die Imaginationskraft sei das genaue Gegenteil der Abstraktionsfähigkeit. (Für Kabbalisten: Die Abstraktionsfähigkeit entspricht der Sephira Hod, und die Imaginationsfähigkeit ist Netzach zuzuordnen.) Der Weg der Imagination führt vom Allgemeinen (dem Wort) zum Besonderen (dem individuellen Erleben). Wer den Weg der Abstraktion geht, dessen Gedanken wandern genau in die entgegengesetzte Richtung, nämlich vom Besonderen zum Allgemeinen. (Dieser Wanderweg war die Lieblingsstrecke des großen Plato …) Abstrahieren bedeutet: Begriffe schaffen, die unübersichtliche Vielfalt des sinnlich Wahrnehmbaren in benennbare Kategorien einordnen, ja gewissermaßen auch die Welt des konkreten Erlebens zugunsten des Verstehens der ihr zugrundeliegenden Strukturen zu ent-wirklichen. Für den »internen Hausgebrauch« können wir uns also auf folgende Definition einigen: Mit Hilfe des Abstraktionsvermögens können wir die Realität im wahrsten Wortsinn: »zur Sprache bringen«, während uns die Imaginationsfähigkeit die Möglichkeit bietet, genau in die entgegengesetzte Richtung zu wandern, nämlich: »etwas auf die Welt bringen«, etwas konkretisieren und sinnlich erfahrbar machen. (Was übrigens viel lustvoller ist.)

Und um die vernachlässigte Schwester des Wortes »Imagination«, nämlich: »Visualisierung«, nicht völlig unter den Tisch fallen zu lassen, denn schließlich handelt es sich ja um Synonyme, also Bedeutungs-Zwillinge, noch dieses: Das Visualisieren kann als der Gegenpol des Verbalisierens bezeichnet werden. Visualisieren bedeutet: Etwas sichtbar machen, anschaulich, anschaubar machen, sich etwas vor die inneren Augen führen, etwas mit den Augen des Geistes betrachten. Verbalisieren dagegen bedeutet: Etwas in Worte fassen, in Worte kleiden, zur Sprache bringen, verwörtlichen. Vielleicht ist es uns jetzt gelungen, wenigstens einen minimalen Beitrag zur Ehrenrettung der in Mißkredit geratenen Kunst der Einbildung zu leisten. Falls nicht, dann haben wir zumindest unser Bestes versucht.

Zwei Keulenhiebe

Ein Magier (ein Künstler, ein berühmter Mensch) ist jemand, der seine Einbildungskraft ausgebildet hat. Einen Magier ohne starke Imaginationsfähigkeit kann es nicht geben. Hat es nie gegeben. Wird es nie geben. So jemand wäre vielleicht gern ein Magier. Aber er ist keiner. Und wird auch keiner werden, solange er nicht seine Ein-Bildungskraft aus-bildet.

Bevor wir mit der Grundausbildung unserer Imaginationsfähigkeit beginnen, müssen wir noch einmal zum Rundumschlag mit der Verbalkeule ausholen. Das läßt sich leider nicht vermeiden. Warum? Weil man noch immer so häufig auf Leute trifft, die ihre Lebensaufgabe offenbar darin sehen, andere Menschen zu demotivieren. Die Imaginationskraft lebt als göttliches Erbe in uns allen. Als Gott/Göttin zu imaginieren begann, entstand das Universum. Die Aus-Bildung dieser bereits latent vorhandenen Fähigkeit in uns erfordert harte, ausdauernde Arbeit sowie zähes, unermüdliches Üben. Nun gibt es ja gewisse Zeitgenossen, die setzen gern Faulheit mit Spontaneität gleich und ergreifen, sobald eine Sache in Arbeit auszuarten droht, in panischer Angst die Flucht. Magie erschien ihnen vielleicht als der Weg des geringsten Widerstandes. Ein schlichtes Gemüt könnte ja tatsächlich auf den Gedanken verfallen, es sei viel bequemer, sich Tausendmarkscheine herbeizuzaubern, als jeden Tag zur Arbeit zu gehen. Wenn solche Leute irgendwann feststellen – und dieses böse Erwachen kann gar nicht ausbleiben –, daß der Weg des Magiers ein viel beschwerlicherer ist als der des Durchschnittsmenschen, dann haben sie plötzlich »null Bock auf gar nichts« mehr. Dagegen wäre ja an sich nichts einzuwenden,

wenn diese Leute kein so starkes Legitimationsbedürfnis ver-
spürten und zum Zwecke der Alibibeschaffung das dümmliche
Gerücht verbreiteten: Magische Fähigkeiten zu erwerben, das
sei für Normalsterbliche unmöglich, sie selbst hätten diese
vollkommene Unmöglichkeit am eigenen Leib erfahren. Noch
einmal: Es gibt selbstverständlich das elementare Menschen-
recht auf Faulheit, das niemandem abgesprochen werden darf
(und kann …). Nur – wenn man dieses elementare Menschen-
recht auf Faulheit für sich in Anspruch nimmt, dann soll man's
auch offen zugeben und sagen: »Okay, ich hab's versucht, aber
ehrlich – das alles ist mir viel zu mühselig. Ich möchte lieber
meine Energie sparen, statt mich kaputtzuarbeiten.« Das wäre
ja völlig in Ordnung. Ein ehrenwerter Standpunkt, auch wenn
man selbst ihn vielleicht nicht vertritt. Mit so entwaffnender
Ehrlichkeit könnte man sogar dicke Pluspunkte sammeln!
Aber nein, da wird hartnäckig behauptet, ein Normalsterbli-
cher wie du und ich hätte keine Chance, seine brachliegenden
magischen Energien zu mobilisieren. Und das stimmt einfach
nicht. Niemand mag es hören, und trotzdem ist es einfach
wahr: Neunzig Prozent der Genialität bestehen aus ganz ordi-
närem Fleiß. Das war immer so, und so wird es voraussichtlich
auch noch eine ganze Weile bleiben.
Zugestanden: Ein genialer Komponist vom Schlage Mozarts
beispielsweise braucht natürlich einige Inkarnationen der
gründlichen Vorbereitung, ehe er bedeutende Kunstwerke
schaffen kann. So jemand muß sich auch vor der Inkarnation
seine Eltern sehr sorgfältig aussuchen, damit er von Kindes-
beinen an optimal gefördert wird. Na gut. Nicht jeder kann ein
großer Komponist werden. Die Mozarts sind selten. Das will
ja auch niemand ernsthaft in Abrede stellen. Ein großer Kom-

ponist kann nur jemand werden, der bereits echte musikalische Kreativität mit in die neue Inkarnation bringt. Die spezielle Begabung, großartige Opern zu komponieren, ist also durchaus nicht jedem von uns angeboren. Aber jedem angeboren ist die Imaginationsfähigkeit. Ausnahmslos jedem. Denn sie ist ein Teil des göttlichen Erbes, das jeder in sich trägt. Jeder von uns besitzt Imaginationskraft, denn Gott/Göttin besitzt Imaginationskraft. Und quod est superius, est sicut quod est inferius. Wie oben, so unten. Was Gott/Göttin im Makrokosmos kann und ist, das können wir im Mikrokosmos. Also: Jeder kann seine Imaginationsfähigkeit aus-bilden, denn sie ist unserer Seele bereits einge-bildet. Von Geburt an. Von der ersten Inkarnation an. Wer freilich keine Lust hat, notfalls auch zehn Jahre lang jeden Tag zu üben, bis er es in der Kunst der Einbildung zu etwas Nennenswertem gebracht hat, der wird sicherlich nie ein Magier. Und noch ein Keulenhieb: Schließe dich niemals einer Gruppe an, die dich braucht oder die du zu brauchen glaubst. Warum? Weil: Wenn Individuen sich zu einer Gruppe zusammenschließen, entsteht sofort ein Gruppengeist. (Tatsächlich; das können Sie, wenn Sie mögen, bei Hermann Broch, oder besser noch im Original bei Gustave Le Bon nachlesen.) Und dieser Gruppengeist stabilisiert sich auf unterstem Niveau. Das heißt: Er ist nur so stark und so gut wie das schwächste Mitglied der Gruppe. Trotzdem arbeiten viele Magier gern in Gruppen. Warum? Unter anderem deshalb, weil es einfach faszinierend ist, zu erleben, wie durch die Bündelung der Kräfte tatsächlich dieser Gruppengeist entsteht und daß er wirklich etwas bewirken kann, wenn er fachkundig auf ein Ziel gelenkt wird. Nebenbei erlebt man noch den dionysischen Rausch der zeitweiligen Ent-Individualisierung, der eine sehr wichtige Grundlage für die magische Arbeit ist, in den man sich aber eben auch ohne die Gruppe versetzen kann, wenn man nur beharrlich genug mit dem try-and-error-Verfahren herumexperimentiert, bis man seinen ersten Volltreffer landet. Nun, dieses »große« Erlebnis des Gruppengeistes erfuhren auch unsere Eltern bzw. Großeltern, als sie im Sportpalast einem redegewandten schwarzmagischen Mann ihr vieltausendstimmiges Ja zubrüllten, nachdem er sie gefragt hatte: »Wollt ihr den totalen Krieg?« Es gibt nur wenige Dinge, die so gefährlich und so leicht mit so langfristig verheerenden Folgen mißbrauchbar sind wie der Gruppengeist. Als Vergleich käme vielleicht nur noch die Kernspaltung in Frage.

Also: Wer eine Gruppe braucht, um ein Magier zu sein, der ist in einer Gruppe nicht zu gebrauchen. Umgekehrt gilt: Eine Gruppe, die dich braucht, um wirkungsvoll Magie zu praktizieren, die kannst nun wiederum du nicht gebrauchen. Kommt es aber, so Gott/Göttin will, zum freiwilligen Zusammenschluß einiger wirklich starker Individuen, die ebensogut allein arbeiten könnten, die sich aber für einen gewissen Zeitraum zu einem ganz bestimmten Zweck zusammengefunden haben, dann – ja, dann reichen Worte nicht aus, um zu sagen, was diese Menschen bewirken können. (Einige unter uns wissen vielleicht, wie es kam, daß die Schweiz nicht in den Zweiten Weltkrieg verwickelt wurde. Diese Geschichte steht [noch] nicht in den Schulbüchern …) Nun gut. Jedenfalls soll hier jeder, der sich nicht nur aus Neugier und Sensationslust, sondern aus der einzigen wirklich legitimen Motivation heraus, aus Liebe natürlich, für die Magie interessiert, eindringlich davor gewarnt werden, sich zu früh einer Gruppe anzuschließen und dem Wirken des Gruppengeistes zu vertrauen.

Denn dann verkümmern die eigenen Fähigkeiten. Sicher – gemeinsam mit der Gruppe kann man allerhand auf die Beine stellen. Aber nur eines zählt wirklich: Wer oder was kannst und bist du ohne deine zwölf Freunde? Du bist nur das, was du bist, wenn du allein bist. Du kannst nur das, was du kannst, wenn du allein arbeitest. Das sind harte Fakten. Wem sie nicht gefallen, dem steht es selbstverständlich frei, sie – auf eigenes Risiko – zu ignorieren.

Nichts gegen Gruppen und Coven. Aber man sollte einfach spüren, wann der richtige Zeitpunkt für einen eventuellen Beitritt gekommen und wie lange es für die eigene Entwicklung vielleicht doch vorteilhafter ist, immer und immer wieder Mißerfolge in Kauf zu nehmen, bis man endlich das gute Gefühl hat: »Okay, jetzt schaffe ich's auch alleine. Und deshalb darf ich's jetzt auch mal gemeinsam mit anderen versuchen.«

Elitär? Arrogant? Ganz im Gegenteil! Demütiger geht's fast gar nicht mehr. Denn: Wer so empfindet, der dokumentiert seine tiefe Ehrfurcht vor der Gruppenarbeit, denn im Klartext besagt seine Entscheidung ja folgendes: »Ich habe so großen Respekt vor der gemeinsamen magischen Arbeit mit anderen, daß ich einer Gruppe erst dann beitreten möchte, wenn weder sie mich braucht noch ich sie brauche. Erst dann nämlich hält die Gruppe tatsächlich aus Liebe zusammen und nicht notgedrungen, nämlich aufgrund der Schwäche oder der totalen Unfähigkeit der einzelnen Mitglieder.« Für diejenigen unter uns, die wirklich »starken Tobak« vertragen können, ein Zitat von Colin Wilson. Er spricht von der Notwendigkeit, alle inneren Energiereserven zu mobilisieren und ganz bewußt nicht den Weg des geringsten, sondern des höchsten Widerstandes zu gehen. Es ist der Weg der Einsamen. Wilson schreibt, »daß das Leben bar der Indivudualität nicht dieselbe verzweifelte Kraft aufbringen würde. Der Massenmensch ist ein Schwächling; Menschen, die Menschen brauchen, sind die stupidesten Menschen der Welt.« – Schreibt so jemand, der die Menschen verachtet? Im Gegenteil. So schreibt jemand, der die Menschen liebt und sich nichts sehnlicher wünscht als starke, mächtige, freie, liebesfähige Individuen, die das Leben nicht wie eine Strafe erdulden, sondern das Leben wie einen kostbaren Rohstoff kreativ gestalten. – Das ist natürlich Antikommunismus der edelsten Ausprägung. Denn nicht die seelische Bonsaifizierung des Menschen zum dumpfsinnigen Massenproletarier ist das Ziel, sondern das mächtige, autonome, liebesfähige Individuum. Und gleichzeitig haben wir es hier mit einer radikal antikapitalistischen Aussage zu tun, denn nicht der kleinbürgerliche Duckmäuser, dessen Leben aus Konsumgier und dem Warten auf die Rente besteht, wird glorifiziert, sondern ebenfalls das mächtige, autonome, liebesfähige Individuum. (Das entspricht übrigens präzise Nietzsches Utopie vom »Übermenschen«. Nietzsche hielt nicht, wie manche noch immer meinen, die Züchtung des blonden, blauäugigen, kriegerischen »reinrassigen Ariers« für erstrebenswert, sondern die Aus-Bildung des mächtigen, autonomen Individuums. Nietzsche ist ein Prophet des Neuen Zeitalters. Aber Propheten gelten ja bekanntlich nichts im eigenen Lande.)

Colin Wilsons Überlegungen jedenfalls ließen sich mühelos zu einem politischen Manifest des Dritten Weges ausbauen. Esoterik ist eine sehr politische Angelegenheit. Wir flüchten nicht aus der Realität, sondern wir wollen sie endlich menschenwürdiger gestalten. Und kreative Realitätsgestaltung ist nun einmal: Konkret angewandte Magie.

Von welchem Thema sind wir schon wieder abgeschweift? Von der Notwendigkeit, zäh, beharrlich und unermüdlich im stillen Kämmerlein zu üben. Die Imaginationskraft kann man, um es noch einmal zu wiederholen, ganz allein aus-bilden. Und ohne ausge-bildete Imaginationskraft gibt es keine Magie. Das ist die Sachlage, mit der wir uns auseinanderzusetzen haben.

Zum Üben braucht man ein Trainingsprogramm. Hier ein Vorschlag, wie Ihr ganz individuelles Trainingsprogramm vielleicht in groben Umrissen aussehen könnte:

Mentales Training

Körperliche Fitneß allein macht noch keinen Weltklasse-Athleten. Mittlerweile gehört schon etwas mehr dazu. Unter anderem auch das mentale Training. Bevor der Athlet die bisherigen Grenzen seiner physischen Leistungsfähigkeit ein weiteres Mal überschreitet und einen neuen Rekord aufstellt, hat er seine großartige Leistung schon ungezählte Male imaginativ (»im Kopf«/»auf der Ebene der Ursachen«) erbracht. Erfolgreiche Sportler wissen, daß der Sieg mental vorbereitet und zunächst einmal »im Kopf« stattfinden muß, ehe er konkrete Realität werden kann.

Na schön. Und was hat das mit Magie zu tun? Eine ganze Menge: Das IST Magie. Mentales Training ist die Magie der Sportler – angewandte, konkret und zielbewußt praktizierte

Magie. Mit Hilfe seiner Imaginationskraft gestaltet der Sportler die erste Hälfte eines Zwillings-Ereignisses. Das mentale Training stellt eine vorwärts und in die Zukunft hinein gerichtete Imaginationstechnik dar. Während des mentalen Trainings imaginiert/visualisiert der Sportler immer wieder so intensiv, plastisch und detailliert wie nur irgend möglich seine neue persönliche Bestleistung und seinen Sieg. Ohne dieses »gewisse etwas mehr« an Training kann er zwar recht ordentliche Leistungen erbringen. Aber ein Spitzensportler wird er nie, wenn er nicht zusätzlich den Magier in sich aktiviert hat. Alle berühmten Sportler sind, ob ihnen diese Tatsache nun bewußt ist oder nicht, zugleich auch hochtalentierte Magier.

Wer das weiß, der sieht die nächste Fernsehübertragung des Wimbledon-Finales vermutlich mit ganz anderen Augen (und mit noch mehr Interesse): nämlich als ein Duell zwischen zwei großen Magiern. Die Mimik und Gestik der Kontrahenten legen beredtes Zeugnis dafür ab, daß der Kampf nicht primär auf dem Rasen, sondern »im Kopf« (im Bewußtsein) der beiden Sportler ausgefochten wird. Wer aktiv Sport treibt, der kann die Kunst des Imaginierens über den Umweg des mentalen Sporttrainings erlernen und an seinen konkreten physischen Leistungen ermessen, wie weit sich seine Imaginationsfähigkeit bereits entwickelt hat.

Beispiel: Angenommen, Sie joggen, Sie wissen, wo die Grenze Ihrer physischen Belastbarkeit derzeit liegt. Nun stellen Sie sich vor: Ich habe diese Grenze erreicht. Ich kann nicht mehr, ich möchte mich am liebsten ausruhen. Ich schaffe es mit knapper Not, einmal um den Block zu joggen. Sie imaginieren nun, Sie hätten den Punkt der Erschöpfung erreicht und es gelänge Ihnen, trotz der Ermüdung noch ein paar hundert

Meter weiterzulaufen. Sie überwinden Ihre eigene Müdigkeit imaginativ. Immer wieder visualisieren Sie, wie es ist, den Punkt der Ermattung zu überschreiten und plötzlich staunend zu erfahren, daß Energiereserven, von deren Existenz Sie bislang gar nichts wußten, zu Ihrer freien Verfügung stehen. Sie laufen weiter. Es ist ein herrliches Gefühl. Dieses herrliche Gefühl erleben Sie in Ihrer Imagination immer wieder. Bei Ihrem nächsten Dauerlauf können Sie dann ganz leicht feststellen, ob es Ihnen tatsächlich schon gelungen ist, die erste Hälfte eines Zwillings-Ereignisses so detailliert zu konstruieren und sie derart gekonnt zu energetisieren, daß Sie Ihre persönliche Höchstleistung auf magische Weise übertreffen mußten.

Mentales Training ist eine gute Vorübung, ein Umweg, der langsam, aber sicher ans Ziel führt, nämlich: Die Kunst des Imaginierens perfekt zu beherrschen. Selbstverständlich kann man auch den direkten Weg beschreiten.

Beispiel: Sie imaginieren eine Rose. Zunächst entspannen Sie sich, Sie schließen die Augen, beginnen mit der Mondatmung und versuchen, das Bild »der Rose an sich« zu konstruieren. Vielleicht tritt sofort das Bild einer Rose vor Ihr inneres Auge. Es kann aber auch sein, daß Sie gar nichts sehen. Dann konzentrieren Sie sich auf das Wort »Rose« und durchstöbern Ihr Gedächtnis nach den Bildern all der Rosen, die Sie in Ihrem Leben schon gesehen haben. Wie sieht eine Rose aus? Wie riecht sie? Wie fühlen sich die Blütenblätter an? Wie sehen die Blätter aus? Wie muß man den Stiel anfassen, um sich nicht an den Dornen zu stechen?

Wichtig: Setzen Sie sich nicht unter krampfhaften Leistungsdruck. Wenn es Ihnen die ersten Male noch nicht gelingen sollte, mit Hilfe Ihrer Imaginationskraft das Bild einer Rose vor Ihr geistiges Auge treten zu lassen, dürfen Sie sich nicht von Ihrem »inneren Schweinehund« aufs Glatteis führen lassen. Denn die Teile unseres Wesens, die uns immer wieder einreden wollen, es sei auf Dauer doch am sinnvollsten, den Weg des geringsten Widerstandes zu gehen und vor Schwierigkeiten zu kapitulieren, sind ein ernsthaftes Entwicklungshindernis. Und Sie sind zu besiegen: durch Zuversicht und Unermüdlichkeit.

Gesetzt den Fall, Sie haben es geschafft, imaginativ das Bild einer Rose zu gestalten, dann können Sie sich Ihr erstes kleines Erfolgserlebnis verschaffen: Sie energetisieren das imaginative Bild (= diese erste Hälfte eines Zwillings-Ereignisses) und formulieren einen ersten kleinen Wunsch, der mit Hilfe der Magie in Erfüllung gehen soll. Beispielsweise: »Diese Rose wird zu mir kommen« oder auch: »Diese Rose werde ich sehen.« Wenn Sie dann innerhalb der nächsten Wochen überraschend Rosen geschenkt bekommen oder irgendwo eine Rose sehen, die exakt genauso aussieht wie die Rose Ihrer Imagination (was, wenn Sie alles richtig gemacht haben, zwangsläufig geschehen muß), dann haben Sie Ihren ersten »Volltreffer« gelandet.

Sie haben sich die Rose buchstäblich ein-gebildet; Sie haben das Bild der Rose in Ihre Seele hineingeformt. Die unbewußten Schichten Ihres Wesens werden nun dafür sorgen, daß der ersten Hälfte des Zwillings-Ereignisses, wenn es nur präzise genug imaginiert und stark genug energetisiert worden ist, die zweite Hälfte in Gestalt eines konkreten Ereignisses innerhalb unserer als physisch wahrgenommenen Realität folgen muß. Oder, um mit Meister Böhme zu sprechen: »Der Verstand

238

probiert alles; er verwirft das Böse, behält das Gute, alsdann nimmt's Magia in ihre Mutter und bringet's in ein Wesen.« Das heißt: Zunächst gestaltet das Bewußtsein mit Hilfe der kritischen Ratio und der ausgebildeten Imaginationskraft die erste Hälfte eines Zwillings-Ereignisses. Der Rest der magischen Arbeit wird dann ohne weitere Einmischung des Ich-Bewußtseins in den Gang der Dinge vollbracht. Das bedeutet: Sobald Sie die erste Hälfte des Zwillings-Ereignisses gestaltet und aufgeladen haben, ist Ihr Job erledigt. Alles weitere vollzieht sich dann quasi hinter dem Rücken Ihres Wachbewußtseins.

Wer imstande ist, imaginativ eine Rose zu erschaffen und das imaginierte Bild so intensiv zu energetisieren, daß die Rose auf irgendeine Weise als wirkliche, wahrhaftige Rose zu ihm kommen muß, der kann natürlich auch jedes beliebige andere Ereignis in seinem Leben Wirklichkeit werden lassen. Er kann sich etwas ein-bilden und nach kraftvoller emotionaler Aufladung des Einge-bildeten darauf vertrauen, daß das, was er in seinem Geiste geformt hat, konkrete, sinnliche wahrnehmbare, physische Realität werden wird.

Die folgenden Absätze dürfen Sie nur unter der Bedingung lesen, daß es Ihnen nach tausend Mühen nicht gelungen ist, ein plastisches Imaginationsbild vor Ihrem »geistigen Auge« entstehen zu lassen. Nicht gelesen werden dürfen diese Absätze von all jenen unter uns, die zwei dumme Angewohnheiten haben: Die Flinte zu früh ins Korn zu werfen und am liebsten den Weg des geringsten Widerstandes zu gehen.

Also – falls Sie sich redlich und wiederholt abgemüht haben, visuelle Eindrücke vor Ihr geistiges Auge treten zu lassen, ohne den geringsten Erfolg zu erzielen, und falls Sie in Ihrer

Verzweiflung fast schon resignieren, dann brauchen Sie nicht zu kapitulieren. Es gibt eine Not- bzw. Behelfslösung für Sie. Zu dieser Behelfslösung sollten Sie aber erst dann greifen, wenn es wirklich keinen anderen Ausweg mehr für Sie gibt. Angenommen, Sie sind nach Monaten des täglichen ergebnislosen Übens noch immer nicht imstande, die Rose vor Ihre »geistigen Augen« treten zu lassen. Dann kann es genügen, wenn Sie eine felsenfeste Überzeugung in sich entstehen lassen. Sie verlagern Ihre Bemühungen auf eine abstraktere Ebene und versuchen, die geistige Essenz der »Rose an sich« zu fühlen. Tatsächlich gibt es viele erfolgreiche Magier, die behaupten: Die Intensität der außersinnlich-optischen Wahrnehmung während der Imagination sei weniger wichtig als die Intensität der Überzeugung und der Energetisierung.

Wenn wir im Beispiel der Rose bleiben: Sie können versuchen, ein »abstraktes Gefühl Rose-an-sich« zu empfinden. Das heißt, Sie versetzen sich in denjenigen Gemütszustand, in dem Sie sich befänden, wenn jetzt vor Ihnen auf dem Tisch die wunderbarste aller Rosen stünde. Dieses abstrakte Gefühl, diese intensive bewußt herbeigeführte Erfahrung »geistige Essenz der Rose-an-sich« können Sie dann, wie jedes gewöhnlich Imaginationsbild, energetisieren. Der Weg des »außersinnlich-nonvisuellen«, abstrakten Imaginierens führt zu denselben Zielen wie das optische Imaginieren. Optisches wie auch abstraktes Imaginieren sind gleichermaßen gut geeignet, um als Hilfsmittel magischer Kunst einen wichtigen Beitrag zur Erschaffung der ersten Hälfte eines Zwillings-Ereignisses zu leisten.

Imagination … Einbildung … Ein-Bildung: Da Magie per definitionem die Kunst ist, kreativ Realität zu gestalten, ja, was um alles in der Welt ist denn dann überhaupt »Realität«? Eine größere Frage als diese kann man vermutlich gar nicht stellen. Sie definitiv beantworten zu wollen wäre vermessen. Einige Thesen zu diesem Thema zur Diskussion zu stellen dürfte dagegen noch im Bereich des Legitimen liegen. Stellen wir also einige Thesen zur Diskussion:

Es könnte sein, daß geistige Gesetze existieren, die der menschlichen Willen- und Entscheidungsfreiheit auf dem Sektor kreativer Realitätsgestaltung einen derart breiten Spielraum zur Verfügung stellen, daß die Größe und Komplexität dieser absoluten Freiheit von uns noch immer nicht in vollem Umfang verstehbar ist. Die Kehrseite dieser Freiheit wäre eine derart große Verantwortung, daß viele Menschen vor ihr erschaudern könnten. Von der göttlichen Allmacht des Bewußtseins zu sprechen, scheint jedoch nicht übertrieben. Inwieweit die Menschheit zum jetzigen Zeitpunkt allerdings schon reif und würdig ist, diese Freiheit in vollem Umfang für sich zu nutzen, das steht allerdings auf einem anderen Blatt. Aber man darf vermuten, daß uns früher oder später gar nichts anderes übrigbleiben wird, als uns unserer Freiheit, mithin auch unserer Verantwortung, zu stellen.

Was wissen wir über das, was wir »Realität« nennen? Nur das, was uns unsere Sinnesorgane an Eindrücken aus der Umwelt vermitteln. Diese Sinneseindrücke werden als Nervenimpulse an das zentrale Nervensystem weitergeleitet und dort zu einem »Welt-Bild« zusammengebaut. Vieles spricht dafür, daß jeder Mensch in einer eigenen, einzigartigen Welt-Realität lebt. Wir glauben, unsere Augen könnten die Welt sehen. Tatsächlich ist es aber so, daß unser Bewußtsein versunken ist in die Betrachtung des »Welt-Bildes«, das es sich selbst geschaffen hat, und das mit dem, was man »objektive Realität« nennt (und was es vielleicht weder gibt noch jemals gegeben hat), nicht die geringste Ähnlichkeit aufweist. Daß man zum Sehen die Augen gar nicht braucht, weiß jeder, der sich an seine nächtlichen Träume erinnern kann: Wer träumt, der »sieht« mit geschlossenen Augen. Einstein vertrat die Ansicht: Wir nehmen nur das wahr, was im Bereich dessen liegt, was wir für real halten. Das würde bedeuten: Es besteht die Möglichkeit, daß jetzt, hier und jetzt in diesem Augenblick, der Erzengel Gabriel leibhaftig in seiner strahlenden Schönheit neben Ihnen steht, daß Sie ihn aber nicht wahrnehmen, weil Sie einfach nicht damit rechnen, daß er zu Ihnen in Ihr Wohnzimmer kommen könnte. Also: Realität ist das, was unser Bewußtsein als Realität wahrzunehmen bereit ist. Denkbar wäre es, daß es Zeiten gab, in denen das Bewußtsein der Menschen bereit war, andere Wesen wahrzunehmen, die gemeinsam mit uns unser Mütterchen Erde bevölkern und von denen heute nur noch die alten Geschichten erzählen: Feen, Zwerge, Kobolde, Heinzelmännchen. Diese Bereitschaft könnte irgendwann nachgelassen haben. Wenn sich das Bewußtsein der Menschen verändert, verändert sich auch ihre Realität. Und genau das ist unsere Chance! Es gibt so viel zu tun. Es gibt so viel Realität umzugestalten. Und es gibt vermutlich kaum etwas Lohnenderes, als an dieser großen historischen Aufgabe mitzuarbeiten. Wir können märchenhaften Zeiten entgegengehen, wenn wir es nur wollen.

VII. Das Wollen

Nichts ist schwerer, als wirklich und mit aller Kraft etwas zu wollen: ausdauernd, intensiv und unbeirrbar. Das weiß jeder, dem dieses große Kunststück schon einmal gründlich miß-glückt ist. Jeder kann etliche traurige Lieder davon singen! Wir können darüber bekümmert sein. Wir können aber auch ver-suchen, Ursachen dafür zu schaffen, die als Wirkung nach sich ziehen müssen, daß wir so rasch nicht wieder im Bereich der Kunst des Wollens versagen.

Die meisten Menschen verstehen sich lediglich auf die Kunst des Mögens oder Wünschens, Träumens, Phantasierens. Aber nicht auf die Kunst des Wollens. Magie ist die Kunst des Wollens. Wer seine Willenskraft nicht trainiert, der könnte es im Bereich der Magie sehr schwer haben, nennenswerte Lei-stungen zustande zu bringen. (Auf jedem anderen Sektor übrigens auch.)

Viele Menschen lügen sich in die eigene Tasche, wenn sie beispielsweise behaupten: »Ich will reich werden« oder »Ich will ein bewußterer Mensch werden« oder »Ich will mich von dem bedrückenden Einfluß, den eine gewisse Person durch ihre Lieblosigkeit auf mich ausübt, endlich befreien«. Würden diese Menschen wirklich die Kunst des Wollens beherrschen, dann könnten sie auf solche Lippenbekenntnisse verzichten und Ursachen für konstruktive Veränderungen schaffen, die das Leben aller Beteiligten schöner und reicher machen. Gerne glauben dürfen wir den Lippenbekennern, daß sie wissen: Reich zu sein, frei zu sein und bewußt zu sein wäre herrlich. Nicht glauben dürfen wir ihnen aber, daß sie auch den wahren, starken Willen haben, ihre Wünsche Wirklichkeit werden zu lassen. Das mag hart und bitter klingen, aber die Wahrheit ist nun einmal nicht aus Plüsch und Zuckerwatte. Wehleidigkeit und triefendes Selbstmitleid sind die ersten Untugenden, die wir uns abgewöhnen müssen, wenn wir darangehen, die Kunst des Wollens zu erlernen. Solange wir nicht bereit sind, die volle Verantwortung für alle Ereignisse und Erfahrungen unseres Lebens zu übernehmen, werden wir niemals imstande sein, irgend etwas wirklich zu wollen.

Der Wille ist die Brücke zwischen dem Wunsch und der Wirklichkeit. Wer über diese Brücke gehen will, der muß sie kennen. Sonst irrt er ziellos in der Gegend umher. Das Mögen, Träumen, Phantasieren allein führt nicht zu neuen Ufern. Denn hinter jedem zaghaft vorgetragenen »Ich möchte« verbirgt sich ein dunkles Heer verneinender Worte und negierender Gefühle: »Aber«, »Obwohl«, »Ich weiß nicht recht«, »Ich schaffe es ja eh nicht«, und wie sie alle heißen mögen. Sie alle haben ein und dieselbe Funktion: Die Kraft des Willens zu vernichten. Und genau das sollten wir ihnen nicht erlauben.

Um auf das Beispiel »reich sein« zurückzukommen: Viele Leute, ja fast alle Menschen, möchten reich sein. Aber sie wollen es nicht wirklich. Und das wissen sie nicht einmal. Weshalb wollen diese unbewußten Menschen nicht reich sein? Vielleicht, weil sie noch immer glauben, reiche Menschen wären herzlose Ausbeuter und ein Dorn im Auge Gottes, da ja angeblich denen, die jammern und winseln und konsequent passiv bleiben, die liebevollen Sympathien des Universums gehören. Das ist zwar eine schmutzige Lüge, aber sie wird noch immer von vielen Menschen geglaubt. Oder man fürchtet sich vor dem Neid seiner Mitmenschen. Oder man hat sich so sehr an die schmerzlichen Entbehrungen und an das Verzichten gewöhnt, daß die ungestillte Sehnsucht nach bestimmten Dingen längst schon zum heimlichen Lebensinhalt geworden ist, ohne den man nicht mehr auszukommen glaubt.

Was ist das? Etwas wollen? Wie macht man das? Wie stärkt man seine Willenskraft so weit, daß sie einen großartigen Beitrag zum Gelingen magischer Experimente leisten kann? Welche Irrtümer muß man zunächst erkannt und aus dem Reich seiner Gedanken vertrieben haben, um wirklich wollen zu können? Mit diesen Fragen werden wir uns in diesem Kapitel beschäftigen.

Was ist ein Wunsch? Ein Wunsch ist das Wissen um die Tatsache, daß es herrlich sein müßte, wenn wichtige Veränderungen im eigenen Leben stattfänden, so daß das Leben noch schöner und reicher würde. (Man beachte die zahlreichen Konjunktive. Wünsche sind immer konjunktivischer Natur.)

Angenommen, Sie wünschen sich ein neues Auto. Die Tatsache, daß Sie sich dieses Auto wünschen, bedeutet ja nichts anderes als: Sie können sich lebhaft vorstellen, daß es Spaß machen würde, in diesem Auto so oft durch die Gegend fahren zu können, wie Sie möchten, und daß Ihr Leben dadurch um einen weiteren täglichen Genuß bereichert wäre.

Wenn Sie sich das Auto wünschen, dann stellen Sie sich vor, wie schön es wäre, das Auto zu besitzen. Und wenn Sie dann ganz tief in sich hineinhorchen, dann hören Sie vielleicht die knarrende Stimme des Zweifels, die zu Ihnen spricht: »So ein schönes Auto ist nur etwas für reiche Leute. Und überhaupt tut's mein alter Wagen ja auch noch. Irgendwie bin ich es auch gar nicht wert, in solch einer Nobelkarosse durch die Straßen zu flitzen, denn ein kleines Würstchen wie ich darf nur einen Mittelklassewagen fahren. Das gehört sich nun einmal so, und wer gegen diese ungeschriebenen Gesetze verstößt, der wird vom Schicksal hart bestraft, denn Hochmut kommt vor dem Fall. Und deshalb will ich lieber hübsch bescheiden bleiben.« Ich habe einmal einen Mann gekannt. Dieser Mann hieß Knut, und er war ein Krüppel. Ich schreibe dieses häßliche Wort, weil Knut den Begriff »Behinderter« lächerlich fand und die Dinge gern beim Namen nannte.

Es fiel ihm von Jahr zu Jahr schwerer, sich aus eigener Kraft zu bewegen. Kurz bevor er starb, war er nicht einmal mehr imstande, sich ohne die Hilfe seiner Frau nachts im Bett umzudrehen. Was er und seine wunderbare Frau durchgemacht haben in dieser gemeinsamen Inkarnation, das kann sich jeder leicht ausrechnen. Daß diese beiden Menschen niemals klagten und zu den fröhlichsten Zeitgenossen gehörten, die ich jemals kennengelernt habe, hat mich stärker beeindruckt als jede Begegnung mit anderen interessanten Menschen.

Knut wollte ein Maler sein. Er WOLLTE es wirklich. Es fiel ihm unendlich schwer, den Pinsel überhaupt in der Hand zu halten, und als seine Augen schlechter wurden, fiel ihm das Malen noch schwerer. Aber Knut ist ein Maler geworden, und seine Bilder sind weiß Gott nicht schlechter als die, die von »gesunden« Menschen gemalt wurden. Einige sind sogar um Klassen besser.

Wenn ich heute einen gesunden Menschen sehe, der klagt und

jammert: »Ich will ja, aber ...«, dann kann ich nur noch verächtlich durch die Nase schnaufen. Wer wirklich will, der schafft es auch. Knut hat den Beweis erbracht, und dieser Beweis läßt sich nicht einmal durch tausend kluge Worte widerlegen.

Vermutlich ist es überflüssig, ein weiteres Wort über das Thema »Wollen« zu verlieren. Wem mehr zu diesem Thema gesagt werden müßte, dem würde dies Mehr an Informationen ohnehin nichts nützen, weil er auch das nicht verstünde. Dies ist der magische Imperativ: Wolle! »Mensch sein heißt, darauf abzielen, Gott zu werden« (Sartre). Klug sein heißt, das auch wirklich zu wollen. Weise sein heißt, es tatsächlich zu tun.

Anhang

Magische Werkzeuge

Alles, was uns irgendwie dabei behilflich sein kann, die Kunst des Wollens noch perfekter zu beherrschen, darf als magisches Instrument oder magisches Hilfsmittel bezeichnet werden. Wer sich Vorschriften darüber machen läßt, wie diese Hilfsmittel auszusehen haben, der hat keinen eigenen Willen und wird infolgedessen die Kunst des Wollens nicht erlernen können. Jedenfalls so lange nicht, bis er begriffen hat, daß sein eigener Wille darüber entscheidet, ob und wenn ja: welcher Gegenstand ihm helfen soll, seine magischen Kräfte laserstrahlartig zu bündeln.

Konventionelle Magier benutzen Pentagramm, Schwert, Kelch und einen Zauberstab. Unkonventionelle Magier benutzen entweder gar keine Hilfsmittel oder solche, die halt gerade zur Hand oder besonders schön sind. Zum Beispiel: am Meer gefundene Steine, abgefallene Äste von alten Bäumen, ein Messing-Obstmesser aus Uromas Besitz, Schmuck vom Trödler oder kostengünstig auf dem Flohmarkt erstandene außergewöhnliche Gegenstände.

Worauf es ankommt, ist das Knoten-im-Taschentuch-Prinzip: Die Gegenstände erinnern uns daran, daß wir uns in einen veränderten Bewußtseinszustand versetzen können; und dadurch, daß sie es tun, haben sie magische Kraft, denn Magie ist ja bekanntlich auch die Kunst, Bewußtsein zu verändern, und zwar willentlich.

Jeder Gegenstand, der uns hilft, noch intensiver und ausdauernder zu wollen, ist ein guter magischer Gegenstand. Denn wir müssen sehr gut wollen können, weil schon in knapp zehn Jahren das neue Jahrtausend beginnt. Und wenn wir es gemeinsam mit unseren Kindern in Frieden und Freude gesund und munter erleben wollen, dann haben wir noch jede Menge Arbeit zu erledigen. Denn in welchem Zustand sich die Haut unseres Mütterchens Erde befindet, ist bekannt.

In diesem Anhang finden Sie einige Tips, und wenn Sie sich sklavisch an diese Tips halten würden, ohne zu begreifen, daß es sich lediglich um Vorschläge und Anregungen handelt, dann wissen Sie noch immer nicht, was Freiheit ist – mithin auch nicht, was Wollen ist. Das wäre schade, denn dann müßten Sie dieses Buch noch einmal von vorn zu lesen beginnen; und den Luxus der Zeitverschwendung können wir uns aber eigentlich – aus obengenannten Gründen – nicht mehr erlauben, denn in den nächsten Jahren gibt es ja, wie gesagt, noch allerhand für uns zu tun. Wir alle sind schwach. Vielleicht ist ein Mensch allein stark genug, um diese Welt zu retten. Solange wir aber nicht wissen, wer dieser eine Mensch ist, wo er wohnt und warum er noch immer nichts unternommen hat, müssen wir selbst aktiv werden. Auf den neuen Messias zu warten hat schon deshalb wenig Sinn, weil er bereits da ist: In dir, in mir, in allen Menschen. Unsere Aufgabe besteht also nicht darin, um einen Messias zu beten, sondern darin, den Messias, den Retter und Erlöser in uns endlich zu aktivieren. Wer ein Magier ist, der ist dazu bereit, obwohl er weiß, wie schwer das ist. Vor den Tips, Vorschlägen und Anregungen zunächst meine bereits angekündigte Interpretation der Tabula Smaragdina:

1. Angelogen worden seid ihr nun lange und oft genug. Hier kommt einer, der es wagt, die Wahrheit zu sagen, nämlich ich, Hermes Trismegistos, der Mensch, der dreimal so groß ist wie der gewöhnliche Mensch, weil er in der göttlichen Trinität lebt, die aus folgenden Komponenten besteht: Liebe, Weisheit, Macht.

2. Das Untere gleicht dem Oberen, und das Obere gleicht dem Unteren. In der Vereinigung beider zu einer ungeteilten Einheit werden Wunderwerke vollbracht. Das bedeutet: Wer nicht nur begriffen hat, daß Gott/Göttin/die Erste Ursache in ihm lebt, sondern darüber hinaus dieses geballte Wohlwollen des Universums, das er in sich trägt, so sehr liebt, daß er alle Menschen und auch sich selbst mitliebt, der ist weise und mächtig, denn er ist vollkommen eins geworden mit der Quelle unseres Seins und verfügt über alle Kraft und alles Wissen desjenigen Prinzips, das man früher »Gott« nannte. Wenn aber solch ein Mensch etwas will, dann wird sein Wille Wirklichkeit werden, und diesen Vorgang bezeichnet man als Magie.

3. Die Subjekt-Objekt-Trennung basiert auf einem Irrtum, von dem wir uns zwar während der Inkarnation nicht befreien können und sollen, da er uns auf der anderen Seite ja auch das erkennende Verstehen ermöglicht, worin einer unserer Aufträge auf dieser Realitätsebene besteht, denn wir sind unter anderem auch Sinneszellen der Gottheit,

die sich selbst betrachten will, und zwar durch uns. Aber wir dürfen uns durch die Subjekt-Objekt-Trennung nicht verblenden lassen, denn in Wahrheit ist alles eins, griechisch: Pan. Daraus folgt: Du bist Gott und hast vergessen, wer du bist und was du kannst. Darüber brauchst du dir aber keine grauen Haare wachsen zu lassen, denn an Dinge, die man nur gerade eben mal vergessen hat, kann man sich auch ganz leicht wieder erinnern, wenn nur erst das richtige Stichwort fällt.

4. Dein Vater ist die Sonne, und deine Mutter ist der Mond, und unser Mütterchen Erde ist so freundlich und geduldig, dir alles zu geben, was du während der Inkarnation brauchst. Da die Sonne das männliche und der Mond das weibliche Prinzip verkörpert und du die Zuordnungen kennst (zum Beispiel: Verstand = männlich, Intuition = weiblich usw.), trägst du als Erbteil sowohl die männlichen als auch die weiblichen Energien in dir. Und wenn du schlau bist, nutzt du beide, denn man soll sein Erbe nicht verschleudern, sonder vermehren. Es trägt dich die Luft in sich. Das bedeutet:

a) Du sollst nicht länger dulden, daß die Luft verpestet wird, und

b) Du sollst den Geist ehren, denn das Element Luft repräsentiert den Geist, und in der alten Bibel stand, Sünden wider den Geist können nicht vergeben werden. Klartext: Wir alle werden mehr oder weniger dumm geboren, das ist ein Naturgesetz, und das müssen wir so hinnehmen, denn es zählt zu den Grundbedingungen unseres Daseins, als ein weißes Blatt Papier auf die Welt zu kommen, das während der Inkarnation bemalt und be-

251

schriftet werden soll. Wer aber dumm bleibt, der macht sich schuldig und kann niemanden für die Konsequenzen seiner eigenen Dummheit und Faulheit verantwortlich machen.

5. Die Welt befindet sich immer exakt in demselben Zustand, in dem sich dein Bewußtsein befindet. Wenn du dir also im Fernsehen die Nachrichten anschaust, dann weißt du, wie es in dir aussieht. Und dann weißt du auch, daß es noch jede Menge für uns zu tun gibt. Wenn du nicht mitarbeitest, wird deine Welt immer eine unmenschliche, schmutzige und deprimierende bleiben, und dafür kannst du dann niemand anderen verantwortlich machen als den Menschen, den du im Spiegel siehst.

6. Spinner können wir nicht gebrauchen. Wer nicht ganz konkret in seinem eigenen Alltag zu handeln anfängt, der ist ein Nichtsnutz. Und wer immerzu nur verlangt, daß die Welt sich verändert, aber zu faul ist, bei sich selbst mit der Weltverbesserung zu beginnen, der bringt, falls er unglücklicherweise auch noch über ein Minimum an Intelligenz verfügt, nur Unglück über die Menschheit, indem er sich Ideologien ausdenkt, mit denen er andere genauso kaputtmachen will, wie er es selbst längst schon ist. Da ein Blick in die Geschichtsbücher uns darüber belehrt, daß diese Strategie geradewegs nach Verdun oder Auschwitz führt, wären wir gut beraten, es einmal mit einer echt starken Alternative zu versuchen, nämlich damit, nicht ständig gescheit oder geschwollen daherzuschwatzen, sondern all das konkret in unserem Alltag zu praktizieren, was wir von anderen Menschen erwarten.

7. Wenn du willst, kannst du, um dir selbst und anderen zu

helfen oder eine Freude zu machen, Astralwanderungen unternehmen oder jeden beliebigen Gegenstand materialisieren. Das ist dir erlaubt. Denn es gibt keine Verbote für einen Menschen, der in der göttlichen Trinität aus Liebe, Weisheit und Macht lebt. Und warum nicht? Weil so jemand gar nicht lieblos, dumm oder brutal handeln kann. Deshalb.

8. Astralwanderungen in die Astrale zu unternehmen empfiehlt sich schon deshalb, weil man dadurch Himmel und Erde verbinden, das heißt neue und wichtige Informationen auf die Welt bringen kann. Das solltest du also tun, denn das macht nicht nur Spaß, sondern es ist darüber hinaus auch für dich selbst und alle anderen Menschen sehr nützlich. Wenn du das tust, wirst du voraussichtlich nie wieder dummes Zeug schwatzen, denn wer regelmäßig auf die andere Seite der Wirklichkeit hinübergeht, um sich mit interessanten Desinkarnierten oder anderen Bewußtseinsformen zu unterhalten, der ist so klug, daß er seinen Mitinkarnierten kaum noch die Zeit durch dummes, witzloses und leeres Gerede stiehlt.

9. Der Magier ist ein Mensch der Macht, und wer einen solchen Menschen, der göttlich geworden ist, für einen Menschenfeind hält, der ist so dumm, daß man ihn eigentlich nur bedauern kann. Wer aber einen Magier zum Freund hat und dadurch über kurz oder lang selbst einer wird, den kann man nur beglückwünschen.

10. Sobald er selbst ein Magier ist, ist er auch eins geworden mit dem Schöpferaspekt der Gottheit und kann infolgedessen alles Wirklichkeit werden lassen, was er nur wirklich will.

Westliche Pfade

Kyriacos C. Markides
Der Magus von Strovolos
Die faszinierende Welt eines spirituellen Heilers
Deutsche Erstausgabe

(4174)

Kyriacos C. Markides
HEIMAT IM LICHT
Die Weisheit des 'Magus von Strovolos'
Deutsche Erstausgabe

(4191)

John Matthews (Hrsg.)
DER GRALSWEG
Deutsche Erstausgabe

(4197)

Robert John Stewart
Merlin
Das Leben eines sagenumwobenen Magiers
Deutsche Erstausgabe

(4190)

Die Knaur Taschenbuchreihe Esoterik umfaßt mehr als 120 Titel. Fragen Sie Ihren Buchhändler nach dem ausführlichen Prospekt.

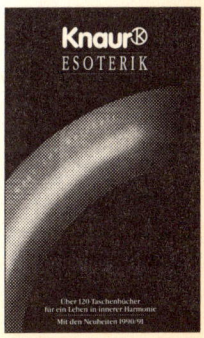

Westliche Wege

Der schlafende Prophet

Jess Stearn
Der schlafende Prophet
Prophezeiungen in Trance
1911 bis 1998

(4124)

Der Eingeweihte
Eindrücke
von einer großen Seele
von seinem Schüler
Deutsche Erstausgabe
Band 1

(4133)

Der Eingeweihte
Eindrücke
von einer großen Seele
von seinem Schüler
Deutsche Erstausgabe
Band 2

(4163)

Lois Bourne
Autobiographie
einer Hexe
Vorwort von Colin Wilson
Deutsche Erstausgabe

(4173)

Paracelsus
DIE GEHEIMNISSE
Ein Lesebuch aus seinen Schriften
Mit Einleitung und Kommentar von
Will-Erich Peuckert

(4241)